知っておきたい
暮らしのお金

図解 身近な人が亡くなった後の手続き・届け出の本

シーズ行政書士事務所 代表
中村麻美 著

ナツメ社

はじめに

家族が亡くなると、次から次へとやらなければならないことが押し寄せてきます。

しかも、ひとつずつ手続きを進めようにも他の手続きと関連していたり、順番を間違えるとめんどうだったりと、残された家族の負担になることも少なくありません。

最近では、マイナンバーの活用が進んで手続きが簡略化されている部分も多いですが、それでもまだやるべきことは少なくありません。とくに、年金や児童手当など受給資格者の死亡によって「給付が止まる」ほうはマイナンバーによってすみやかにストップされますが、遺族年金など「給付を求める」ほうは、求める人が申請しないといつまでたっても給付されないという問題があります。死亡を届け出ればなんでも自動的に手続きが進むのは、まだまだ先の話になりそうです。

家族が亡くなって悲しみに暮れる中、冷静に手続きするのは簡単ではありません。残された家族の皆さんの負担が少しでも減るように、必要な手続きとその方法を知っておいてほしいと思います。大まかに把握しているだけでも、いざというときにきっと役に立つでしょう。

本書の特長と使い方

本書では、家族が亡くなったらどんな手続きが必要なのか、その代表的な手続きを時系列に沿って案内しています。

最初は、4〜5ページのチャートを眺めてざっと全体を俯瞰《ふかん》してみてください。

次に、自身に関係ありそうな手続きはどれか、という意識で最初からパラパラめくってみてください。亡くなった人の続柄や年齢によって、必要な手続きが異なります。「これは関係ありそうだ」「これはやらなくてもいいだろう」と、思い浮かべながら読んでいくとわかりやすいと思います。

具体的にもっと知りたい・わからない手続きがあれば、その章とページをじっくり読んでみてください。基本的には手続きはそれぞれ単独のものですが、中には別の手続きと関連するもの、まとめてすませたほうが効率が良いものもあります。そういう手続きが出てきたら、関連する手続きもついでに確認しておくことをおすすめします。

「いつまでに」
期限が法律で決まっているものと、目安で良いものがあります。

「どんな場合」
どのような状況になったら手続きが必要か、簡潔に記載しています。

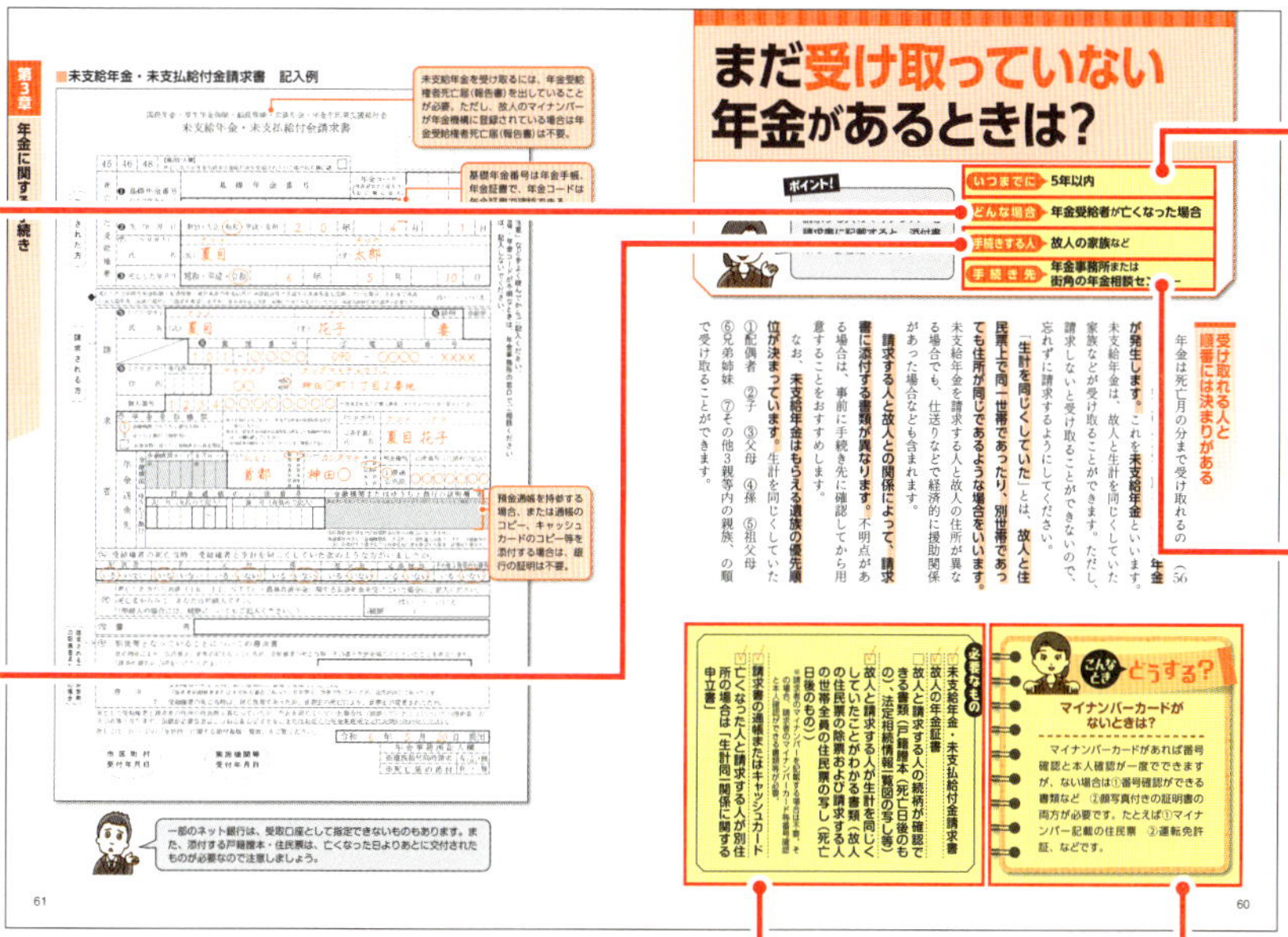

「手続き先」
手続きする窓口です。

「手続きする人」
手続きすべき人をピックアップしています。

「必要なもの」
基本的に必要になるものを記載していますが、市区町村役場によって多少の違いがあります。

「こんなときどうする?」
ポイントや、補足情報を記載しています。

掲載している書類の見本や名称について

申請書などの様式と記入例は架空の人物等をモデルに作成しており、実際とは異なります。また、同じ申請をする場合でも市区町村ごとに様式は異なるため、該当する役場で指定の様式を取り寄せるようにしてください。添付書類の中にはコンピューター化されたものとそれ以前のもので名称が異なるものがあります。内容は同じと考えてさしつかえありません。

※本書は2024年10月の情報をもとにしています。

名　称	コンピューター化後の名称
戸籍謄本	戸籍全部事項証明書
戸籍抄本	戸籍個人事項証明書
除籍謄本	除籍全部事項証明書
除籍抄本	除籍個人事項証明書
登記簿謄本	登記事項証明書

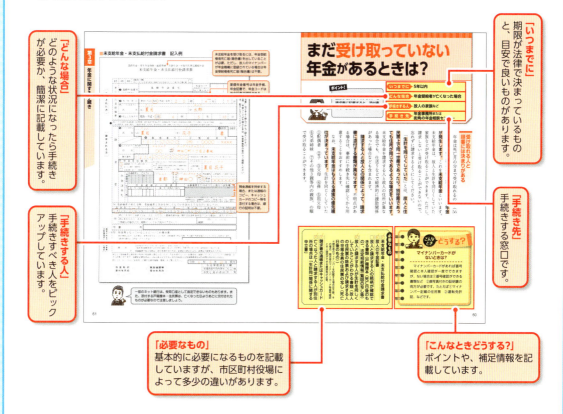

まずは大まかなスケジュールを把握し、
そのイメージをつかみましょう。

●……期限があるもの
●……期限が決まっていないもの

おもに1か月ちょっとでやること

- ●四十九日 ➡P.20
- ●納骨 ➡P.27

おもに1年後にやること

- ●一周忌

- ●健康保険や共済組合に関する変更などの手続き ➡P.42 ※これは５日以内
- ●児童手当を請求する手続き ➡P.86

おもに落ち着いたらやること

- ●未支給年金を請求する ➡P.60
- ●死亡一時金を請求する ➡P.76
- ●遺族年金を請求する ➡P.68
- ●寡婦年金を請求する ➡P.74
- ●葬祭費などを請求する ➡P.46/47

- ●デジタル遺品を整理する ➡P.102
- ●すべての遺産を探し出す ➡P.120
- ●相続するかしないかを決める ➡P.108、112

おもに4〜10か月以内にやること

- ●故人の所得税の申告（準確定申告） ➡P.96
- ●遺産の分け方を決める ➡P.122
- ●遺産の名義変更をする ➡P.140〜147
- ●不動産の名義変更をする ➡P.148〜157 ※不動産は３年以内
- ●相続税の申告・納税をする ➡P.166〜194

おもに3〜5年以内にやること

- ●労災で亡くなったときの補償を請求する ➡P.92
- ●相続税の申告を修正したい！ ➡P.190

おもに落ち着いたらやること

- ●婚姻前の姓に戻したい ➡P.88
- ●死後離婚 ➡P.90

全体のイメージを把握しよう

亡くなったあとにやることの一般的な流れ

葬儀・お墓のこと（第1章）

臨終 →

おもに7日以内にやること
- 通夜、葬儀、告別式 ➡P.20
- 火葬 ➡P.20、26
- 初七日 ➡P.20

公的なことや年金の手続き（第1・2・3章）

おもに7日以内にやること
- 死亡を届け出る ➡P.24
- 火葬の許可を申請する ➡P.26
- 埋葬の許可を申請する ➡P.27

→

おもに10～14日以内にやること
- 世帯主変更の手続き ➡P.36
- 年金の受給停止や変更などの手続き ➡P.58、62
- 国民健康保険に関する変更などの手続き ➡P.38～41

相続、税、名義変更や公共料金などの手続き（第4・5・6・7章）

相続開始 →

おもに3か月以内にやること
- 遺言書を探す（検認手続きをする） ➡P.114～116
- 相続人を確定する（全戸籍を入手する） ➡P.124/127
- 公共料金などのライフラインを整理する ➡P.100

当てはまる人がする手続き

→

おもに1年以内にやること
- 遺留分侵害額を請求する ➡P.128

→

おもに2年以内にやること
- 高額医療費・介護費を請求する ➡P.84

直近の手続きのうち、期限にとくに注意が必要なことを厳選したリストです。自身に必要な手続きにチェックを入れ、終わったら項目最後にある「終了」にチェックを入れて期限忘れ防止に役立ててください。

●生命保険などの手続き

必要	おもな手続き・やること	おもな期限	備考	解説ページ	終了
	生命保険金の請求	3年以内	生命保険金を受け取りたいとき	P.94	
	団体信用生命保険金の請求	3年以内	住宅ローンを完済できる	P.154	

●相続・税金の手続き

必要	おもな手続き・やること	おもな期限	備考	解説ページ	終了
	遺産目録の作成	3か月以内(目安)	相続・相続税の各手続きのために必要	P.195	
	遺言書を探す	3か月以内(目安)	遺産分割などのために必要	P.114	
	遺言書の検認を受ける	3か月以内(目安)	本人自筆の遺言がある場合に必要	P.116	
	特別代理人の選任	3か月以内(目安)	未成年の相続人がいる場合に必要	P.130	
	成年後見人の選任	3か月以内(目安)	認知症などの相続人がいる場合に必要	P.132	
	相続放棄の手続き	3か月以内	相続しない場合に必要	P.112	
	限定承認の手続き	3か月以内	条件つきで相続する場合に必要	P.112	
	所得税の青色申告承認申請	原則4か月以内	故人の事業を引き継ぐ場合に検討が必要	P.96	
	故人の所得税の準確定申告	4か月以内	故人が年末調整などをしていない場合に必要	P.96	
	遺産分割協議をする	10か月以内(目安)	相続人全員で話し合いが必要	P.122	
	遺産分割協議書の作成	10か月以内(目安)	相続人全員の同意が必要	P.122	
	相続税の計算	10か月以内	相続税が発生する場合のみ必要	P.176～	
	相続税の申告書の作成	10か月以内	配偶者控除、小規模宅地等の特例を適用したいときも必要	P.180～	
	相続税の納付	10か月以内	相続税が発生する場合のみ必要	P.192	
	延納・物納の許可申請	10か月以内	10か月以内に許可が必要	P.193/194	
	遺留分の請求	1年以内	遺留分を侵害されていて、遺産を確保したいとき	P.128	
	相続税の申告内容を修正する	3または5年以内	相続税の申告に間違いがあったときなどに必要	P.190	
	不動産の名義変更	3年以内	相続登記が義務化されたため	P.148	

手遅れ防止！

期限がある手続き・やること 厳選チェックリスト

●葬儀・お墓の手続き

必要	おもな手続き・やること	おもな期限	備考	解説ページ	終了
	死亡診断書（死体検案書）の受け取り	死亡届の提出までに	葬儀・相続手続きなどに必要	P.22	
	死亡を届け出る	死亡日を含めて7日以内	火葬・埋葬許可に必要	P.24	
	火葬の許可申請	原則死亡届と同時	火葬のために必要	P.26	
	埋葬の許可を得る	原則火葬のとき	納骨のために必要。火葬場で受け取り	P.27	

●公的な手続き・年金の手続き

必要	おもな手続き・やること	おもな期限	備考	解説ページ	終了
	健康保険・厚生年金の資格喪失届	5日以内	故人が国保でない場合に必要（原則、事業主経由で手続き）	P.42	
	世帯主の変更届	14日以内	故人が世帯主だった場合に必要	P.36	
	国民健康保険の資格喪失届	14日以内	故人が国保だった場合に必要	P.38	
	資格確認書の書き換え申請	14日以内	故人が国保加入の世帯主だった場合に必要	P.40	
	国民健康保険の資格取得届	14日以内	遺族が新たに国保に加入する場合に必要	P.44	
	児童手当の子の扶養者の変更	15日以内	故人が児童手当を受け取る親だった場合に必要	P.86	
	年金受給者の死亡届	（厚生年金）10日以内 （国民年金）14日以内	故人が年金を受給していた場合に必要	P.58	
	国民年金の被保険者種別変更届	14日以内	故人の配偶者が国民年金に加入する場合に必要	P.62	
	未支給年金の請求	5年以内	故人が年金を受給していて、未支給分を受け取りたい場合に必要	P.60	
	葬祭費・埋葬料の請求	2年以内	葬儀を行ったときなどの支給金を受け取りたいとき	P.46/47	
	（労災の場合）葬祭料等の請求	2年以内	労災で亡くなった人の葬儀を行ったとき	P.92	
	死亡一時金の請求	2年以内	遺族年金の死亡一時金を受け取りたいとき	P.76	
	高額療養費の請求	2年以内※	自己負担の限度額を超える医療費を返してもらいたいとき	P.84	

※診療を受けた月の翌月1日から起算する。

図解 身近な人が亡くなった後の手続き・届け出の本

目次

はじめに …… 2
本書の特長と使い方 …… 3
全体のイメージを把握しよう 亡くなったあとにやることの一般的な流れ …… 4
手遅れ防止! 期限がある手続き・やること厳選チェックリスト …… 6

第1章 亡くなった直後に行う葬儀などの手続き

あるあるQ&A 1 身近な人が亡くなったら、何をどうする? …… 14
あるあるQ&A 2 危篤、逝去、葬儀の連絡は誰にすべき? …… 15
あるあるQ&A 3 「うちのお墓」に入れる? 入れない? …… 16
あるあるQ&A 4 家族が亡くなると、どれくらいお金がかかるの? …… 17
葬儀の流れと関連する公的な手続き …… 18
通夜、葬儀、納骨でやるべきことは? …… 20
医師に死亡診断書を書いてもらう …… 22
死亡した事実を届け出る …… 24
火葬するには? …… 26
納骨するのに必要な埋葬許可証を入手する …… 27
お墓がないときは? …… 28
やること順 四十九日までの費用試算シート …… 30

第2章 亡くなってから2週間以内に行う公的な手続き

あるあるQ&A 5 世帯主が亡くなった場合、どんな手続きが必要なの？……32
あるあるQ&A 6 お葬式をするともらえるお金があるんですか？……33
あるあるQ&A 7 遺族の健康保険証ってそのまま使えるの？……34
あるあるQ&A 8 戸籍や住民票などはどこに行けば手に入る？……35

- 世帯主が亡くなったときは？……36
- 国民健康保険の被保険者が亡くなったときは？……38
- マイナ保険証と紙の保険証では手続きが違う？……40
- 会社員・公務員が亡くなったときの手続きは？……42
- 会社員・公務員の遺族の健康保険はどうなる？……44
- お葬式を行った家族に支給されるお金を申請するには？……46
- 故人を埋葬する家族に支給されるお金を申請するには？……47
- 手続きに必要な書類はどこで取得する？……48

第3章 年金に関する手続き

あるあるQ&A 9 遺族関連の年金はどうすればもらえるの？……52
あるあるQ&A 10 どうすれば遺族年金をもらえるの？……53
あるあるQ&A 11 手続きが複雑で不安が多いのだけれど………54
あるあるQ&A 12 長年払っていても、もらえない年金があるの？……55

- 遺族が行う3つの年金手続き……56
- 故人の年金受給を停止するには？……58
- まだ受け取っていない年金があるときは？……60
- 扶養されていた配偶者の手続きとは？……62
- 遺族がもらえる年金とは？……64
- 遺族年金をもらえる人とその要件は？……66

遺族基礎年金・遺族厚生年金を請求するには？ …… 68
中高齢寡婦加算・経過的寡婦加算とは？ …… 72
寡婦年金を請求するには？ …… 74
死亡一時金を請求するには？ …… 76

第4章 落ち着いた頃に行う手続き

あるあるQ&A 13 銀行口座の解約手続きなどはいつまでにすればいいの？ …… 78
あるあるQ&A 14 故人が何かの保険に入っていたようなのですが… …… 79
あるあるQ&A 15 故人の身分証やデジタル遺品はどう処分したらいい？ …… 80
あるあるQ&A 16 手続き先や必要な書類がいろいろあって困ります… …… 81
これからやるべきことチェックシート …… 82
故人の医療費・介護費が高額になったときは？ …… 84
児童手当をもらっている人が亡くなったときは？ …… 86

婚姻前の名字に戻したいときは？ …… 88
配偶者の親族との関係を終了したいときは？ …… 90
労災で亡くなったときの手続きは？ …… 92
生命保険・葬儀保険などの請求をするには？ …… 94
故人に代わって行うべき確定申告とは？ …… 96
不要になった公的な証明書やライフラインを整理する …… 100
デジタル遺品はどう整理する？ …… 102

第5章 遺産・相続に関する手続き

あるあるQ&A 17 相続っていつ着手すればいいの？ …… 104
あるあるQ&A 18 相続の手続きはいつまでにすればいいの？ …… 105
あるあるQ&A 19 誰が「相続」の関係者になるの？ …… 106
あるあるQ&A 20 古い戸籍の読み方がわかりません！ …… 107

流れを把握しておきたい相続のスケジュール …… 108
相続と遺産分割のルール❶ 相続人になる人 …… 110
相続と遺産分割のルール❷ 相続する割合 …… 111
相続と遺産分割のルール❸ 相続したくないとき …… 112
相続と遺産分割のルール❹ 遺言書があるとき …… 114
相続と遺産分割のルール❺ 自筆の遺言書があるとき …… 116
遺産になるもの・ならないものと遺産の分け方 …… 118
あるはずの遺産がないときは？ …… 120
遺産を分けるために話し合いをする …… 122
相続手続きに必要な「出生から死亡までの戸籍」とは？ …… 124
実際に戸籍をさかのぼってみよう …… 126
自分の相続分が脅かされているときは？ …… 128
未成年者が遺産を相続するにはどうするの？ …… 130
認知症の人が遺産を相続するためには？ …… 132

第6章 遺産を相続した人の名義変更手続き

あるあるQ&A㉑ 名義変更の手続きは窓口が別々でたいへん…！ …… 134
あるあるQ&A㉒ 戸籍はいったい何回手続きで使うことになるの？ …… 135
あるあるQ&A㉓ 不動産の相続登記、絶対にしないといけないの？ …… 136
あるあるQ&A㉔ 残っている住宅ローンを支払えるか心配だ… …… 137
遺産を受け継ぐときに必要なことを把握する …… 138
故人の銀行口座を解約するには？ …… 140
故人がゆうちょ銀行に口座を持っていたときは？ …… 142
株や投資信託を相続したときは？ …… 144
自動車の名義を変更するには？ …… 146
不動産の名義を変更するには？ …… 148
誰が不動産を相続するか確定していないときに必要な手続きは？ …… 152
住宅ローンがある不動産を相続するときは？ …… 154
住宅ローンの返済が終わったときは？ …… 156
さまざまな手続きで活躍する「法定相続情報一覧図」 …… 158
COLUMN どの専門家に頼めばいい？ …… 160

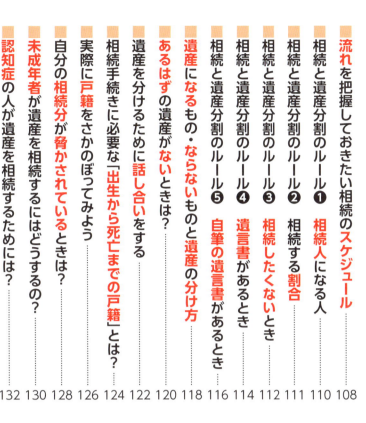

第7章 相続税に関する手続き

あるあるQ&A 25 相続する家や土地などはどう計算すればいい？ …… 162

あるあるQ&A 26 我が家は相続税を払う？ 払わない？ …… 163

あるあるQ&A 27 申告書がたくさんあってよくわからない！ …… 164

あるあるQ&A 28 相続税の申告が間に合わない!? …… 165

- 相続税の**申告**・**納税**が**必要か**確認する …… 166
- 相続税を**大まかに把握する**ポイントは？ …… 168
- 遺産を「**評価する**」とは？ …… 170
- **自宅不動産**に対してどんな**節税対策**がある？ …… 172
- 課税される**遺産の総額**を**計算**するには？ …… 174
- **相続税の総額**を**計算**するには？ …… 176
- **各自の相続税**を**計算**するには？ …… 178
- 自分に**必要**な相続税の**申告書**は？ …… 180
- 相続税の**申告書**の**作成手順**は？ …… 182
- おもな相続税の**申告書**の**書き方**を確認しよう …… 184
- 申告が**間に合わない**ときはどうしたらいい？ …… 188
- 申告を**間違えたとき**や**仮の申告**を精算するには？ …… 190
- 相続税を納税するための**納付書**を**作成**するには？ …… 192
- 相続税を**期限内**に**払えない**ときは？ …… 193
- **税金**を納めるほどの**金銭**（**現金**）**がない**ときは？ …… 194

● 遺産目録 兼 評価額 書き込みシート …… 195

● 生前対策 やることリスト …… 196

「キーワード」検索でわかる 届け出・手続き …… 198

第1章

亡くなった直後に行う葬儀などの手続き

あるある Q&A ①

身近な人が亡くなったら、何をどうする？

初七日まではノンストップで進みます

多くの人は病院で亡くなります。亡くなったらすみやかに病室を空けなければならないため、遺体を搬送する必要があります。この段階で葬儀社の助けを借りなければならず、ここから初七日くらいまではあっという間。「悲しみを感じたのは、お葬式が終わって落ち着いてからだった」という人もいるほどです。

家族の逝去は頻繁に体験するものではないし、お葬式の準備にしても当事者として動き回るのは初めて、という人も多いでしょう。**家族との最期のお別れに後悔を残さないよう、これから起こることを把握して覚悟を決めましょう。そして、家族が協力して対応できるよう、それぞれが役割を意識することも大事です。**誰もが当事者になりうることですから、自分のために、家族のために学んでおきましょう。

ここがPoint!

- 病院や葬儀斎場でやるべきことを確認する ➡ P.20
- 7日以内に死亡届を出す ➡ P.24
- 火葬や納骨の許可を得る ➡ P.26,27

あるある Q&A 2

危篤、逝去、葬儀の連絡は誰にすべき？

まずは伝える相手と内容を整理しましょう

本書を読んでいる皆さんが若い頃のお葬式は、現代のお葬式よりもっと会葬者が多く、規模も大きかったのではないでしょうか。お通夜の際には近所の人もお焼香に訪れ、そのまま通夜振る舞いの席へ、という流れが当たり前だったと思います。

地域差もあるので一概にはいえませんが、現代のお葬式はコンパクトになってきています。家族・親族だけで行うことも珍しくありません。そうなると、危篤の連絡や逝去の連絡、会葬案内はどの範囲まで行うべきかと悩む人もいるでしょう。

対応を誤れば、遺恨が残ってしまうかも、と心配になるかもしれません。**そこで、家族が亡くなるという非常事態に際し、落ち着いて判断するために、まずはやるべきことを把握し、伝えるべきことや伝えるべき人を整理してみましょう。**

ここがPoint!

- 葬儀と公的な手続きの流れを知る → P.18
- 家族や親族に連絡する際の注意点を押さえる → P.20
- 臨終から四十九日までの流れを知る → P.20

あるある Q&A ③

「うちのお墓」に入れる？入れない？

お墓の管理者とお墓の所有者の承諾が必要です

納**骨をするには、行政の許可が必要です。**ただ、火葬をすれば通常は納骨のための許可も出ます。問題はお墓がない場合、お墓はあるもののそこに入れるのかどうか不安がある場合です。

お墓は、お寺や地方自治体などのお墓の管理者と、お墓（墓石）を立てた所有者の両方が承諾した人しか入れません。

誰がそのお墓に入るかというのは法律で決まっていることではないので、通常は墓石の所有者（つまりは家族や親族）がルールを決めます。「〇〇家の墓」には、その家を承継する子とその配偶者、未婚の子まで入ることが多いようです。

家族が亡くなったら、お墓はどうなるのか。不安があるなら今のうちに家族や親族に確認しておきましょう。お墓がなくても焦る必要はありません。自分の子や孫にも関係することなので、じっくりと考えましょう。

ここがPoint!

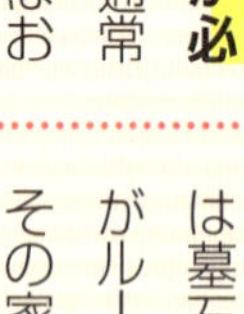

●埋葬許可証を入手する → P.27
●お墓がないときの選択肢を知る → P.28

あるある Q&A 4

家族が亡くなると、どれくらいお金がかかるの？

葬儀やお布施など、まずは試算してみましょう

私たちの祖父母の時代や親世代と比べて、お葬式の費用はかなり縮小しました。それでも、そのときが来ればまとまったお金が必要なことに変わりません。もしお墓がなければ、お墓を買うにはさらにお金がかかります。

また、一家の大黒柱が亡くなれば生活スタイルも大きく変わるかもしれません。

まずは、納骨（四十九日）までを一区切りと考え、その間にどの程度のお金を用意しておけば良いのか考えてみましょう。**お葬式と一口にいっても、葬儀社に支払うお金だけでなく、お布施や香典返し、心づけや交通費などさまざまな出費があります。**

どんな費用があるのかの目安として、30ページの試算シートをぜひ活用してください。どの程度、お金を用意しておくべきかがわかるでしょう。

ここがPoint!

- 納骨までにやることを知る → P.18
- お墓の選択肢を知る → P.28
- 納骨までかかる費用を試算する → P.30

葬儀の流れと関連する公的な手続き

ポイント!

葬儀を行うにも、まず死亡届等の手続きが必要です。どのタイミングでどんな手続きが必要なのかを把握しておきましょう。

いつまでに 死亡直後から14日以内

どんな場合 家族が亡くなった場合

手続きする人 遺族

14日以内に手続きが必要なことを把握しておく

家族が亡くなった！　その瞬間から、葬儀の手配や役所への届出など家族は手続きに追われることになります。世帯に関すること、年金や健康保険に関する手続きなど、期限内に行わなければ不都合な手続きもあります。パニックにならず、落ち着いて故人とのお別れができるよう、やるべきことと期限を整理して把握しておきましょう。

まず、**亡くなってから14日以内に期限がくる公的な手続きを優先して行いましょう。**他の手続きは後回しにしても大丈夫だとわかれば、少し安心できるのではないでしょうか。必要な手続きは故人の家族構成等によって異なるので、各章で確認して**「やることリスト」を作り、順番に手続きしましょう。**

また、家賃や光熱費が引き落とされる銀行口座の変更など、手続きを怠るとその後の生活に支障が出る手続きもあります。これらも亡くなってから14日程度を目安に、まとめて手続きしておきましょう。**故人の銀行口座から引き落とされている料金の一覧を作ると、もれなく手続きしやすい**でしょう。

やることリストの一例

確認	やること	窓口	期限	備考
済	**死亡届**の提出	市役所	7日以内	火葬の許可も一緒に
	世帯主の変更	市役所	14日以内	必要かどうか相談
	健康保険の手続き	市役所	14日以内	世帯主の変更と一緒に相談
	年金の手続き	年金事務所	14日以内	必要書類など確認

リストアップ後、完了したものには確認マークを入れていく。

身近な人が亡くなったときの直近の流れ

期限

- 7日以内
- 14日以内
- 15日以内

公的な手続き

- 死亡診断書（死体検案書）を受け取る
- 同時に
  - 死亡届
  - 火葬許可申請
- 埋葬許可証を受け取る
- 世帯主変更に関する手続き
- 国民健康保険に関する手続き※
- 年金に関する手続き
- 児童手当に関する手続き

※健康保険の場合は5日以内に手続き

葬儀などの流れ

- 臨終
- 葬儀社手配（火葬場等を決める）
- 安置
- 通夜
- 葬儀・告別式
- 火葬
- 水道光熱費の名義変更・解約、故人の証明書の処分など（落ち着いたら行う）
- 四十九日法要
- 納骨

期限にかかわらず、まとめて効率良く手続きしたほうが良いものもあります。これから各章でどんな手続きが必要なのかを確認しましょう。

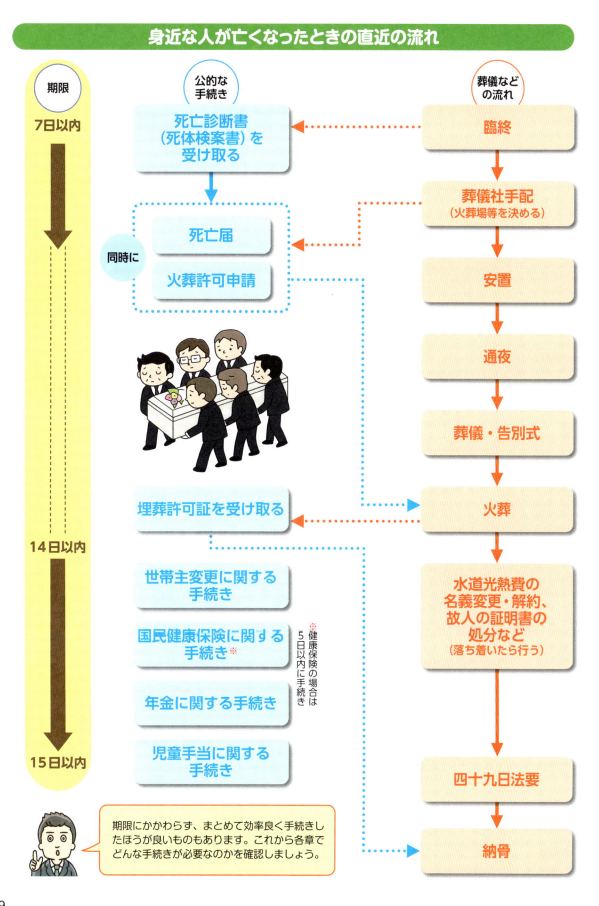

通夜、葬儀、納骨でやるべきことは？

ポイント！

葬儀が始まればノンストップで進みます。不安や疑問点はあらかじめ確認して、納得のいくお別れをしたいですね。

いつまでに すみやかに

どんな場合 家族が亡くなった場合

手続きする人 遺族

病院、自宅、葬儀社での手続き・流れを把握する

家族が亡くなると、短時間の間にやるべきことが次から次へと押し寄せてきます。ただでさえショックを受けている状態なので、慌ててしまい混乱することもあるでしょう。やるべき手順を確認して、悔いのないお別れができるように考えましょう。

まず、**家族や親族など知らせるべき人に逝去の一報を入れます。**病院で亡くなった場合はすぐに病室を空けなければならないため、病院内の一次安置室にご遺体が移されるのが普通です。数時間程度の安置ですが、少し落ち着いて考える時間ができるので、このときに親族や葬儀社に連絡を取ると良いでしょう。

通夜・葬儀を行うまでご遺体を自宅に安置するのか、斎場に安置できるのかを葬儀社に確認してください。集合住宅で安置する場合、エレベーターの使用など事前に管理会社に連絡したほうが良いこともあります。家族に協力してもらって必要な連絡をしましょう。

菩提寺《ぼだいじ》がある人は、葬儀社との打ち合わせと並行して菩提寺にも連絡して、戒名《かいみょう》を授かるとともに葬儀の日程を伝えて調整します。

こんなとき どうする？

逝去の一報は何を伝えるべき？

「亡くなったこと」「今後の連絡先」「葬儀については改めて連絡すること」を最低限伝えます。面会したいという人がいれば、対応をどうするか決めて伝えることも大事です。

親族には電話で、会社関係者や故人の友人には落ち着いたタイミングでメールやFAXで伝えると良いでしょう。親族以外の相手には、葬儀の日程が決まってから知らせるのでもかまいません。会葬を断る場合は葬儀が終わってから報告することもあります。

葬儀社が決まっていないときは？

病院から自宅もしくは葬儀社（斎場）へ搬送してもらうのにも葬儀社の協力が必要です。いったん搬送だけ頼んで、改めて葬儀全体の見積もりをとって検討すると良いでしょう。2社以上の見積もりを比較して検討するのが理想ですが、そのときが来てから探すのでは遅すぎることもあります。以前頼んだことがある葬儀社、近所の人に評判の良い葬儀社、勤め先の福利厚生サービスを利用できる葬儀社などを目安に探すのがおすすめです。

逝去→葬儀前→葬儀→納骨までの間で心得ておくこと

通夜・葬儀から納骨までの流れ

斎場で
- 通夜
- ↓
- 葬儀・告別式
- ↓
- 出棺
- ↓

火葬場で
- 火葬

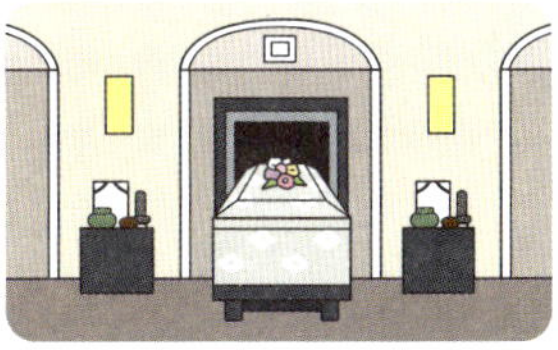

- ↓

菩提寺で
- 初七日法要
- ↓
- 精進落とし
- ↓
- 四十九日法要
- ↓
- 納骨

※法要・精進落としは繰り上げて行う場合がある。

- ↓
- 香典返し

※告別式後、即日返しをすることも多い

家族葬など、親族以外の会葬や香典・献花を断る場合は、逝去の連絡の際にその旨をしっかり伝えるようにしましょう。連絡を受けた方は会葬するのがマナーだと思って用意するので、トラブルになることもあるからです。

逝去から葬儀前までの流れ

病院で
- 臨終
- ↓
- 一時安置
- ↓
- 清拭《せいしき》・着替え
- ↓
- 逝去の連絡
- ↓
- 葬儀社手配
- ↓

自宅または斎場で
- 搬送
- ↓
- 安置
- ↓
- 死化粧
末期の水を取る
枕飾り
- ↓
- 葬儀の打ち合わせ
- ↓
- 通夜・葬儀の連絡

菩提寺がない場合は、まず葬儀社に相談しましょう。俗名で葬儀を行うこともできるので慌てる必要はありません。

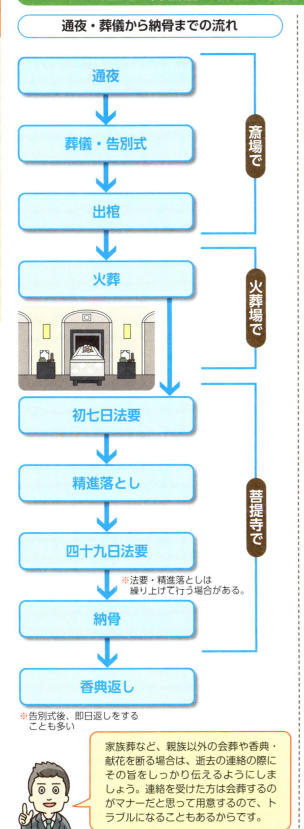

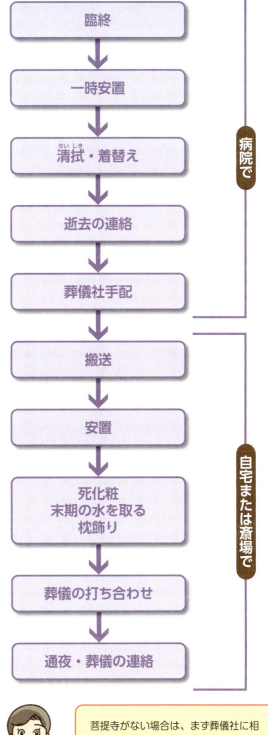

医師に死亡診断書を書いてもらう

ポイント!

死亡診断書は、その後の手続き関係でもしばしば必要になる大事な書類です。数枚コピーしておきましょう。

- **いつまでに** ▶ すみやかに
- **どんな場合** ▶ 家族が亡くなった場合
- **手続きする人** ▶ 医師または歯科医師
- **手続き先** ▶ 医師の指示に従う

病院以外で亡くなった場合も かかりつけ医に連絡する

コロナ禍では自宅で亡くなる人の割合が増えたものの、病院や老人ホーム等で亡くなる人のほうが圧倒的に多く、8割近くになります。病院等で亡くなると、医師が**死亡診断書**を書いてくれます。死亡診断書は**死亡届**とセットになっていて、1枚の用紙の左側が死亡届、右側が死亡診断書です。

死亡診断書部分が記載されていないと、役所に死亡届を出すことができません。**死亡診断書は医師（または歯科医師）だけが作成できる書類なので、病院以外で亡くなった場合も、必ずかかりつけ医に連絡してください。**

なお、治療を受けていた病気やケガ以外の理由で亡くなった場合、死体検案書が交付されることがあります。死体検案書も医師が作成するもので、記載内容は死亡診断書と同様です。

死亡診断書は以降の手続き（たとえば生命保険金の請求など）で使用することもあるので、4～5枚コピーをとっておくことをおすすめします。死亡届部分を記載したあとに、まとめてコピーをとってもかまいません。

必要なもの

☑ **死亡診断書（死体検案書）**

※通常は病院にあるので用意しなくて良い。市区町村役場の窓口でもらうこともできる。

こんなとき どうする?

自宅療養中の家族が亡くなったときは?

まずはかかりつけの病院に連絡しましょう。かかりつけの病院がない場合は、110番もしくは119番に連絡してその指示に従ってください。また、その際も医師（監察医）に死亡診断書（死体検案書）を作成してもらう必要があります。

なお、病院以外の場所で亡くなると、たとえ事件性がなくても原則として警察官が確認に来ることになります。亡くなったままの状態から遺体を動かさないほうが良いなど、医師や警察官からの指示があれば従ってください。

死亡診断書（死体検案書）

病院で亡くなると「死亡診断書」、治療を受けていた病気やケガ以外の理由での死亡や医師の管理下にない場合の死亡には「死体検案書」が交付される。医師が選択して、内容を記載する。

死亡診断書 ~~（死体検案書）~~

この死亡診断書（死体検案書）は、我が国の死因統計作成の資料としても用いられます。楷書で、できるだけ詳しく書いてください。

氏名	夏目 太郎　①男 2女	生年月日　明治 ㊞昭和 大正 平成 令和　20年 4月 1日（生まれてから30日以内に死亡したときは生まれた時刻も書いてください）午前・午後 時 分
死亡したとき	令和 6年 5月 10日 午前・午後 9時 13分（令和・午前に丸）	
死亡したところ及びその種別	死亡したところの種別	①病院 2診療所 3介護医療院・介護老人保健施設 4助産所 5老人ホーム 6自宅 7その他
	死亡したところ	東京都中央区〇町1　~~番地~~ 番 1号
	（死亡したところの種別1～5）施設の名称	ナツメ総合病院　（　）
死亡の原因	Ⅰ（ア）直接死因	脳出血　発病（発症）又は受傷から死亡までの期間 10時間
	（イ）（ア）の原因	動脈硬化症　4か月
	（ウ）（イ）の原因	
	（エ）（ウ）の原因	
	Ⅱ 直接には死因に関係しないがⅠ欄の傷病経過に影響を及ぼした傷病名等	
	手術 1無 2有	部位及び主要所見　手術年月日 令和 平成 昭和 年 月 日
	解剖 1無 2有	主要所見
死因の種類	①病死及び自然死 外因死　不慮の外因死｛2 交通事故 3 転倒・転落 4 溺水 5 煙、火災及び火焔による傷害 6 窒息 7 中毒 8 その他｝ その他及び不詳の外因死｛9 自殺 10 他殺 11 その他及び不詳の外因｝ 12 不詳の死	
外因死の追加事項	傷害が発生したとき	令和・平成・昭和 年 月 日 午前・午後 時 分　傷害が発生したところ　都道府県 市郡 区町村
	傷害が発生したところの種別	1住居 2工場及び建築現場 3道路 4その他（　）
	手段及び状況	
生後1年未満で病死した場合の追加事項	出生時体重 グラム	単胎・多胎の別 1単胎 2多胎（ 子中第 子）　妊娠週数 満 週
	妊娠・分娩時における母体の病態又は異状 1無 2有 3不詳	母の生年月日 昭和 平成 令和 年 月 日　前回までの妊娠の結果 出生児 人 死産児 胎（妊娠満22週以後に限る）
その他特に付言すべきことがら		

死亡の原因欄の注記：
◆Ⅰ欄、Ⅱ欄ともに疾患の終末期の状態としての心不全、呼吸不全等は書かないでください
◆Ⅰ欄では、最も死亡に影響を与えた傷病名を医学的因果関係の順番で書いてください
◆Ⅰ欄の傷病名の記載は各欄一つにしてください
ただし、欄が不足する場合は（エ）欄に残りを医学的因果関係の順番で書いてください

発病（発症）又は受傷から死亡までの期間
◆年、月、日等の単位で書いてください
ただし、1日未満の場合は、時、分等の単位で書いてください
（例：1年3ヵ月、5時間20分）

外因死の追加事項 ◆伝聞又は推定情報の場合でも書いてください

上記のとおり診断（検案）する　診断（検案）年月日 令和 6年 5月 10日
本診断書（検案書）発行年月日 令和 6年 5月 10日
病院、診療所、介護医療院若しくは介護老人保健施設等の名称及び所在地又は医師の住所　東京都中央区〇町1　~~番地~~ 番 1号
（氏名）医師　ナツメ総合病院　石野 一郎

記入の注意

亡くなった家族の氏名、生年月日に間違いがないかを確認すること。家族の逝去に際して気持ちが乱れやすいときだが、重要な書類なので絶対に紛失しないように。

護医療院・介護老人保健施設」を選択した場合は、施設の名称に続けて、介護医療院、介護老人保健施設の別をカッコ内に書いてください。

傷病名等は、日本語で書いてください。
Ⅰ欄では、各傷病について発病の型（例：急性）、病因（例：病原体名）、部位（例：胃噴門部がん）、性状（例：病理組織型）等もできるだけ書いてください。

死亡の原因は、保険金の請求時に必要な情報になる。

産後42日未満の死亡の場合は「妊娠満何週産後満何日」と書いてください。

Ⅰ欄及びⅡ欄に関係した手術について、術式又はその診断名と関連のある所見等を書いてください。紹介状や伝聞等による情報についてもカッコを付して書いてください。

「2交通事故」は、事故発生からの期間にかかわらず、その事故による死亡が該当します。
「5煙、火災及び火焔による傷害」は、火災による一酸化炭素中毒、窒息等も含まれます。

「1住居」とは、住宅、庭等をいい、老人ホーム等の居住施設は含まれません。

傷害がどういう状況で起こったかを具体的に書いてください。

妊娠週数は、最終月経、基礎体温、超音波計測等により推定し、できるだけ正確に書いてください。

母子健康手帳等を参考に書いてください。

医師が署名する。捺印はなくて良い。

死亡診断書（死体検案書）がないと、葬儀や相続手続きを行うことができません。家族が亡くなったあとのすべての手続きのスタートになるものです。家族みんなでサポートし合って、しっかりと確認しましょう。

死亡した事実を届け出る

ポイント!

死亡届を提出しないと火葬ができません。すみやかに提出を。

いつまでに	**死亡日を含め7日以内**
どんな場合	家族が**亡くなった場合**
手続きする人	**親族、同居者、後見人**など
手続き先	**市区町村役場**（故人の死亡地または本籍地、届出人の所在地の役場）

死亡日を含めて7日以内に届け出なければならない

死亡届の提出には期限があります。**亡くなった日も含めて7日以内に提出**しなければならないので、あまり余裕はありません。死亡届は、死亡診断書（23ページ）の左半分の部分です。死亡した人の氏名、生年月日、住所、本籍等を記載します。本籍が正確にわからないおそれがあるときは、**あらかじめ本籍を記載した住民票を取得しておくと良い**です。

病院で亡くなった場合は、医師が死亡診断書（または死体検案書）を書いてくれるので、受け取ったら死亡届の部分を記載しましょう。届出の際には死亡診断書部分の記載が必要なので、自宅等で亡くなった場合も必ずかかりつけ医師に連絡してください（22ページ）。以降の手続き（たとえば生命保険金の請求など）に使用することもあるので、提出する前にコピーを4～5枚とっておくと良いでしょう。

なお、**死亡届を提出する際に火葬の許可も同時に申請します。**火葬場を決めて予約しておく必要があるので、葬儀社とも相談して提出の段取りを確認しておきましょう。

必要なもの

- ☑ 死亡届および記入済みの死亡診断書（または死体検案書）
- ☑ 届出人が後見人等の場合は資格を証明する登記事項証明書、家庭裁判所の審判書謄本等

こんなとき どうする?

同居親族以外が届け出る場合は?

死亡届は、同居の親族以外も家主や後見人等が届出できます（義務）。ただし、同居の親族以外が届出する場合は、故人との関係に応じて証明する書類等が必要になるのが原則なので、事前に役所窓口に確認してください。親族であっても同居していないときは、同様に確認しておくのが無難です。

■死亡届　記入例

市区町村ごとに多少様式が異なるが、記載内容は同じ。

死　亡　届

令和 6 年 5 月 11 日届出

○○区長殿

受理 令和　年　月　日 第　号	発送 令和　年　月　日
送付 令和　年　月　日 第　号	○○区長印

書類調査	入力	戸籍記載	記載調査	附票	住民票	

死亡日を含めて７日以内に届け出る。

	項目	記入内容
(1)	（よみかた）	なつめ　たろう
(2)	氏名	氏 夏目　名 太郎　☑男 ☐女
(3)	生年月日	☑昭和 ☐令和 ☐平成 ☐西暦　20 年 4 月 1 日（生まれてから30日以内に死亡したときは生まれた時刻も書いてください）☐午前 ☐午後　時　分
(4)	死亡したとき	令和 6 年 5 月 10 日　☑午前 ☐午後　9 時 13 分
(5)	死亡したところ	東京都中央区○町　1 丁目　☐番地 ☑番　1 号
(6)	住所（住民登録をしているところ　方書はアパート名・部屋番号を書いてください）	東京都○○区神田○町 1 丁目 2 ☑番地 ☐番　号 方書 世帯主の氏名　夏目 太郎
(7)	本籍（外国人のときは国籍だけを書いてください）	東京都○○区神田角町 2 丁目 3 ☑番地 ☐番 筆頭者の氏名　夏目 太郎
(8)(9)	死亡した人の夫または妻	☑いる（満 77 歳）　いない（☐未婚 ☐死別 ☐離別）
(10)	死亡したときの世帯のおもな仕事と	☐1. 農業だけまたは農業とその他の仕事を持っている世帯 ☐2. 自由業・商工業・サービス業等を個人で経営している世帯 ☐3. 企業・個人商店等（官公庁は除く）の常用勤労者世帯で勤め先の従業員数が1人から99人までの世帯（日々または1年未満の契約の雇用者は5） ☐4. 3にあてはまらない常用勤労者世帯及び会社団体の役員の世帯（日々または1年未満の契約の雇用者は5） ☐5. 1から4にあてはまらないその他の仕事をしている者のいる世帯 ☐6. 仕事をしている者のいない世帯
(11)	死亡した人の職業・産業	（国勢調査の年…令和　年…の4月1日から翌年3月31日までに死亡したときだけ書いてください） 職業　　産業
	その他	
	届出人	☑1. 同居の親族 ☐2. 同居していない親族 ☐3. 同居者 ☐4. 家主 ☐5. 地主 ☐6. 家屋管理人 ☐7. 土地管理人 ☐8. 公設所の長 ☐9. 後見人 ☐10. 保佐人 ☐11. 補助人 ☐12. 任意後見人 ☐13. 任意後見受任者 住所 ☑(6)欄に同じ　丁目 ☐番地 ☐番　号 方書 本籍 ☐(7)欄に同じ　東京都○○市桜町 1 丁目 2 ☐番地 ☑番　筆頭者の氏名 ☐(7)欄に同じ　春野 一郎 署名 ※押印は任意です　春野 良美　☑昭和 ☐西暦 ☐平成　47 年 7 月 1 日生

連絡先	日中連絡のとれる電話番号をご記入ください 電話 090-XXXX-○○○○（　）

記入の注意

鉛筆や消えやすいインキ

→ 死亡者について書いてください。

届け出られた事項は、人口動態調査（統計法に基づく基幹統計調査、厚生労働省所管）、がん登録等の推進に関する法律に基づく全国がん登録（厚生労働省所管）にも用いられます。

「死亡したとき」などは、用紙右側にある死亡診断書（死体検案書）の記載をそのまま書き写す。

本籍・筆頭者は、本人や配偶者の住民票を本籍記載と指定して取得するなどして正確に記載する。

内縁関係の場合は「いない」を選択する。

署名する。捺印は任意なのでなくて良いが、同時に行う他の手続き（死体埋火葬許可証の申請＝26ページ）等で認印を使用することがあるので用意しておくと無難。

死亡届は死亡診断書と一枚の用紙になっていて、通常は病院が用意してくれます。もし、役所のホームページからダウンロードして用意する必要があれば、必ずA3サイズの用紙に印刷してください。サイズが異なっていたり、死亡診断書と死亡届が別個の用紙に印刷されていたりすると、死亡届の受付ができません。

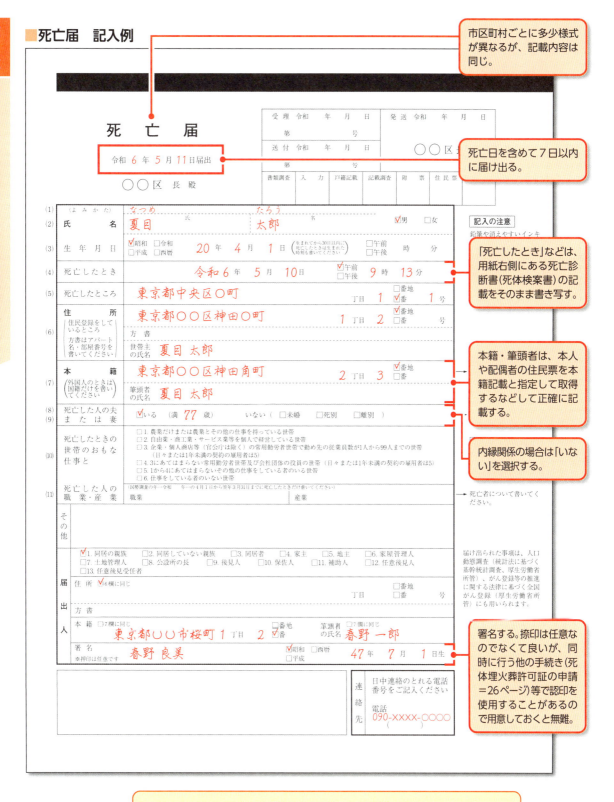

火葬するには？

ポイント！

家族が亡くなって混乱しているときでもあるので、葬儀社が代行してくれるならまかせても良いでしょう。

いつまでに	原則死亡日を含め7日以内 ※死亡届と同時に
どんな場合	家族が亡くなった場合
手続きする人	死亡届を出す人
手続き先	市区町村役場（死亡届と同様）

火葬は許可制。死亡届と同時に申請する

遺体を荼毘《だび》にふすには、**死体埋火葬《まいかそう》許可証**が必要です。死体埋火葬許可証は、死亡届の提出の際に申請書を提出して交付してもらいます。**火葬は、死亡時から24時間以上経過しないと行えません。**また、**火葬場の予約がとれていないと許可申請はできません。**事前に葬儀社と申請のタイミングや火葬場の情報、予約日時等を確認しておきましょう。

死体埋火葬許可証を受け取ったら、なくさないように保管して火葬の際に火葬場の係員に渡します。

必要なもの

- ☑死亡届
- ☑死体埋火葬許可申請書
- ☑認印（持っていくのが無難）

死体埋火葬許可申請書　記入例

死亡者（故人）の情報は、死亡届を確認して記載する。

㊡

照合	担任	係長	課長

死体埋火葬許可申請書　第　　号

令和 6 年 5 月 11 日

（宛先）　○○ 区長

死亡者	本籍	東京都○○区神田角町2丁目 3 ~~番~~ 番地
	住所	東京都○○区神田○町1丁目 2 ~~番~~ 番地 号
	（マンション名等）	
	死亡者氏名	夏目 太郎　明 ㊗昭 令 大 平　20年 4月 1日生
	性別	㊚男　女
	死亡の年月日時	令和 6年 5月 10日 （午前） 午後 9時 13分
	死亡の場所	東京都中央 区 ○町 丁目 1 番 1 号 ~~番地~~
	死因	□「一類感染症等」　☑「その他」
	埋葬又は火葬の場所	東京中央斎場

上記のとおり申請します。

申請者	申請者の住所	☑死亡者の住所に同じ　番 番地 号
	（マンション名等）	
	死亡者との続柄	子　申請者 春野 良美 ㊞

連絡先 090（XXXX）○○○○

※様式は市区町村ごとに異なる。

市区町村ごとに押印の扱いが異なるので、認印を持っていくのが無難。

死亡日時から24時間以上たたないと火葬は許可されない。

納骨するのに必要な埋葬許可証を入手する

ポイント!

埋葬許可証がないと、基本的にお墓に納骨することができません。納骨まで時間が空くときは、紛失に注意しましょう。

いつまでに	原則火葬のとき
どんな場合	火葬後の納骨時
手続きする人	家族など
手続き先	墓地の管理者。 分骨する場合は加えて火葬場

納骨するまでの紛失にくれぐれも注意する

多くの場合、四十九日法要の際に納骨が行われます。ただし、「うちのお墓」だからといって、勝手に納骨することはできません。納骨するには、**埋葬許可証**が必要です。

埋葬許可証は通常、死体埋火葬許可証と一体の書類になっています。火葬が済むと、死体埋火葬許可証に火葬済みである証明が付され、そのまま埋葬許可証になることが多いです。

四十九日法要の際に納骨する場合は、火葬から納骨まで1か月ほど時間が空きます。その間に紛失しないよう、たいていの場合、**埋葬許可証は骨壺の箱に納められています。**もし紛失したかもしれないと不安を抱いたら、骨壺の箱の中を確かめてみましょう。

納骨する際には、埋葬許可証を墓地の管理者に渡します。管理者とは、寺院墓地であれば住職など、公営墓地や霊園であれば管理事務所の責任者のことです。

なお、2か所以上のお墓に納骨する場合は、埋葬許可証に加えて**分骨証明書**が必要です。あらかじめ、火葬場に分骨する旨を伝えて用意してもらいましょう。

こんなとき どう する?

埋葬許可証を紛失したときは?

骨壺の箱に入っていないか、よく探してみてください。たいていの場合、箱に入れたままになっています。それでも見つからない場合、まずは納骨する墓地の管理者にどのような書類が必要かを確認します。

書類自体は、死亡届を提出した市区町村役場で再発行してもらえるか、「死体埋火葬許可申請書の写し」「火葬証明書」等を発行してもらえます。書類によっては火葬場で再度証明を付してもらう必要もあります。

必要なもの

- ☑死体埋火葬許可証（火葬後に証明を受けて、埋葬許可証になる）
- ☑その他、墓地の管理者に必要なものを確認しておく。

お墓がないときは?

ポイント!

お墓がないからといって、焦って用意する必要はありません。お墓の種類や承継についてしっかり考えましょう。

いつまでに	四十九日法要が目安
どんな場合	火葬後の手続き
手続きする人	遺族
手続き先	墓地管理者

お墓選びは家族の意見も大事

「お墓を買う」「お墓を買った」といいますが、実はお墓の土地は買えません。お墓はその墓地の管理者に土地を借りてその上に墓石を建てる、という構造で、**買えるのは墓石の部分だけ**です。

墓地は宗教法人が管理する「**寺院墓地**」、公益法人が管理する「**霊園**」、地方自治体が管理する「**公営墓地**」に分けられます。それぞれ特色があり、使用条件も異なります。

お墓がない場合、急いで用意しなければと思いがちですが、**納骨に法律の期限はありません。**家族が亡くなれば生活環境も変わります。生活が落ち着いてからお墓を決めたほうが良い場合も多いので、焦らず考えてください。お墓とは、基本的に先祖代々承継されていくもの。自分たちだけの都合で選ぶと、子ども世代に苦労をかけることもあるということを頭に置いておきましょう。

必要なもの

☑死体埋火葬許可証(埋葬許可証)

お墓の管理者(経営者)いろいろ

地方自治体(公営墓地)

一般に公営墓地・公営霊園と呼ばれる。宗派を問わない、比較的安価を特徴とする。ただし、その自治体に一定期間、居住していること等の条件が付されることも。数も少ないので人気の墓地は何倍もの抽選倍率になる。

公益法人(霊園)

一般に霊園といわれる。宗派を問わないので、仏教はもちろん、キリスト教、無宗教であっても利用可能。使用期間を決めることで継承を前提としない墓地もある。

宗教法人(寺院墓地)

仏教の場合、寺院墓地と呼ぶ。お寺の管轄下にある墓地を利用するには、原則、そのお寺の檀家になる。継承者がいることを前提とするお墓が多い。

お墓を持つか持たないか

お墓を買う際は、子どもにも相談して一緒に考えるのが良いと思います。とくに、承継が必要なお墓は維持費だけでなく立地や宗派など、考えるべきことがたくさんあります。

最近は、承継を必要としないお墓も増えてきています。いずれ合葬されることを前提としている**永代供養墓や、樹木葬など墓石のないお墓**などです。ただし、承継が不要といってもお墓参りの問題などは子ども世代にも関係するので、やはりきちんと相談しながら決めることをおすすめします。

また、**お墓を持たない選択肢**も増えています。**納骨堂**もそのひとつです。納骨堂は遺骨収蔵施設で、お墓が戸建てだとすると納骨堂はマンションのようなものです。他には**散骨**がよく知られています。散骨は、パウダー状にした遺骨を海や山などにまきます。墓石も遺骨も残らないのが特徴です。

最近は、**墓石をレンタルできる制度**や、**小さな区画のお墓を月額制で借りられる**「お墓のサブスク」も登場しています。現代の事情に合わせてお墓も変わってきているのです。

お墓以外の選択肢

■納骨堂

都心部など、アクセスのよい場所にも多い。さまざまなタイプがあり、ペットと入れるものなども。期間を決めて使用するのが原則。

■散骨

海にまくことを海洋散骨や海洋葬ともいう。墓石も遺骨も残らないので、一部の遺骨を手元に残す「手元供養」と組み合わせて行うこともある。

承継を前提としないお墓

■永代供養墓

継承者がいなくても墓所の管理者が供養・管理を行ってくれるお墓。個人でも夫婦でも入れる。

■夫婦墓

家のお墓ではなく、夫婦2人のお墓。墓碑には、それぞれの名前以外に好きな言葉や絵を刻む場合も。

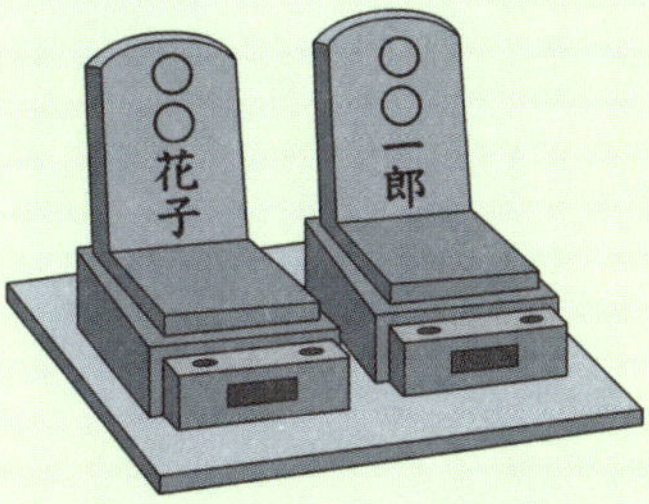

承継を前提とするお墓

■家墓

先祖代々受け継がれてきたお墓。「○○家代々之墓」などと墓碑銘が刻まれることが多い。

■両家墓

2つの家が入るお墓。夫婦がそれぞれの家墓を管理する負担が減る。

選択肢が増えて、昔ながらのお墓にこだわる必要はなくなっています。送り出す家族の気持ちも大事に考えましょう。

やること順　四十九日までの費用試算シート

◎は葬儀プランに含まれるか別料金かで大きく異なるので、必ずチェックする。また、不要なサービスがあればカットしてもらう。

		費用目安	メモ
◎	搬送		
◎	安置・枕飾		
	枕経		
◎	お通夜		
◎	通夜振る舞い		
◎	葬儀・告別式		
◎	繰り上げ初七日法要		
◎	会葬返礼品		
◎	香典返し（即日返し）		
	葬儀社心づけ		
	住職お車代		
◎	火葬		
◎	火葬場での飲食		
	火葬場心づけ		
	お布施		
◎	精進落とし		
◎	後飾祭壇		
	仏壇		
	お墓		
	四十九日法要		
	納骨		
	香典返し		
	お布施		
	会食		
	交通費立て替え等		
	その他		
	合計		

葬儀社心づけ：葬儀社に相談する。人数ごとに小分けする必要も。

住職お車代：お布施とは別に用意することが多い。

火葬場心づけ：葬儀社に相談する。人数ごとに小分けする必要も。

香典返し：葬儀後にもらったら四十九日のタイミングで香典返しする。

会食：四十九日法要は故人の友人を招いて会食することもある。

交通費立て替え等：親族などの交通費や宿泊費を立て替える場合。

その他：家独自のしきたりや、地域の慣習で必要になる費用も考える。

第2章

亡くなってから2週間以内に行う公的な手続き

あるある Q&A 5

世帯主が亡くなった場合、どんな手続きが必要なの？

「世帯」で考えなければならないことも多いです

家族が亡くなると、個人に関する手続きだけでなく、故人が世帯主だった場合は世帯としての手続きも必要となることが多いです。

国民健康保険は、その世帯で加入している人の保険料をまとめて世帯主宛に請求します。児童手当は、世帯主に給付します。ですから、誰が世帯主なのかということが重要なのです。

このように「個人」と「世帯」の両方について手続きが発生します。家族が亡くなったときにその人が世帯主なのかどうかで、必要な手続きも変わってくると覚えておきましょう。

中には、手続きが遅れると損をするものもあります。**ただし、実際に必要な手続きは役所の窓口で案内してもらえるので、きちんと聞いて手続きすれば心配ありません。**

市役所で やることリストを もらってきたけど…
ずら〜っ
●世帯主変更届
●国民健康保険喪失手続き
●パスポートの返却手続き
●葬祭費の申請
●国民年金受給停止手続き
…
こんなにあるの〜!?
2人ともしっかり！ とくにやらなきゃいけないことに◎がついてるよ
あら、ほんとね
娘・和美
おばあちゃんは1人世帯になるから自動的に世帯主になるのね それから…
テキパキ
花子
なるほど〜
和美はしっかりしてるねぇ ウチの世帯主も和美に変更したらいいんじゃないかしら？
そうね―
……
オレは？

ここがPoint!

- 世帯主が亡くなったときに必要な手続きを知る ➡ P.36
- 国民健康保険の資格証はどうなるの？ ➡ P.40
- 児童手当を受け取っている人が亡くなった場合の手続きを知る ➡ P.86

\あるある/ Q&A 6

お葬式をするともらえるお金があるんですか？

請求しないともらえないので、忘れずに手続きしましょう

家族が亡くなったとき、お葬式をするともらえるお金があります。数万円程度ですが、何かと物入りのタイミングなのでありがたいですよね。ただし、そのお金は請求しないともらえません。忘れず請求しましょう。

まず、国民健康保険と健康保険では、少し条件などが異なります。「お葬式」は遺体を荼毘《だび》にふすだけでなく、儀式的な部分（お通夜や告別式）を含みます。

国民健康保険の場合はお葬式を行ったことが条件なので、火葬のみの場合は給付対象になりません。請求する際に葬儀の領収書や会葬案内など、お葬式を行ったことがわかるものが必要です。

健康保険の場合、「埋葬を行う」ことが条件ですので、火葬のみ行った場合も給付対象になります。もらえる金額も国民健康保険は自治体により異なりますが、健康保険は一律5万円です。

ここがPoint!

- お葬式をしたらもらえるお金がある → P.46,47
- 一般的なお葬式の流れを確認する → P.20

\あるある/ Q&A 7

遺族の健康保険証ってそのまま使えるの?

手続きを忘れると、無保険になってしまうかもしれません

一家の大黒柱が亡くなると、いろいろなことがガラッと変わることがあります。とくに亡くなった人に扶養されていた家族は、注意が必要です。

会社員や公務員の扶養に入っている家族は、健康保険に入っています。**扶養していた人が亡くなれば、扶養されていた家族は健康保険の被保険者である資格を失います。**資格を失ったまま国民健康保険に入る手続きをしないと、無保険の期間ができてしまいます。無保険の間に病院にかかれば、いったんは全額自己負担になるので、大きな負担になるかもしれません。

健康保険から外れる手続きは会社等が行ってくれますが、国民健康保険に入る手続きは残された家族自身が行わなければなりません。無保険の期間が生じないように、忘れずに手続きを行いましょう。

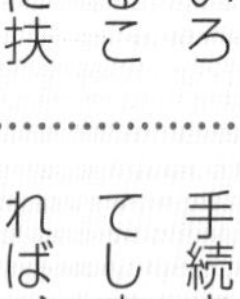

ここがPoint!

- 会社員、公務員の遺族がすべき健康保険の手続きを知る ➡ P.44
- 亡くなった人が世帯主の場合に必要となる手続きを知る ➡ P.36
- もう使えなくなった保険証(資格確認書)はどうする? ➡ P.40

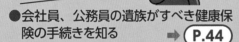

あるある Q&A 8

戸籍や住民票などはどこに行けば手に入る？

戸籍は近くの役所で、住民票はコンビニで取得できます

33ページで紹介したお葬式をするともらえるお金の請求には、故人の死亡の記載がある戸籍などが必要になることがあります（健康保険の場合）。

また、年金の手続きや相続の手続きにも、戸籍を初めとしてさまざまな書類が必要です。

少し前まで、戸籍は本籍地の役所でしか取得することができませんでした。そのため、相続手続きにあたって、出生から死亡までの戸籍を集めるのに1か月以上かかることも決して珍しくありませんでした。

それが最近では、本籍地以外でも戸籍が取得できるようになったり、コンビニでも住民票が取得できるようになったりするなど、利便性が向上しています。

必要な書類とその入手先を確認し、便利なしくみはどんどん利用して、手続きにかかる手間を省きましょう。

ここがPoint!

- 各種手続きに必要な書類の取得先を確認する → P.48
- 戸籍の広域交付を利用する → P.49
- 役所が遠方にある場合は郵送が利用できる → P.50

世帯主が亡くなったときは？

ポイント！

意外と広範囲に影響するので、まずは窓口でよく相談することをおすすめします。

いつまでに	14日以内
どんな場合	世帯員が2名以上になった場合
手続きする人	亡くなった世帯主と同一世帯の人
手続き先	住所地の市区町村役場

世帯主が変わるとあちこちに影響がある

世帯主が亡くなると、世帯主を変更する届出が必要です。ただし、**2人世帯の場合はもう一人が自動的に世帯主になります。この場合、手続きは不要**です。また、**世帯が15歳未満の子とその親のみの場合も、親が世帯主になるので手続きは不要**です。

多くの役所では、死亡届を提出する際にその後必要になる手続きについても案内や資料をくれます。世帯主の変更届が必要かどうか迷ったら、葬儀が終わって一息ついたところで確認しておきましょう。

世帯主が変更されると、国民健康保険料などが計算し直されて新しい世帯主に請求が来ます。また、**各種給付金の支給対象も世帯主であることが多い**など、世帯主の変更は意外とあちこちに影響があります。

国民健康保険の他、**児童手当制度**（86ページ）や**乳幼児医療費助成制度**を受けている場合などについても、それぞれ手続きが必要になることがあります。

世帯主の変更届をする際に窓口で確認しておきましょう。

必要なもの

- ☑住民異動届
- ☑本人確認書類（マイナンバーカード、免許証、保険証など）
- ☑世帯全員（持っている人のみ）の国民健康保険証、資格確認書

※詳しくは38ページ

こんなとき どうする？

漏れなく手続きするための一工夫

世帯主が亡くなると、関連する手続きがたくさんあります。役所の窓口でも必要な手続き一式を案内してもらえるので、その中から自分に必要な手続きの一覧を作るなどして、抜け・漏れがないか確認しながら進めましょう。

書類はそれぞれ記入事項が細かいので、事前に届出用紙を取得してから、落ち着いて準備するのが望ましいです。

■世帯主を変更する際の届出書（住民異動届）記入例

様式は市区町村ごとに異なる。変更内容の選択欄がない場合は、世帯主が死亡したため変更することを窓口で伝える。

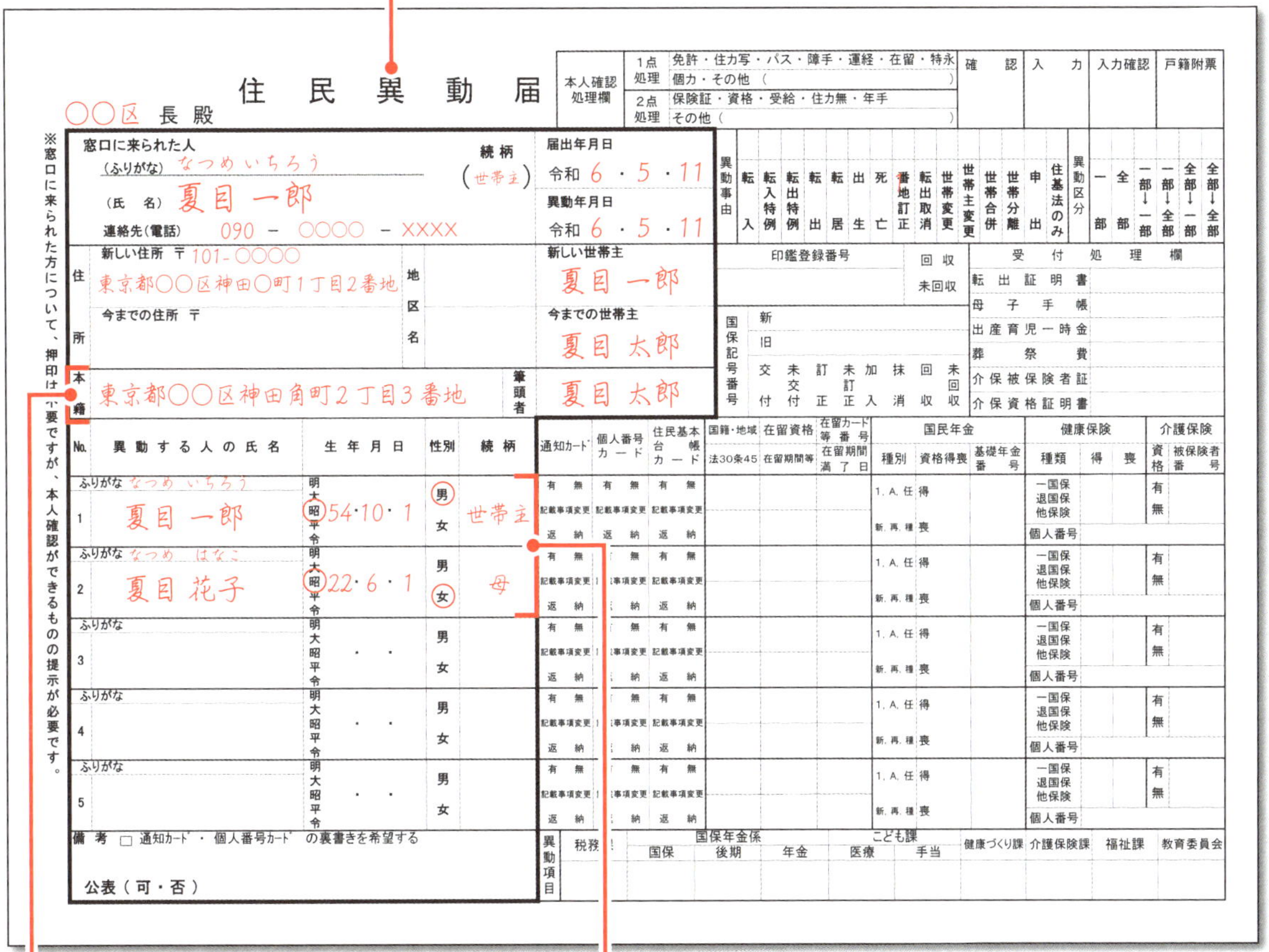

本籍も記載するため、死亡届のコピーなど本籍が記載されている書類を持っていくと良い。

世帯の全員分を記載する。

誰が世帯主になるか、ということは法律で決まっているわけではありません。世帯の実態に合わせて選択すれば良いのです。ただし、勤務先の福利厚生関係（住宅手当や家賃補助など）は世帯主に支給されることが多いので、受給できる人が世帯主になるほうが良いかもしれません。

国民健康保険の場合は世帯主に納付義務があり、世帯主宛に請求書が届きます。世帯主自身は会社員で協会けんぽに加入していても、世帯に国民健康保険加入者がいる場合、世帯主が納付義務者になります。この点も、世帯主を選ぶ際には検討すべきでしょう。

国民健康保険の被保険者が亡くなったときは？

ポイント！

必要な持ち物など、自治体ごとに異なるので事前に確認して準備しましょう。

いつまでに	14日以内
どんな場合	被保険者が亡くなった場合
手続きする人	亡くなった人と同一世帯の人や遺族
手続き先	住所地の市区町村役場

制度が複雑なので まずは役場の窓口で相談

国民健康保険は、自営業者や退職して無職になった人などが加入している健康保険です。会社員や公務員とその扶養家族は、協会けんぽなどの健康保険に加入しています（42ページ）。どちらに加入しているかによって、手続きする窓口が異なります。国民健康保険の場合は、お住まいの市区町村役場が窓口です。

国民健康保険の被保険者（加入者）が亡くなったときは、資格喪失の届出が必要な場合があります。資格を喪失すると、亡くなる前月分までの月数に応じた税額で保険料が精算されます。払いすぎていた保険料があれば還付され、不足分があれば支払う必要があります。亡くなった人が後期高齢者医療制度の資格者（75歳以上）の場合も、同様に届出が必要ですが、**資格証を返納するだけで足りる自治体も多い**です。

国民健康保険料は、世帯主にその世帯で加入している全員分の支払い義務があります。**世帯主が亡くなった場合は、新しい世帯主が支払い義務を負います。**後期高齢者医療制度は各個人に支払い義務があります。

必要なもの

- ☑国民健康保険被保険者資格喪失届または後期高齢者医療被保険者資格喪失届
- ☑本人確認書類（運転免許証・パスポート・マイナンバーカード等）
- ☑個人番号確認書類（個人番号記載の住民票・マイナンバーカード等）

●葬祭費の請求もあわせて請求する場合

- ☑保険証（資格確認書）（世帯主が亡くなった場合は全員分の保険証）

※自治体ごとに必要書類が異なるので、必ず事前に確認してください。

※２０２４年12月以降、今までの保険証が廃止されるため保険証の返納が不要になる場合があります。

こんなとき どうする？

手続き、書類が簡略化されてきている

自治体ごとの対応の差は大きいものの、死亡届以降の手続きが簡略化されてきています。一部の自治体では、死亡届を出すと自動的に喪失手続きが行われます。また、喪失届を提出する際に、死亡を証する書類（戸籍など）が不要な自治体も多くなっています。必要な手続きや書類については、死亡届を提出する際にまとめて確認すると効率が良いでしょう。

国民健康保険被保険者資格喪失届 記入例

様式は市区町村ごとに異なる。

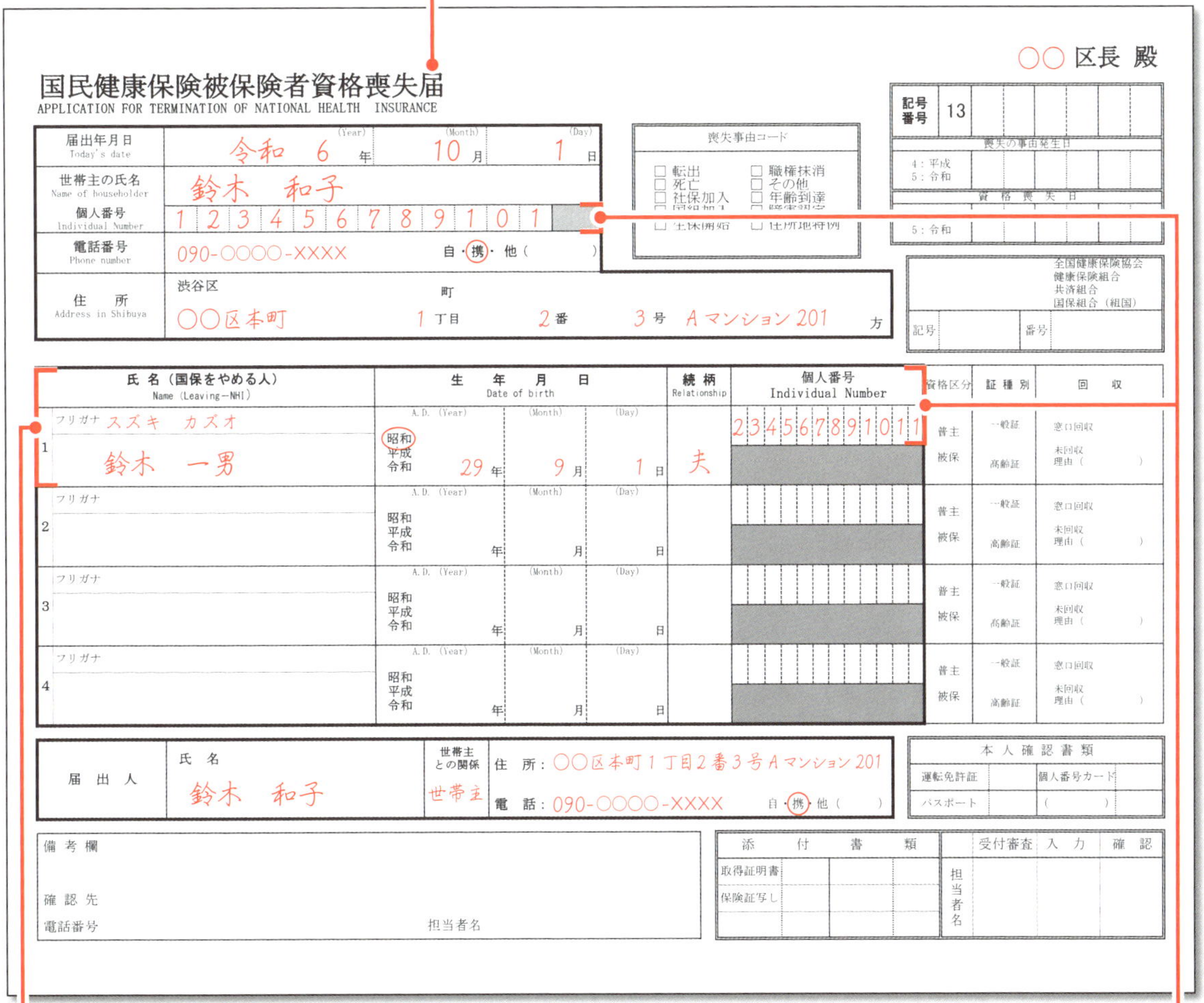
○○ 区長 殿

国民健康保険被保険者資格喪失届
APPLICATION FOR TERMINATION OF NATIONAL HEALTH INSURANCE

届出年月日 Today's date	令和 6 年 (Year)	10 月 (Month)	1 日 (Day)
世帯主の氏名 Name of householder	鈴木 和子		
個人番号 Individual Number	1 2 3 4 5 6 7 8 9 1 0 1		
電話番号 Phone number	090-○○○○-XXXX	自・携・他（ ）	
住所 Address in Shibuya	渋谷区 ○○区本町	町 1 丁目 2 番 3 号	Aマンション201 方

喪失事由コード
□ 転出 □ 職権抹消
□ 死亡 □ その他
□ 社保加入 □ 年齢到達
□ 生保開始 □ 住所地特例

記号番号	13					
喪失の事由発生日						
4：平成 5：令和						
資格喪失日						
5：令和						

全国健康保険協会
健康保険組合
共済組合
国保組合（組国）
記号　番号

	氏名（国保をやめる人） Name (Leaving-NHI)	生年月日 Date of birth	続柄 Relationship	個人番号 Individual Number	資格区分	証種別	回収
1	フリガナ スズキ カズオ 鈴木 一男	A.D. 昭和 平成 令和 29 年 (Year) 9 月 (Month) 1 日 (Day)	夫	2 3 4 5 6 7 8 9 1 0 1 1	普主 被保	一般証 高齢証	窓口回収 未回収 理由（ ）
2	フリガナ	A.D. 昭和 平成 令和 年 (Year) 月 (Month) 日 (Day)			普主 被保	一般証 高齢証	窓口回収 未回収 理由（ ）
3	フリガナ	A.D. 昭和 平成 令和 年 (Year) 月 (Month) 日 (Day)			普主 被保	一般証 高齢証	窓口回収 未回収 理由（ ）
4	フリガナ	A.D. 昭和 平成 令和 年 (Year) 月 (Month) 日 (Day)			普主 被保	一般証 高齢証	窓口回収 未回収 理由（ ）

届出人	氏名 鈴木 和子	世帯主との関係 世帯主	住所：○○区本町1丁目2番3号Aマンション201 電話：090-○○○○-XXXX 自・携・他（ ）

本人確認書類
運転免許証		個人番号カード	
パスポート		（ ）	

備考欄
確認先
電話番号　担当者名

添付書類			担当者名	受付審査	入力	確認
取得証明書						
保険証写し						

国保をやめる人、全員分を記載する。

個人番号（マイナンバー）を記載する。世帯主、故人のマイナンバーを確認する書類（マイナンバーカードなど）が必要になる場合もあるので用意しておく。

資格喪失届を行う際に、あわせて葬祭費の請求もするとスムーズです。葬祭費の請求と必要な書類については46ページで確認してください。
2024年12月以降は、今までの保険証が廃止されます。保険証の返納、書き換え（世帯主死亡の場合）の扱いも変わるはずなので、手続きの前に必ずお住まいの自治体にご確認ください。

マイナ保険証と紙の保険証では手続きが違う?

ポイント!

マイナ保険証と保険証（資格確認書）、それぞれどんな手続きが必要か把握しておきましょう。

いつまでに	国民健康保険被保険者資格喪失届の際に
どんな場合	被保険者が亡くなった場合
手続きする人	亡くなった世帯主と同一世帯の人や遺族
手続き先	住所地の市区町村役場

マイナ保険証に関しては手続き・返納不要

マイナンバーカードに保険証機能を紐づけしたものを「**マイナ保険証**」といいます。2024年12月以降、今までの保険証は廃止されてマイナ保険証に統一されました。ただし、マイナ保険証に対応していない医療機関も多いので、マイナ保険証を持っている人も紙の保険証と使い分けているのが実情です。

両方の保険証を持っている人が亡くなった場合、**マイナ保険証についてはなんの手続きも必要ありません。**死亡届が出されると自動的にマイナンバーカードの保険証機能を含めたさまざまな機能が失効するからです。ただし、**国民健康保険被保険者資格喪失届は必要な場合があります。**

ところで、失効したマイナ保険証（マイナンバーカード）は返納する必要があるのでしょうか。基本的に、**マイナンバーカードは返納不要**です（自治体によって異なる場合あり）。マイナンバーは、相続手続きの際にも必要になることがあります。廃棄・返納するのは相続手続きが済んでからでかまいません。

なお、マイナンバーは住民票に記載することができますが、故人のマイナンバーは住民票に記載されません。そのため、マイナンバーカードを返納すると番号がわからなくなるので注意してください。

保険証から資格確認書へ ただし、内容はほぼ同じ

前述のとおり、今後**保険証はマイナ保険証に統一されます。**ただ、マイナンバーカードを持っていない、対応している医療機関が近隣に少ないなどの事情もあるので、**保険証の代わりとなる「資格確認書」が交付され、当面使用できる**ことになっています。

名前が変わっただけで、内容は国民健康保険証とほぼ同じです。そのため、亡くなった際（資格を失ったとき）には返納、また、世帯主が亡くなった際には世帯で加入している全員の資格確認書の書き換えが必要になることも健康保険証のときと同様です。

今までの保険証は、12月の切り替え以降、最大1年間は継続して使用できます（期限は自治体にお問い合わせください）。ただし、12月以降に異動（引っ越しや世帯主の死亡等）があった場合は失効し、新しいものは交付されません。

今までの保険証、資格確認書を持っている人が亡くなった場合

亡くなった人が世帯主

YES →

- 亡くなった本人の保険証、資格確認書の返納
- 世帯で国民健康保険に加入している人の保険証の返納（有効期限内のものがある場合）。
- 世帯で国民健康保険に加入している人全員の資格確認書の書き換え（世帯主の書き換えが必要なため）

NO →

- 保険証（有効期限内のものがある場合）、資格確認書の返納

どちらの場合も、有効期限が切れたものは破棄してかまいません。今までの保険証の有効期限が切れる2025年12月くらいまでは、手続きの混乱が予想されます。死亡届の際に確認しておきましょう。

こんなとき どうする？

この機会にマイナ保険証に変えたい！

マイナンバーカードを持っているだけでは、マイナ保険証としては使えません。最初に保険証利用の登録が必要です。下記いずれの場合も、マイナンバーカードと4桁のパスワードが必要です。

❶マイナポータルで手続き

スマホにアプリをダウンロードし、登録する方法です。

❷医療機関で手続き

マイナンバーカード対応の医療機関・薬局で受診の際に登録する方法です。

❸セブン銀行のATMで手続き

セブン銀行のATMでマイナンバーカードを読み込んで手続きします。

❹自治体の窓口で手続き

自治体の窓口に行って登録する方法です。

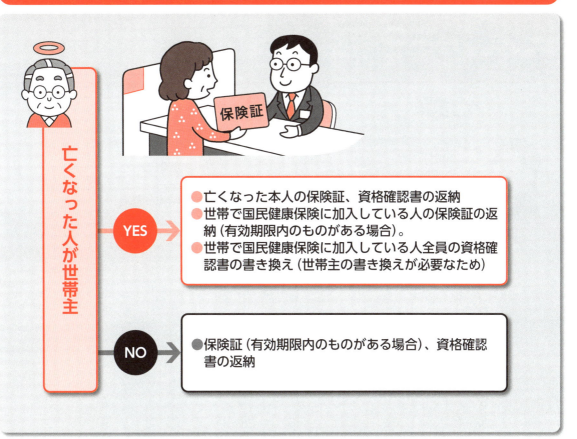

会社員・公務員が亡くなったときの手続きは？

ポイント！

会社など事業主が手続きするので、家族はすみやかに連絡することを心がけてください。

いつまでに	**5日以内**
どんな場合	**会社員、公務員が亡くなった場合**
手続きする人	**扶養家族**など
手続き先	**勤務先**に**連絡**

在職中に亡くなったときは職場にすぐ連絡を

会社員は協会けんぽ等の健康保険、公務員は共済組合の健康保険に加入しています。国民健康保険とは保険者（保険事業の運営者のこと）が別で、必要な手続きも異なります。

通常は、勤務している会社や役所が手続きします。**亡くなった人の家族は、会社等に保険証（資格確認書、以下同じ）を返納するなどの手続きが必要**です。その際、**本人だけでなく扶養されている家族の分の保険証も返納する必要があります。**扶養家族は、健康保険から抜けて国民健康保険に加入するか、他の家族の扶養に入る必要があります。

まず、亡くなったことを会社などに連絡し、その際に返却が必要なもの（保険証の他に社員証など）、期限、会社から受け取るもの（未払い給与や退職金、私物など）があるかどうか、確認しましょう。

保険者への喪失届は、亡くなってから5日以内にしなければなりません。連絡が遅れると会社等の担当者が困るだけでなく、国民健康保険への加入が遅れて無保険の期間ができてしまうこともあります。

必要なもの

- ☑ **健康保険・厚生年金保険被保険者資格喪失届**
  ※通常、事業主が手続きする。
- ☑ **健康保険被保険者証（有効期限内のものがあれば）、健康保険資格確認書（いずれも本人、扶養家族の分）**
- ☑ **健康保険高齢受給者証等**
  ※該当する場合（後期高齢者医療制度に加入しない70歳以上の方）

こんなときどうする？

現行の健康保険証は廃止され、健康保険資格確認書へ

協会けんぽ等の健康保険も、国民健康保険と同様に2024年12月2日以降は新規の保険証が発行されなくなり、マイナ保険証に統一されます。ただし、健康保険資格確認書（有効期限最長5年）もあわせて発行され、マイナ保険証が使えない人も保険診療を受けることができます。

現行の保険証は、2025年12月1日まで継続して利用できます（退職等で資格喪失した場合を除く）。以降、被保険者が亡くなったりした際には廃棄してかまいません。

会社員・公務員が亡くなった場合に事業主から保険者へ提出される書類

様式コード 2201

健康保険
厚生年金保険
被保険者資格喪失届
厚生年金保険
70歳以上被用者不該当届

令和　　年　　月　　日提出

提出者記入欄

項目	記入欄
事業所整理記号	—
事業所番号	
事業所所在地	届書記入の個人番号に誤りがないことを確認しました。 〒　　-
事業所名称	
事業主氏名	
電話番号	（　　　）

在職中に70歳に到達された方の厚生年金保険被保険者喪失届は、この用紙ではなく『70歳到達届』を提出してください。

社会保険労務士記載欄
氏名等

死亡日の翌日（資格喪失日）から保険証が使えなくなるので注意する。扶養家族は、すみやかに国民健康保険の加入手続きをすること。
※通常は事業主（会社など）が手続きするので、家族がこの届出様式を記載することはない。

被保険者1

項目	記入欄
① 被保険者整理番号	
② 氏名	(フリガナ) (氏)　(名)
③ 生年月日	5. 昭和　7. 平成　9. 令和　年　月　日
④ 個人番号〔基礎年金番号〕	
⑤ 喪失年月日	9. 令和　年　月　日
⑥ 喪失（不該当）原因	4. 退職等（令和　年　月　日退職等） 5. 死亡（令和　年　月　日死亡） 7. 75歳到達（健康保険のみ喪失） 9. 障害認定（健康保険のみ喪失） 11. 社会保障協定
⑦ 備考	該当する項目を○で囲んでください。 1. 二以上事業所勤務者の喪失 2. 退職後の継続再雇用者の喪失 3. その他〔　　〕
保険証回収	添付　　枚 返不能　　枚
⑧ 70歳不該当	□ 70歳以上被用者不該当（退職日または死亡日を記入してください） 不該当年月日　9. 令和　年　月　日

被保険者2

項目	記入欄
① 被保険者整理番号	
② 氏名	(フリガナ) (氏)　(名)
③ 生年月日	5. 昭和　7. 平成　9. 令和　年　月　日
④ 個人番号〔基礎年金番号〕	
⑤ 喪失年月日	9. 令和　年　月　日
⑥ 喪失（不該当）原因	4. 退職等（令和　年　月　日退職等） 5. 死亡（令和　年　月　日死亡） 7. 75歳到達（健康保険のみ喪失） 9. 障害認定（健康保険のみ喪失） 11. 社会保障協定
⑦ 備考	該当する項目を○で囲んでください。 1. 二以上事業所勤務者の喪失 2. 退職後の継続再雇用者の喪失 3. その他〔　　〕
保険証回収	添付　　枚 返不能　　枚
⑧ 70歳不該当	□ 70歳以上被用者不該当（退職日または死亡日を記入してください） 不該当年月日　9. 令和　年　月　日

被保険者3

項目	記入欄
① 被保険者整理番号	
② 氏名	(フリガナ) (氏)　(名)
③ 生年月日	5. 昭和　7. 平成　9. 令和　年　月　日
④ 個人番号〔基礎年金番号〕	
⑤ 喪失年月日	9. 令和　年　月　日
⑥ 喪失（不該当）原因	4. 退職等（令和　年　月　日退職等） 5. 死亡（令和　年　月　日死亡） 7. 75歳到達（健康保険のみ喪失） 9. 障害認定（健康保険のみ喪失） 11. 社会保障協定
⑦ 備考	該当する項目を○で囲んでください。 1. 二以上事業所勤務者の喪失 2. 退職後の継続再雇用者の喪失 3. その他〔　　〕
保険証回収	添付　　枚 返不能　　枚
⑧ 70歳不該当	□ 70歳以上被用者不該当（退職日または死亡日を記入してください） 不該当年月日　9. 令和　年　月　日

被保険者4

項目	記入欄
① 被保険者整理番号	
② 氏名	(フリガナ) (氏)　(名)
③ 生年月日	5. 昭和　7. 平成　9. 令和　年　月　日
④ 個人番号〔基礎年金番号〕	
⑤ 喪失年月日	9. 令和　年　月　日
⑥ 喪失（不該当）原因	4. 退職等（令和　年　月　日退職等） 5. 死亡（令和　年　月　日死亡） 7. 75歳到達（健康保険のみ喪失） 9. 障害認定（健康保険のみ喪失） 11. 社会保障協定
⑦ 備考	該当する項目を○で囲んでください。 1. 二以上事業所勤務者の喪失 2. 退職後の継続再雇用者の喪失 3. その他〔　　〕
保険証回収	添付　　枚 返不能　　枚
⑧ 70歳不該当	□ 70歳以上被用者不該当（退職日または死亡日を記入してください） 不該当年月日　9. 令和　年　月　日

健康保険埋葬料や埋葬費が支給される場合があります。保険者によって必要書類や申請書類が異なるので、死亡の連絡の際に会社等に確認しておくと良いでしょう。

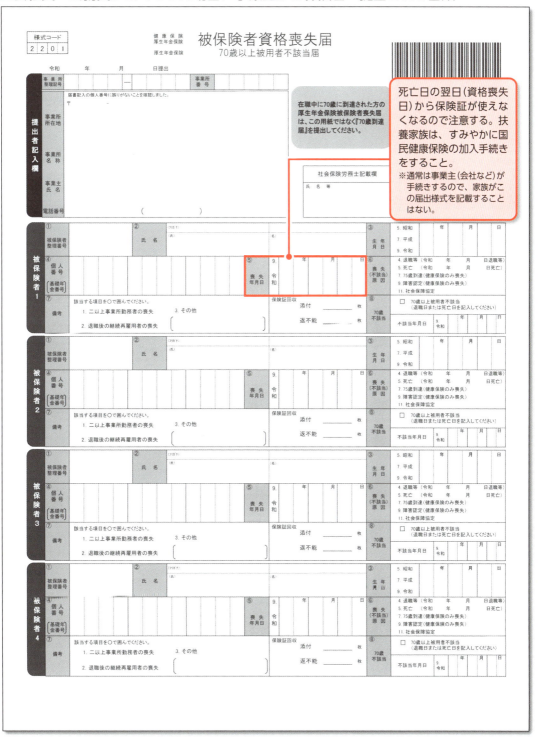

会社員・公務員の遺族の健康保険はどうなる？

ポイント！

故人の勤め先が手続きしてくれるわけではなく、遺族が自身で行う手続きです。忘れず、すみやかに行いましょう。

- **いつまでに** 14日以内（健康保険は5日以内）
- **どんな場合** 健康保険の扶養者が亡くなった場合
- **手続きする人** （新しい）世帯主、扶養者
- **手続き先** 住所地の市区町村役場（あらたに会社員等の扶養になる場合は職場）

扶養家族はあらたに健康保険加入手続きが必要

会社員・公務員の扶養家族は、世帯主の健康保険に一緒に入っています。会社員等である世帯主が亡くなると、本人だけでなく、その扶養家族も健康保険被保険者の資格がなくなります。その手続きは職場が行ってくれますが、その後の**新規加入手続きは家族が自分自身で行わなければなりません。**

家族の選択肢は2つあります。ひとつ目が、**他の家族（会社員・公務員）の扶養に入る**こと。この場合は、その家族が職場で手続きします。もうひとつが、**国民健康保険に加入する**ことです。この場合、市区町村役場で加入手続きを行います。なお、前述したように国民健康保険は、世帯主に保険料の支払い義務があります。世帯主が亡くなった場合は、世帯主の変更届も必要です（36ページ）。

いずれにしても手続きが遅れると無保険の期間が生じてしまい、その間、医療機関にお世話になった場合、全額自己負担になるのが原則です。手続きが遅れた場合でも保険料は本来加入すべき日までさかのぼって支払う必要があるので、すみやかに手続きしましょう。

必要なもの（国民健康保険の場合）

- ☑ 職場の健康保険などをやめた（扶養をはずれた）証明書＝健康保険資格喪失証明書など
- ☑ 国民健康保険被保険者資格取得届
- ☑ 本人確認書類（運転免許証・パスポート・マイナンバーカード等）
- ☑ マイナンバー確認書類（個人番号記載の住民票・マイナンバーカード等）

※市区町村によって異なるため事前に確認を。

こんなときどうする？

郵送でも届出できるが……

国民健康保険への加入手続きは、窓口受付だけでなく郵送受付している市区町村もあります。ただし、手続きに慣れていないと何度もやり直したり、足りない書類を送り直したりすることになるので、必要なものを確認して窓口に行くのがおすすめです。

子どもに代理で手続きしてもらう場合、世帯が別だと委任状が必要な場合が多いので、あらかじめ用意しておきましょう。

国民健康保険被保険者資格取得届 記入例

資格取得日（健康保険の扶養から抜けた場合は、資格喪失日の翌日から）14日以内に届け出る。

※様式は市区町村ごとに異なる。

〇〇 区長 殿

国民健康保険被保険者資格取得届
APPLICATION FOR ENROLLMENT OF NATIONAL HEALTH INSURANCE

届出年月日 Today's date	令和 6 年(Year) 12 月(Month) 1 日(Day)
世帯主の氏名 Name of householder	山田 良江
個人番号 Individual Number	3 4 5 6 7 8 9 1 0 1 1 1
電話番号 Phone number	080-〇〇〇〇-XXXX 自・(携)・他（ ）
住所 Address in Shibuya	渋谷区 〇〇区中央 町 1 (丁目) 1 番 2 号 B マンション 301 方

取得事由コード
□ 転入 □ 出生 □ 社保離脱 □ 国組離脱 □ 生保廃止
□ 職権回復 □ その他 □ 後期離脱 □ 住所地特例

記号番号	13
資格取得日	4：平成 5：令和

全国健康保険協会
健康保険組合
共済組合
国保組合（組国）
記号 番号

※ 国民健康保険料は、前健康保険を喪失した日の属する月まで遡って納付していただきます。

	氏名（国保に加入する人） Name (Would-be insured)	生年月日 Date of birth	続柄 Relationship	職業 Occupation	個人番号 Individual Number	証種別	交付
1	フリガナ ヤマダ ヨシエ 山田 良江	(昭和)・平成・令和 53 年 2 月 1 日	世帯主		345678910111	一般証・高齢受給者証	窓口・郵送
2	フリガナ ヤマダ カズオ 山田 一夫	昭和・(平成)・令和 20 年 4 月 1 日	子		456789101112	一般証・高齢受給者証	窓口・郵送
3	フリガナ	昭和・平成・令和 年 月 日				一般証・高齢受給者証	窓口・郵送
4	フリガナ	昭和・平成・令和 年 月 日				一般証・高齢受給者証	窓口・郵送

届出人	氏名	世帯主との関係	住所・電話
	山田 良江	本人	住所：〇〇区中央1丁目1番2号 B マンション 301 電話：080-〇〇〇〇-XXXX 自・(携)・他（ ）

本人確認書類：運転免許証　個人番号カード　パスポート　（ ）

備考欄　世帯主の職業（ 1．自営業　2．会社員　3．学生　4．アルバイト　5．無職 ）
確認先
電話番号　担当者名

添付書類：喪失証明書　喪失申立書　未加入証明
担当者名　受付審査　入力　確認

加入する人全員を記載する。

マイナンバーを記載する。ナンバーの確認資料も提示する必要があるので用意しておく。
※様式は市区町村ごとに異なる。

会社等の健康保険の資格を喪失したことの証明書が必要なので、故人が勤めていた職場に用意してもらってください。

あらたに会社員等の家族の扶養になろうと思ったら、扶養される人によって必要な書類や条件が異なるので、本人から会社に詳細を確認してもらうと良いでしょう。

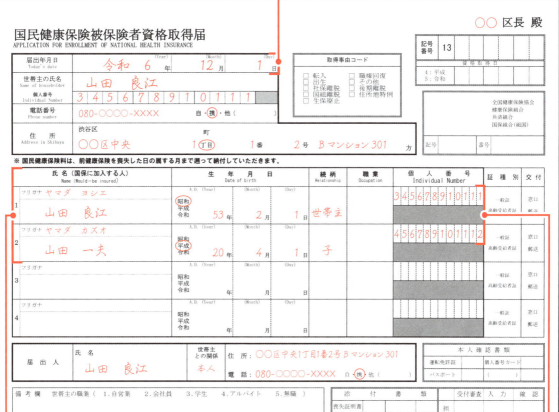

お葬式を行った家族に支給されるお金を申請するには？

――国民健康保険の利用者

ポイント！

請求しなければもらえないお金です。故人の死亡届や国民健康保険の手続きをする際に、あわせて確認すると良いでしょう。

いつまでに	お葬式から2年以内
どんな場合	国保被保険者のお葬式を行った場合
手続きする人	お葬式を行った家族等
手続き先	住所地の市区町村役場

火葬のみの場合は支給されない

国民健康保険、後期高齢者医療制度に加入していた人が亡くなって家族などが**お葬式をすると、その費用の一部が市区町村から支払われます。**金額は2～10万円程度で、市区町村によって異なります。これを**葬祭費**といいます。

葬祭費は、お葬式を行わないと支給されません。たとえば、**火葬だけ行ったような場合は支給対象になりません。**

必要なもの

☑ 国民健康保険葬祭費支給申請書

☑ 葬儀会社発行の領収書等

※その他、故人の保険証返却や本人確認書類が必要など市区町村によって異なるため、死亡届や国民健康保険被保険者資格喪失届の際に確認を。

国民健康保険葬祭費支給申請書　記入例

葬祭費を振り込んでほしい銀行口座を記入する。

亡くなった人の保険証番号を記入する。

国民健康保険葬祭費支給申請書（支給金額70,000円）

記号番号	10－〇〇・〇〇〇〇（枝番）

亡くなられた人	住所	〇〇区中央1丁目1番2号　Bマンション301
	氏名	（フリガナ）ヤマダ　タロウ 山田　太郎
死亡年月日		令和　6　年　11　月　20　日
葬祭日		令和　6　年　11　月　22　日
被用者保険資格喪失後3か月以内に亡くなられた場合はご記入ください		健康保険・船員保険・共済組合等から埋葬料等の支給を受けることが　できない・できる

≪ 口座振替依頼書 ≫

振込先	〇〇　（銀行）・信用金庫・信用組合	金融機関コード　〇〇〇〇	預金種別	（1）普通　2 当座　3 その他（　　）
			口座番号	〇〇〇〇〇〇〇
	△△　本店・（支店）・出張所	支店コード　〇〇〇	口座名義人	フリガナ　ヤマダ　ヨシエ 山田　良江

上記のとおり申請します。　令和　6　年　12　月　1　日

〇〇 区長あて

申請者（葬儀を行った人）

〒 100 ― XXXX

住所 〇〇区中央1丁目1番2号

Bマンション301

氏名 山田　良江

亡くなられた人との関係（続柄）　妻

電話　080（〇〇〇〇）XXXX

※区処理欄（R3.4.1～）	添付書類	□ 葬儀費用の領収書 □	受付	中央・北部 西部・	受付者	

葬儀を行った人が請求する。葬儀会社発行の領収書に氏名が記載されているか確認しておく。

葬儀または告別式の日付を記入する。
※この日の翌日から2年以内に請求する。

※様式は市区町村によって異なる。

故人を埋葬する家族に支給されるお金を申請するには？

──健康保険の利用者

ポイント!

埋葬料は、お葬式を行わず火葬・埋葬するだけでも受け取れます。会社等に死亡の連絡をする際に手続きを確認しましょう。

- **いつまでに** 死亡から2年（埋葬料）、埋葬から2年（埋葬費）
- **どんな場合** 健康保険に入っていた人が亡くなり、埋葬した場合
- **手続きする人** 扶養家族等
- **手続き先** 保険者（全国健康保険協会など）

健康保険に加入している人が亡くなったら

健康保険に加入していた人（会社員・公務員）が亡くなると、その人に生計を維持されていて、かつ**埋葬を行う家族等に埋葬料が支払われます。**埋葬料を受け取れる家族などがいない場合、実際に埋葬した人も埋葬費を受け取ることができます。この場合、5万円を上限に実費が支払われます。なお、**埋葬の費用とは祭壇一式、霊柩車代、火葬料、僧侶の謝礼等が対象**です。

また、扶養されている家族が亡くなった場合は、**扶養していた会社員等に「家族埋葬料（5万円）」が支払われます。**いずれも請求しないと受け取れません。

必要なもの

- ☑ 健康保険被保険者埋葬料支給申請書
- ☑ 事業主による死亡の証明（ない場合は死亡診断書のコピー、死亡の記載がある戸籍等）
- ☑ 住民票（被扶養者以外の、同居の家族等が申請する場合。亡くなった人と申請人が記載されているものが必要）

※保険者、故人との関係により必要書類が異なるので、申請先に確認を。

埋葬料、埋葬費を請求できる人

生計維持は、亡くなった人の収入によって生計の一部でも頼っていた人であれば、同一世帯でなくても親族でなくてもかまわない。

A 扶養されていた親族（＝生計を維持されていた親族）5万円（埋葬料）

B Ａ以外の生計を維持されていた人（事実婚など）5万円（埋葬料）

↓ ＡもＢもいない

C 埋葬を行った人 5万円を上限に、実費支給（埋葬費）

手続きに必要な書類はどこで取得する？

配偶者や親が亡くなった際には、戸籍の広域交付を利用するのが簡単でスピーディです。

広域交付を利用する場合も、本籍と筆頭者がわからなければ請求できません。まず、亡くなったときの本籍がわかるよう、死亡届のコピー等を用意しておきましょう。

いろいろな手続きのため数多くの書類が必要に

家族が亡くなると、その後の手続きにさまざまな書類が必要になります。その中でも頻繁に使う書類について、どこでどう取得したら良いのか把握しておきましょう。

まず、故人に関する（亡くなったことがわかる）書類です。**住民票の除票《じょひょう》**、**戸籍全部事項証明書**（以下「**戸籍謄本**」という）は多くの手続きで必要になります。あわせて、相続手続きでは**故人の出生から死亡までの戸籍謄本**、**除籍謄本**、**改製《かいせい》原《げん》戸《こ》籍謄本《せきとうほん》**（略称：原戸《はらこ》籍《せき》）、遺族の住民票および印鑑証明書が必要になることが多いです。

これまで戸籍は、本籍地の市区町村役場で取得する必要がありました。そのため、出生から死亡までの戸籍を集めるためにはあちこちの役所にそれぞれ請求しなければならず、かなりの苦労を強いられました。それが、2024年3月から**全国どこの役所でも戸籍が取得できる**ことになり、遺族の負担が大きく減りました。ただし、**請求できる範囲や請求方法に制限がある**ため、49ページをよく確認してから利用してください。

必要書類の請求方法

書類名	取得場所	注意事項	郵送	費用
住民票	・住所地の市区町村役場※1 ・コンビニ※2	「住民票の写し」ともいう。	○	200～450円程度 ※市区町村ごとに異なる。
住民票の除票	・最後の住所地の市区町村役場	2014年6月19日以前に除票になってから5年を過ぎると保存期間が経過し、取得できないこともある。※3	○	200～400円程度 ※市区町村ごとに異なる。
印鑑証明書	・住所地の市区町村役場 ・コンビニ	印鑑登録証（印鑑カード）がないと本人でも請求できない。	×	200～300円程度 ※市区町村ごとに異なる。
戸籍謄本（現戸籍）、除籍謄本、改製原戸籍謄本	・本籍地の市区町村役場 ・上記以外の市区町村役場※4	本籍が不明なときは、住民票を本籍記載と指定して取得するとわかる。自分自身の戸籍はコンビニ請求も可能だが、マイナンバーカードが必要（戸籍との紐づけも必要）。	○	戸籍謄本450円 除籍謄本750円 改製原戸籍謄本750円

※1～4は49ページ本文を参照のこと。

戸籍がコンビニで請求できるなど利便性が向上している

48ページの表のように、書類はそれぞれ請求先が異なります。ただ、「広域交付[※1※4]」や「コンビニのマルチ印刷機での交付[※2]（マイナンバーカードおよび戸籍の紐づけが必要）」が拡充してきていて、あちこちの市区町村役場に行かなくても済むことも増えています。

住民票の広域交付とは、住所地以外の市区町村役場でも住民票を取得できる制度です。全国どこの役場も対応しています。ただし、広域交付の住民票には本籍、筆頭者など記載されない項目があるため、用途によっては使えないこともあります。

戸籍の広域交付は、全国どこの役場でも戸籍を請求できる制度です。自分自身の戸籍であればコンビニのマルチ印刷機で請求することもできますが、未対応の自治体もあります。

２０１９年６月20日から、**住民票の除票[※3]の保存期間が150年に拡充されました。**多くの市区町村では、２０１４年６月19日以前の除票はそれまでの保存期間（５年）をすぎると取得できなくなる運用をしていますが、市区町村によって多少異なります。

戸籍の広域交付利用方法

●戸籍の広域交付で請求できる人

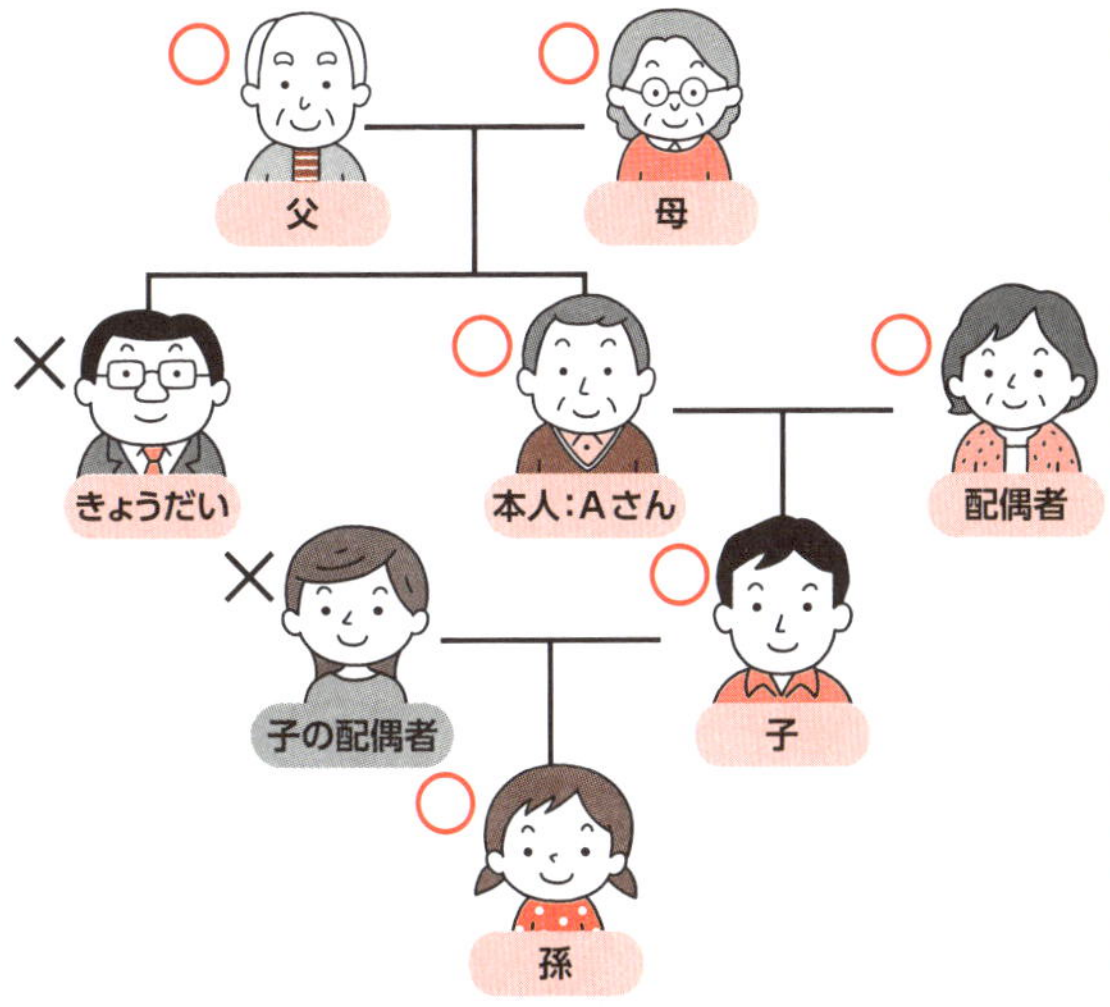

○…本人：Aさんが戸籍を請求できる人
×…できない人

取れる戸籍
- 自分の戸籍
- 配偶者
- 直系尊属（両親、祖父母など）
- 直系卑属（子、孫など）

取れない戸籍
- きょうだい
- 子の配偶者

●戸籍広域交付の本籍と筆頭者

コンピューター戸籍の例

本　　籍 氏　　名	東京都千代田区七番町100番地 夏目A男
戸籍事項 戸籍改製	【改製日】平成11年1月11日 【改製事由】平成8年法務省令第51号 附則第2条第1項による改製

戸籍は、本籍と筆頭者（最初に氏名が記載されている人で、亡くなって除籍となっても筆頭者は変わらない）を指定して請求する。

広域交付を利用する際の注意事項

1 戸籍を請求できる人が窓口で申請
戸籍を請求できる人が、窓口で申請する必要がある。郵送や代理申請はできない。

2 本人確認が厳格
マイナンバーカードや運転免許証など、顔写真つきの身分証明書の提示が必要となる。顔写真つきの身分証がないと、広域交付は利用できない。

3 予約制の場合もある
市区町村役場ごとに扱いは異なるが、予約制の役所もある。事前によく確認すること。

4 時間がかかる場合が多い
県外・市外におよぶなど、複数の本籍の戸籍を請求する際は、時間がかかることが多い。即日交付できないこともあるので、余裕をもって請求しよう。

書類を請求するときは注意事項がたくさん！

住民票や戸籍は、誰でも自由に請求できるものではありません。たとえば、住民票であればその住民票に記載される人、つまり**本人および同じ世帯以外の人が請求する場合は委任状が必要**です。

戸籍は、本人、配偶者、直系親族（父母、子、孫など）が請求することができます。それ以外の場合は原則として委任状が必要ですが、**傍系《ぼうけい》親族（兄弟姉妹、叔父叔母、いとこなど）の相続で必要なときは、親族関係がわかる戸籍等と相続のためであることがわかる書類を提示すれば、請求することができます。**

また、郵送で各種書類を請求する際には、手数料を**定額小為替《ていがくこがわせ》**で納めるのが原則です（一部、現金書留に対応している自治体もある）。定額小為替は郵便局でしか購入できません。１枚２００円の手数料がかかります。

戸籍謄本、除籍謄本等を郵送請求する際に、その自治体に故人の戸籍等がどの範囲まであるか不明な場合は、４５０円、７５０円の定額小為替を何枚か余分に入れておくと、追加で送る手間が省けます。

■定額小為替の購入・使用方法

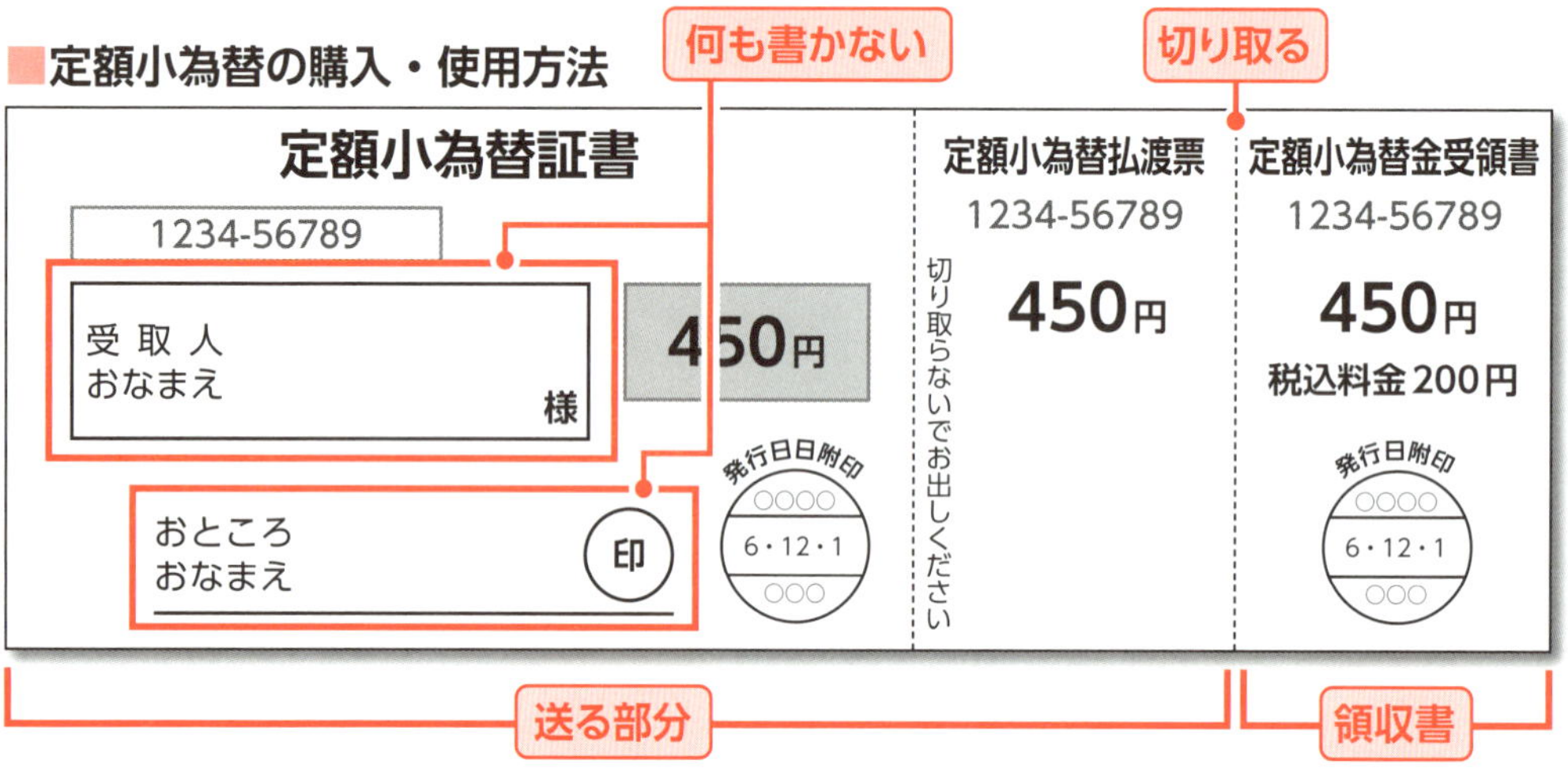

何も書かない
切り取る
定額小為替証書
1234-56789
受取人
おなまえ
様
450円
おところ
おなまえ
印
発行日日附印
6・12・1
切り取らないでお出しください
定額小為替払渡票
1234-56789
450円
定額小為替金受領書
1234-56789
450円
税込料金 200円
発行日附印
6・12・1
送る部分
領収書

注意事項

- 郵便局に備えつけてある「定額小為替振出請求書」に必要事項（住所、氏名、連絡先など）を記載して購入。
- 額面は、50円、100円、150円、200円、250円、300円、350円、400円、450円、500円、750円、1000円のいずれか。※お釣りのないように必要金額を確認する。
- 送る際は領収書部分を切り離し、他は切らずに送る。宛名や裏書は一切書いてはいけない。「領収書を切ったらそのまま送る」と覚えておこう。

こんなときどうする？

郵送請求は余裕をもって

郵送請求は、本籍や故人の住所地が遠方の場合にとても便利です。ただ、普通郵便の場合、発送して書類が手元に届くまで1～2週間程度かかるので、時間に余裕をもって申請するようにしましょう。急ぎの場合は速達で送り、返信用封筒にも速達分の切手を貼っておくと良いです。

送る際には、郵便局で重さを測ってもらってから切手を用意するとよいでしょう。申請書や委任状、本人確認書類、定額小為替、返信用封筒など、入れるものが多いからです。料金不足で返送されてしまえば、余計に時間がかかってしまいます。

第3章

年金に関する手続き

\あるある/ Q&A 9

遺族関連の年金はどうすればもらえるの？

必要な書類を用意し、年金事務所等でよく確認しましょう

年金関係の手続きは非常に複雑です。年金事務所などで手続きを行う際には、「たぶん」や「〜と思う」というようなあいまいな部分がないように相談することが大事です。

そのためには、**事実関係がわかる書類（死亡の記載のある戸籍や、死亡診断書のコピー）、対象となる人との続柄がわかる書類（戸籍など）、それから年金情報がわかるように年金手帳などを用意してから相談するのがポイントです。**

いろいろと心配なことや聞きたいこともあると思いますが、まずはプロに任せることも大事です。聞きたいことがあればメモをしておき、相手の説明を聞いてもわからなければ改めて質問すると良いでしょう。手続きに抜け・漏れが出ないようにするためにもよく話を聞き、ポイントをメモにとり、考えをまとめることが上手な相談のコツです。

ここがPoint!

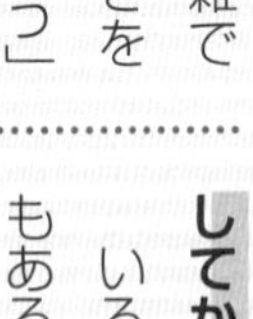

- 遺族が行う年金関係の3つの手続きを知る ➡ P.56
- もらえる年金のイメージを大まかにつかんでおく ➡ P.64

\あるある/ Q&A 10

どうすれば遺族年金をもらえるの？

年金の支給を受けるには、手続きをする必要があります

どんな年金も、請求しないと支給が始まりません。これは遺族年金も同じです。遺族年金は、残された家族の生活を支える大切な収入のひとつです。支給開始が遅れて困ることのないよう、準備をして手続きに臨みましょう。

死亡届を出す際に、役所でやるべきことをひととおり確認すると良いのですが、死亡届は葬儀社が代行することも多いです。その場合、改めて「何を」「いつまでに」「どこで」手続きしなければならないのか、役所の窓口でしっかりと確認することをおすすめします。

年金関係の具体的な手続きは年金事務所で行うことが多いので、具体的に必要な書類がわからなければ、年金事務所に問い合わせして用意してください。年金事務所の相談は予約制なので、忘れないうちに予約を入れておけば安心です。

ここがPoint!

- 故人が受け取れる年金で、まだ未受領のものがあるかもしれない → P.60
- 受け取れる年金の種類を知る → P.64

\あるある/ Q&A 11

手続きが複雑で不安が多いのだけれど…

まずは求められている書類を準備して相談しましょう

年金について漏れなく必要な手続きができているか、不安になったら年金事務所などに確認するべきです。ただし、何が不安なのかを上手に伝えられないと、求めていた回答を得られず、かえって不安が増すかもしれません。

年金制度は複雑なので、境遇が似ている人であっても、もらえる年金やその金額は異なります。ですから、他の人の事例を聞いたり、過去の経験と比べたりしてもあまり意味がないかもしれません。

年金事務所で手続きした際、「私の状況が正しく伝わっているか」「するべき手続きが漏れていないか」と不安を感じたら、**まずは求められている書類（死亡診断書のコピーや戸籍、年金手帳など）をきちんと用意できているか確認しましょう。**客観的に判断するもととなる資料がないままだと、いくら専門家でも正しい判断ができないことがあるからです。

ここがPoint!

●扶養されていた配偶者がする手続きを知る ➡ P.62

●故人が厚生年金に入っていた場合の手続きを知る ➡ P.68

\あるある/ Q&A 12

長年払っていても、もらえない年金があるの？

払い損にならないための制度があります

遺族年金には、遺族基礎年金と遺族厚生年金があります。基本的にはどちらも故人が25年以上年金を納めていないともらえない年金です（免除期間等を含む）。

また、遺族基礎年金は受け取る遺族の要件が限られているなど、「長年払ってきたのに、それでは払い損ではないのか？」と感じることもあるかもしれません。

実際は払い損にならないように、さまざまな制度があります。ただし、それらも遺族が請求しないともらえないので、しっかりと請求しましょう。

また、故人が厚生年金だったのか国民年金だったのかによって、もらえる年金と対象者が異なります。年金手帳や戸籍などの資料をきちんと用意してから相談しましょう。重複してもらえる年金と選択すべき年金もあります。きちんと説明を聞いて判断してください。

ここがPoint!

●遺族基礎年金をもらえそうにない場合は？ → P.72,74
●「払い損かも」と思ったら → P.76

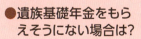

遺族が行う 3つの年金手続き

年金の手続きは複雑です。一度説明を聞いたくらいではわからないことのほうが多いと思いますが、必ずメモしながら聞いてください。

“やること”を教わったら、忘れないうちにすみやかに行動しましょう。家族の助けも借りてくださいね。

大きく分けて3つの手続きが必要

家族が亡くなって、遺族が行うべき年金手続きはおもに3つあります。ただし、すぐにやるべきものと、落ち着いてからでも良いものがあります。必ず覚えておいてほしいのは、**「年金は請求しない限りもらえない」**ということ。**役所で死亡届を行ったら、自動的に遺族年金が支払われるわけではない**のです。

手続き① 年金受給の停止

ひとつ目の手続きは、**故人が受け取っていた年金を停止すること**です。年金は、銀行口座等に自動的に振り込まれるので、手続きしないと死後も支給が続いてしまいます。**もらいすぎた年金は返還しなければならない**ので、すみやかに受給停止の手続きをしましょう。

ただし、**日本年金機構にマイナンバーが収録されていれば、原則として届出は不要**です。現在、多くの人が届出不要に該当します。故人のマイナンバーが収録されているかどうかは、年金事務所で確認できます。

手続き② 未支給年金の請求

2つ目は、**未支給の年金を受け取ること**です。年金は、亡くなった月の分まで受け取ることができます。左図上のように、偶数月の15日に、その前の2か月分の年金が支給されるため、亡くなったときにはまだ受け取っていない年金が発生します。

請求資格のある遺族がいれば、その分の年金を受け取ることができます。これも請求しなければもらえないので注意してください。未支給年金を受け取るためには年金受給者の死亡届が必要です。まとめて手続きしましょう。

手続き③ 遺族年金や死亡一時金等の請求

3つ目の手続きは、**遺族年金、死亡一時金等の請求**です。年金に加入中の人が亡くなるか、受給資格期間を満たしている人が亡くなると、一定の遺族（66ページ）は遺族年金を受け取ることができます。

ただし、これも請求しなければ受け取ることができません。

また、**遺族年金がもらえない場合でも、寡婦年金**（74ページ）**か死亡一時金をもらえることもあります。**いずれにしても、家族が亡くなったらできるだけ早めに「請求する」という意識が大事です。請求しない限り、資格があっても受け取れません。

年金支給のスケジュール

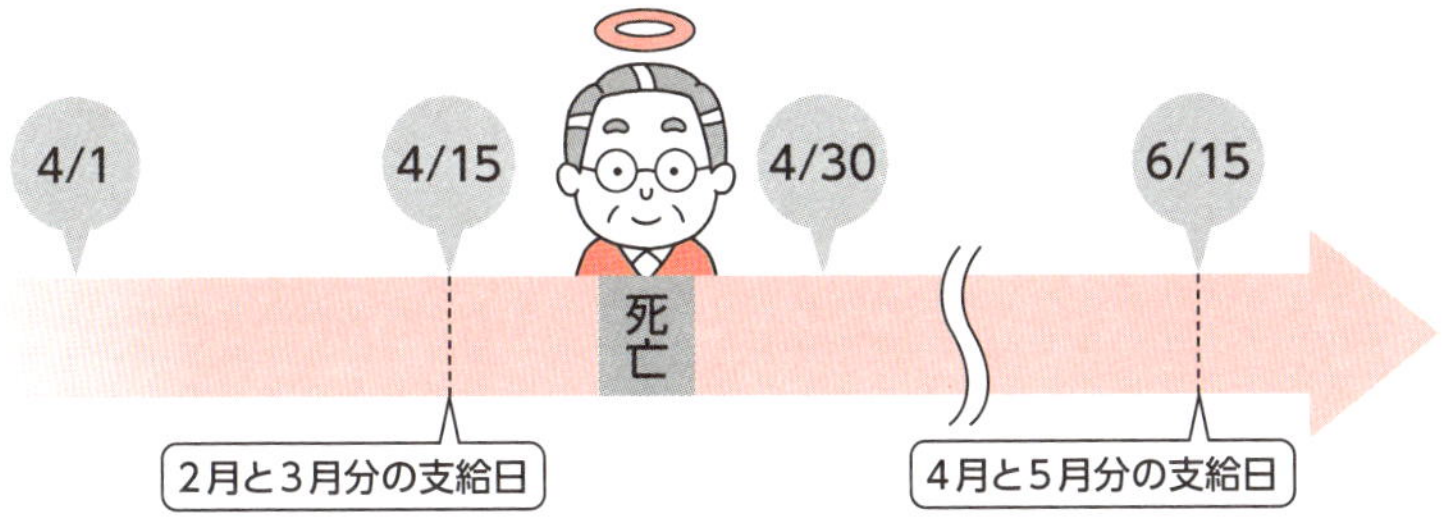

この場合、4月分は未支給年金として受け取れる。死亡届(または受給停止手続き)が遅れると5月分も支給されて(振り込まれて)しまうが、その分は返還しなければならない。

こんなとき どうする?

複雑な年金制度。上手に相談したいけれど……

年金制度は複雑です。誰もが制度を熟知しているわけではないので、家族が亡くなったら年金事務所か街角の年金相談センター（以下「年金相談センター」という）ですみやかに手続きを相談しましょう。

Q1 年金事務所と年金相談センターは違うの?

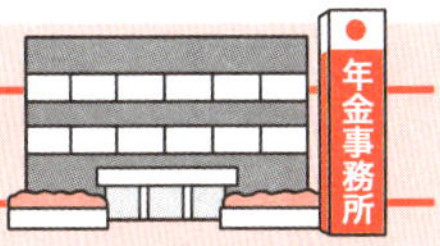

A1 年金事務所は年金手続きを行う役所で、業務のひとつに「相談業務」があります。年金事務所の相談は予約制で、予定が先まで埋まっていることも珍しくありません。

一方、年金相談センターは社労士会が運営していて、相談がメイン業務です。こちらは予約なしでも相談できるのが基本です。

どちらも、住所地に関係なくどこでも相談を受けられます。

Q2 相談時には何を持っていけばいいの?

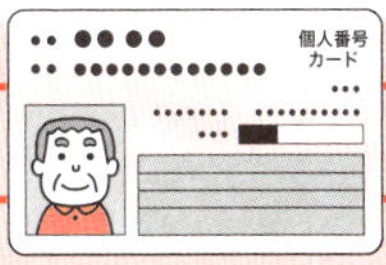

A2 基本的には、次に挙げるものを持参するといいでしょう。

- 顔写真付き本人確認書類（マイナンバーカードや運転免許証）
- 基礎年金番号がわかるもの（年金手帳や基礎年金番号通知書、ねんきん定期便など）
- 配偶者の基礎年金番号がわかるもの（同上）
- 転職が多い人は職歴がわかるもの（源泉徴収票など）

Q3 絶対に相談したほうがいい人とは?

A3 年金受給資格期間に抜けや漏れがあるかもしれないと不安がある人は、相談して確認すべきです。たとえば、転職が多い人やひとつの会社での勤務期間が短い人は、会社が手続きをしない間に退職していて、その期間の記録がないこともあります。

その場合、年金機構にもデータがないため、本人や遺族が申告しない限り空白の期間が生まれていることがあります。

生前に解決すべきではありますが、「ねんきん定期便」を見ておかしいと思ったら、必ず相談に行ってください。その際には、源泉徴収票など、職歴や在籍期間がわかるものを持っていくとわかりやすいです。

故人の年金受給を停止するには？

ポイント！
マイナンバーの活用で、届出が不要な場合も多いです。ただし、未支給年金などは別途手続きが必要なので忘れないように注意してください。

いつまでに	厚生年金：10日以内 国民年金：14日以内
どんな場合	年金受給者が亡くなった場合
手続きする人	遺族など
手続き先	年金事務所または街角の年金相談センター

マイナンバーの活用でかなり簡便になった

年金をもらっている人が亡くなると年金を受け取る権利がなくなるため、**「年金受給権者死亡届（報告書）」を提出して、年金を停止する**手続きが必要です。ただし、日本年金機構にマイナンバーが収録されている人は原則として、この手続きが不要です。これは、国民年金でも厚生年金でも同じです。

多くのケースでは年金受給権者死亡届が不要になりますが、自分や家族のマイナンバーが年金機構に収録されているか不安な場合は確認しておきましょう。**ねんきんネットのトップページ、または年金事務所で確認できます。**年金事務所は電話での確認も可能です。

マイナンバーは、市区町村役場や事業主（会社など）から年金機構が収集しています。事業主が協力を怠ったり、誤りがあった場合はマイナンバーが収録されていない可能性が考えられます。収録されていない場合、従来通り年金受給権者死亡届の提出が必要です。

なお、年金受給権者死亡届が不要な場合でも、**未支給年金等の請求は別途必要**です（60ページ）。

必要なもの

- ☑ 年金受給権者死亡届（報告書）
- ☑ 故人の年金証書
- ☑ 死亡の事実を明らかにできる書類（住民票の除票、戸籍謄本、死亡診断書のコピー等）

こんなときどうする？

死亡後に年金が振り込まれてしまった！

年金は、死亡した月分までもらうことができます。たとえば、57ページの図のように、4月中に亡くなった場合は4月分・5月分が6月中旬に振り込まれます。遺族が未支給年金を請求することで、遺族に4月分が支払われます（5月分は過払いなので返還が必要）。故人の口座が凍結されていない場合、年金受給権者死亡届の提出時期によっては故人の口座に振り込まれてしまうこともあるようです。

もし、受給権者死亡届が必要なのに怠っていたため年金が支払われ続けてしまったら、その分は返還しなければなりません。

受給権者死亡届（報告書） 記入例

年金機構に故人のマイナンバーが登録されていない場合、この届出が必要。年金事務所等で届出用紙を受け取ると、未支給年金の請求書と一括で複写式になっているので、未支給年金を受け取れない場合は年金受給権者死亡届のみ提出する。

受付登録コード				
1	8	5	0	1

入力処理コード			
7	4	5	0

国民年金・厚生年金保険・船員保険・共済年金・年金生活者支援給付金
受給権者死亡届（報告書）

基礎年金番号は年金手帳、年金証書で確認する。

年金コードは年金証書で確認できる。

死亡した受給権者					
❶ 基礎年金番号および年金コード	基礎年金番号	○○○○○○○○○○	年金コード（複数請求する場合は右の欄に記入）	XXXX	
❷ 生年月日	明治・大正・(昭和)・平成・令和	20 年	4 月	1 日	
㋐（フリガナ）	ナツメ		タロウ		
氏名	（氏）夏目		（名）太郎		
❸ 死亡した年月日	昭和・平成・(令和)	6 年	5 月	10 日	

届出者				
❺（フリガナ）	ナツメ	ハナコ	❻ 続柄	※続柄
氏名	（氏）夏目	（名）花子	妻	
※ ❼ 未支給 有 無	❽ 郵便番号 101－○○○○	㋑ 電話番号 090－○○○○－XXXX		
❾（フリガナ）	※住所コード	マルマルク カンダマルチョウ 1-2		
住所		○○ (区)（市区町村） 神田○町1丁目2番地		送信

◎ 未支給の年金・給付金を請求できない方は、死亡届（報告書）のみご記入ください。

◎ 死亡届のみを提出される方の添付書類
1．死亡した受給権者の死亡の事実を明らかにすることができる書類
（個人番号（マイナンバー）が収録されている方については不要です）
・住民票除票
・戸籍抄本
・死亡診断書（コピー可）　　などのうち、いずれかの書類

2．死亡した受給権者の年金証書
年金証書を添付できない方は、その事由について以下の事由欄にご記入ください。
（事由）

ア、 廃棄しました。　（　年　月　日）
イ、 見つかりませんでした。今後見つけた場合は必ず廃棄します。
ウ、 その他（　　）

年金証書を紛失するなどして添付できない場合は、この欄も記載する。

㋕ 備考	

厚生年金は死亡から10日以内、国民年金は14日以内に届け出ることが必要。

令和 6 年 5 月 20 日 提出

市区町村受付年月日

実施機関等受付年月日

年金事務所記入欄	
※遺族給付同時請求	有（上・外）・無
※未支給請求	有・無

未支給年金の申請（60ページ）もまとめてしましょう。

まだ受け取っていない年金があるときは？

ポイント！

請求する人のマイナンバーを請求書に記載すると、添付書類を一部省略できます。

- **いつまでに** 5年以内
- **どんな場合** 年金受給者が亡くなった場合
- **手続きする人** 故人の家族など
- **手続き先** 年金事務所または街角の年金相談センター

受け取れる人と順番には決まりがある

年金は死亡月の分まで受け取れるので（56ページ）、**必ず故人が受け取れなかった年金が発生します。**これを**未支給年金**といいます。未支給年金は、故人と生計を同じくしていた家族などが受け取ることができます。ただし、請求しないと受け取ることができないので、忘れずに請求するようにしてください。

「生計を同じくしていた」とは、**故人と住民票上で同一世帯であったり、別世帯であっても住所が同じであるような場合をいいます。**未支給年金を請求する人と故人の住所が異なる場合でも、仕送りなどで経済的に援助関係があった場合なども含まれます。

請求する人と故人との関係によって、請求書に添付する書類が異なります。不明点がある場合は、事前に手続き先に確認してから用意することをおすすめします。

なお、**未支給年金はもらえる遺族の優先順位が決まっています。**生計を同じくしていた①配偶者　②子　③父母　④孫　⑤祖父母　⑥兄弟姉妹　⑦その他3親等内の親族、の順で受け取ることができます。

必要なもの

- ☑ 未支給年金・未支払給付金請求書
- ☑ 故人の年金証書
- □ 故人と請求する人の続柄が確認できる書類（戸籍謄本（死亡日後のもの）、法定相続情報一覧図の写し等）※
- ☑ 故人と請求する人が生計を同じくしていたことがわかる書類（故人の住民票の除票および請求する人の世帯全員の住民票の写し（死亡日後のもの））

　※請求者のマイナンバーを記載する場合は不要。その場合、請求者のマイナンバーカード等番号確認と本人確認ができる書類等が必要。
- ☑ 請求者の通帳またはキャッシュカード
- ☑ 亡くなった人と請求する人が別住所の場合は「生計同一関係に関する申立書」

※2024年11月以降、配偶者がマイナンバーを記載して請求する場合は省略可。

こんなとき どうする？

マイナンバーカードがないときは？

　マイナンバーカードがあれば番号確認と本人確認が一度でできますが、ない場合は①番号確認ができる書類など　②顔写真付きの証明書の両方が必要です。たとえば①マイナンバー記載の住民票　②運転免許証、などです。

■未支給年金・未支払給付金請求書　記入例

> 未支給年金を受け取るには、年金受給権者死亡届（報告書）を出していることが必要。ただし、故人のマイナンバーが年金機構に登録されている場合は年金受給権者死亡届（報告書）は不要。

国民年金・厚生年金保険・船員保険・共済年金・年金生活者支援給付金

未支給年金・未支払給付金請求書

45	46	48	【職員記入欄】死亡した方が年金生活者支援給付金を受給されていた場合は右欄に☑ □

死亡された方

死亡した受給権者		
❶ 基礎年金番号および年金コード	基礎年金番号：○○○○○○○○○○	年金コード（複数請求する場合は右の欄に記入）：XXXX
❷ 生年月日	明治・大正・(昭和)・平成・令和　20 年　4 月　1 日	
㋐ （フリガナ）	ナツメ	タロウ
氏名	(氏) 夏目	(名) 太郎
❸ 死亡した年月日	昭和・平成・(令和)　6 年　5 月　10 日	

> 基礎年金番号は年金手帳、年金証書で、年金コードは年金証書で確認できる。

◆ 死亡した方が厚生年金保険・船員保険・統合共済の年金以外に共済組合等で支給する共済年金も受給していた場合、あわせて共済の未支給年金（未済の給付）の請求を希望しますか。※共済年金と国民（基礎）年金のみ受けていた方は、別途共済組合等に請求が必要です。　はい・いいえ

請求される方

請求者			
❺ （フリガナ）	ナツメ	ハナコ	❻ 続柄 / ※続柄
氏名	(氏) 夏目	(名) 花子	妻
❽ 郵便番号	101－○○○○	㋑ 電話番号	090－○○○○－XXXX
❾ （フリガナ）	※住所コード	マルマルク	カンダマルチョウ 1-2
住所		○○ 市(区)町村	神田○町1丁目2番地
個人番号	1234○○○○○○○○	←請求される方の個人番号（マイナンバー）をご記入ください。	

㋒ 年金受取機関		（フリガナ）	ナツメ　ハナコ
(1.) 金融機関（ゆうちょ銀行を除く） 2. ゆうちょ銀行（郵便局） □ 公金受取口座として登録済の口座を指定	※1または2に○をつけ、希望する年金の受取口座を必ずご記入ください。 ※また、指定する口座が公金受取口座として登録済の場合は、左欄に☑してください。 （公金受取口座については、2ページをご参照ください。）	口座名義人氏名	夏目 花子

年金送金先					
金融機関	金融機関コード ※ / 支店コード ※	（フリガナ）シュト　首都　(銀行)・金庫・信組・農協・信連・信漁連・漁協	（フリガナ）カンダマル　神田○　本店・(支店)・出張所・本所・支所	預金種別：(1.)普通　2.当座	口座番号（左詰めで記入）：○○○○○○○
ゆうちょ銀行	貯金通帳の口座番号　記号（左詰めで記入）－　番号（右詰めで記入）		金融機関またはゆうちょ銀行の証明欄※　請求者の氏名フリガナと口座名義人氏名フリガナが同じであることをご確認ください。		

※貯蓄預金口座または貯蓄貯金口座への振込みはできません。
※通帳等の写し（金融機関名、支店名、口座名義人氏名フリガナ、口座番号の面）を添付する場合または公金受取口座を指定する場合、証明は不要です。

> 預金通帳を持参する場合、または通帳のコピー、キャッシュカードのコピー等を添付する場合は、銀行の証明は不要。

㋓ 受給権者の死亡当時、受給権者と生計を同じくしていた次のような方がいましたか。

配偶者	子	父母	孫	祖父母	兄弟姉妹	その他3親等内の親族
(いる)・いない	(いる)・いない	いる・(いない)	いる・(いない)	いる・(いない)	いる・(いない)	いる・(いない)

㋔ 死亡した方が三共済（JR、JT、NTT）・農林共済年金に関する共済年金を受けていた場合にご記入ください。
死亡者からみて、あなたは相続人ですか。（相続人の場合には、続柄についてもご記入ください。）　はい・いいえ（続柄　　）

㋕ 備考

請求される方が、別世帯の配偶者または子の場合

㋖ 別世帯となっていることについての理由書
次の理由により、住民票上、世帯が別となっているが、受給権者の死亡当時、その者と生計を同じくしていたことを申立します。
（該当の理由に○印をつけてください。）　請求者氏名

理由
1. 受給権者の死亡当時、同じ住所に二世帯で住んでいたため。
（請求者が配偶者または子である場合であって、住民票上、世帯が別であったが、住所が同じであったとき。）
2. 受給権者の死亡当時は、同じ世帯であったが、世帯主の死亡により、世帯主が変更されたため。

死亡した受給権者と請求者の住所が住民票上異なっていたが、生計を同じくしていた場合は「別居していたことについての理由書」などが必要となります。用紙が必要な方は、「ねんきんダイヤル」またはお近くの年金事務所などにお問い合わせください。

詳しくは、5ページの「生計同一に関する添付書類一覧表」をご覧ください。

令和 6 年 5 月 20 日 提出

市区町村 受付年月日　　実施機関等 受付年月日

年金事務所記入欄	
※遺族給付同時請求	有（上・外）・無
※死亡届の添付	有・無

…注意」などをよく読んでからご記入ください。
…番号・年金コードが不明なときは、年金事務所の窓口でご相談ください。
…欄は、記入しないでください。

一部のネット銀行は、受取口座として指定できないものもあります。また、添付する戸籍謄本・住民票は、亡くなった日よりあとに交付されたものが必要なので注意しましょう。

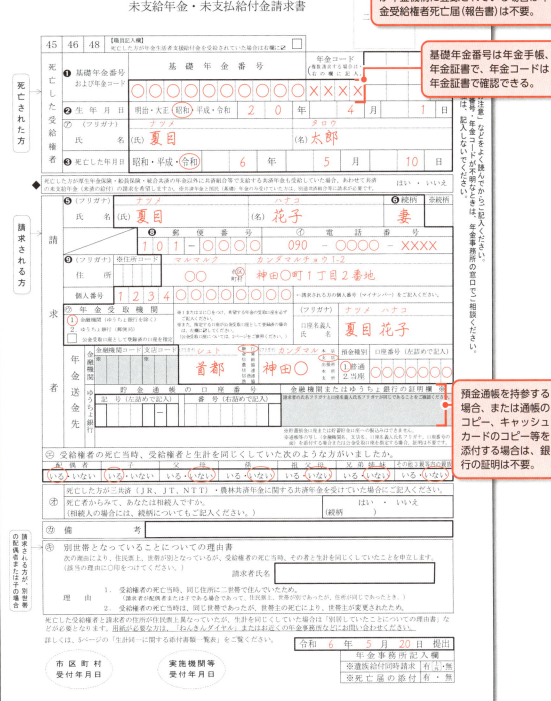

扶養されていた配偶者の手続きとは？

ポイント！

自分で手続きしないと年金を受け取れなくなるかもしれません。

いつまでに	14日以内
どんな場合	厚生年金加入中の配偶者が亡くなった場合
手続きする人	扶養されていた配偶者
手続き先	住所地の市区町村役場、年金事務所

国民年金に加入する必要があるかも

会社員や公務員に扶養されている配偶者は国民年金の「第3号被保険者」といい、自身では年金保険料を納めていません。専業主婦(夫)の人の多くは第3号被保険者です。

しかし、**扶養していた配偶者が亡くなれば、自身で年金保険料を納めなくてはならなくなります。**そして、そのための**種別変更手続きも自身で行わなければなりません。**手続きすることで第3号被保険者から第1号被保険者に変わります。

この手続きを怠ると、将来受け取る年金額が減ったり、最悪の場合は**年金の納付期間が不足して、将来年金を受け取れなくなることもあるので注意してください。**なお、1号被保険者は専業主婦の他、自営業者、20歳以上の学生などが当てはまります。

自営業者の配偶者は、多くの場合自身も1号被保険者です。この場合は種別変更手続きは不要です。また、配偶者が亡くなって就職する場合は厚生年金の被保険者(会社員等)になり、就職先の会社が手続きします。この場合も自身での手続きは不要です。

上手な問い合わせの仕方

問い合わせや相談の際は、状況と続柄を簡潔に伝えるのがコツ。

相談者 夫が亡くなりました。年金関係で必要な手続きを教えてください。

役場 すでに年金をもらっていますか?

相談者 いいえ、在職中に亡くなりました。私は扶養に入っていたのですが、何か手続きが必要でしょうか?

役場 第3号被保険者の資格を失うので、第1号被保険者への種別切り替え手続きが必要です。

相談者 わかりました。必要な書類などがあれば教えてください。

必要なもの

- ☑ 国民年金被保険者関係届書（申出書）
- ☑ 年金手帳（または基礎年金番号通知書）
- ☑ マイナンバーカード

国民年金被保険者関係届書(申出書) 記入例

様式コード			
4	1	0	0

国民年金被保険者関係届書（申出書）

裏面の「提出にあたってのご注意」を参考のうえ記入してください。

市区町村	日本年金機構

市区町村長
日本年金機構理事長　あて　　令和 6 年 12 月 1 日
以下のとおり届け出（申し出）ます。

氏　　名：山田 良江

被保険者との続柄：（1.）本人　2. その他（　　　　）

マイナンバーではなく、基礎年金番号で届け出ることもできる(左詰め記入)。

基礎年金番号（１０桁）で届出する場合は「①個人番号」欄に左詰めで記入してください。

A. 被保険者

項目	記入	項目	記入
① 個人番号（または基礎年金番号）	3 4 5 6 7 8 9 1 0 1 1 1	② 生年月日	5.（昭和） 7. 平成　5 3 年 2 月 1 日
③ 氏名	(ﾌﾘｶﾞﾅ) ヤマダ　ヨシエ 山田　良江	④ 性別	1. 男性　（2.）女性
⑤ 郵便番号	1 2 3 ○ ○ ○ ○	⑥ 電話番号	1. 自宅　3. 勤務先　（2.）携帯電話　4. その他　080 −○○○○− XXXX
⑦ 住所	○○区中央1丁目1番2号Bマンション301		
⑧ 国籍（外国籍の方のみ）		⑨（住民票上の通称）	(ﾌﾘｶﾞﾅ)

種別変更に○をする。

届出（申出）を行う「届書種類」に該当する番号を○で囲んだうえ、必要事項を記入してください。

B. 届出（申出）事項

⑩届書種類・番号		⑪該当・申出年月日／出産（予定）日	⑫理由等
資格取得届	1	平成（令和） 6 年 11 月 20 日	0. ２０歳到達（学生）　1. 資格取得届出もれ　2. ２０歳到達　3. 厚生年金（共済含む）からの移行　4. 任意加入の申出　（5）その他　１０. 中国残留邦人等　１１. 外国からの転入
種別変更届	（2）		
資格取得申出	3		
資格喪失届	4	平成 令和　年　月　日	1. 厚生年金（共済含む）への移行　2. 任意加入対象者に該当　5. 期間満了　１０. 中国残留邦人等　4. 任意喪失の申出
資格喪失申出	5		
付加保険料納付・辞退申出	6	平成 令和　年　月　日	1. 納付の申出　2. 納付辞退の申出　3. 農業者年金の資格　4. 農業者年金の資格喪失
付加保険料該当・非該当届	7		
保険料免除理由該当届	8	平成 令和　年　月　日	1. 法第８９条第１号（障害基礎年金等）　2. 法第８９条第２号（生活扶助等）　3. 法第８９条第３号（国立療養所等）　⑬保険料納付申出の確認：1. 希望する　2. 希望しない
保険料免除理由消滅届	9		
基礎年金番号通知書再交付申請	10	平成 令和　年　月　日	1. 紛失　2. 破損（汚れ）　9. その他（　　　）
産前産後免除該当届	14	平成 令和　年　月　日	単胎・多胎の別：1. 単胎　2. 多胎
備考			

配偶者の死亡日の翌日を記載する。

個人番号をお持ちでない方が以下の届出を行う場合は、必要事項を記入してください。

C. 届出事項

⑩届書種類・番号		⑪該当年月日	⑫理由等	
住所変更届	11	平成 令和　年　月　日	変更前住所	
氏名変更届	12	平成 令和　年　月　日	変更前氏名	
死亡届	13	平成 令和　年　月　日	届出者連絡先	− −

※　市区町村・日本年金機構連絡欄

⑭納付書関連	
作成不要	1
早期送付	2

2405 1016 001

国民健康保険への加入手続きと同時に届出をするのがおすすめです。これまで会社が手続きしてくれていましたが、今後は自身での手続き・支払いが必要になります。

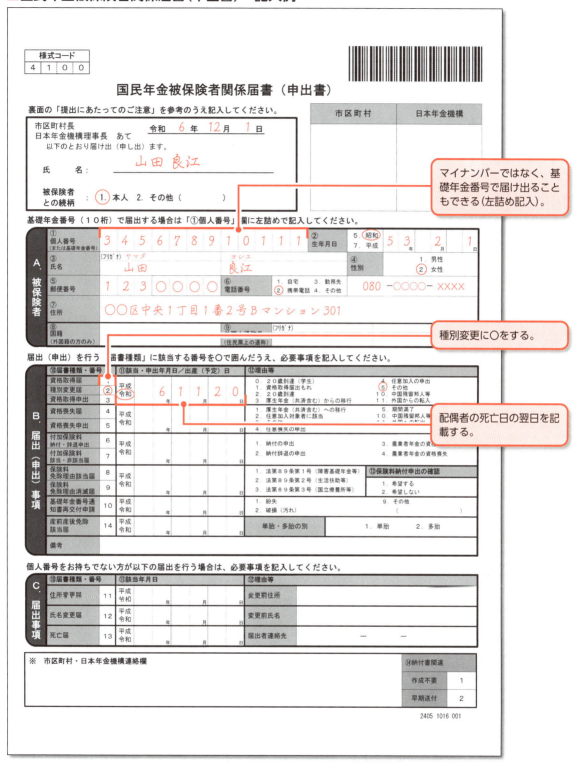

とは？

ポイント！
一家の大黒柱が亡くなったら、遺族年金をもらえるかどうかで残された家族の生活に大きな影響があります。どんな年金・一時金を受け取れるのか、チャートで調べてみましょう。

NO / YES →

自分や家族は亡くなった人に生計を維持されていて、次のいずれかに当てはまる。
①妻　②子、孫（原則、高校卒業までの年齢で未婚）
③55歳以上の夫　④55歳以上の父母・祖父母

YES → **遺族厚生年金＋（子がいれば）遺族基礎年金** ↓P.68

※該当すれば、中高齢寡婦加算、経過的寡婦加算もある（→72ページ）。

NO / YES →

自分は「子のある妻」または「子」で、亡くなった人が次のいずれかに当てはまる。
①国民年金の加入期間中に死亡した。
②日本に住んでいて国民年金の被保険者だった。
③老齢基礎年金の受給権者のときに死亡した。※1
④保険料納付済・免除・合算対象期間の合計が25年以上ある。
※「子」とは66ページ「※3」参照。

YES → **遺族基礎年金** ↓P.68

NO ↓

亡くなった人は年金をもらっていないが、国民年金の保険料納付済期間が合わせて10年以上ある。

NO / YES ↓

亡くなった人との婚姻関係（事実婚含む）が10年以上継続していて、自分の年金をもらっていない妻である。

YES → **寡婦年金** ↓P.74

亡くなった人は老齢基礎年金も障害基礎年金も受け取っていなかった。

NO

YES → **死亡一時金** ↓P.76

※寡婦年金、死亡一時金のいずれの要件も満たす際は、どちらかを選択する。

どんな年金であっても請求しないともらえない

年金制度は特例や経過措置もあり、複雑です。ただし、どんな年金も請求しないともらえないことは変わりません。どんな年金を受け取れるのかを考える前に、まず大まかに制度を把握しておきましょう。

年金には**3つの給付**があります。①納付期間を満たした人に65歳から支給される**老齢基礎年金**（**老齢厚生年金**）、②年金加入期間に初診のあるケガや病気で、法令により定められた障がい状態にある間に支給される**障害基礎年金**（**障害厚生年金**）、③生計を維持されていた所定の遺族に支給される**遺族基礎年金**（**遺族厚生年金**）です。

この3つが基本ですが、とくに**遺族に関係する遺族基礎年金と遺族厚生年金の支給要件が重要**です。年金事務所などで相談する際には、故人との続柄と亡くなった際の年金に関する状況を簡潔に伝えることが大事です。たとえば、在職中に亡くなったのか年金を受け取っている状態で亡くなったのかによっても遺族が受けられる年金、必要な手続きが異なるからです。

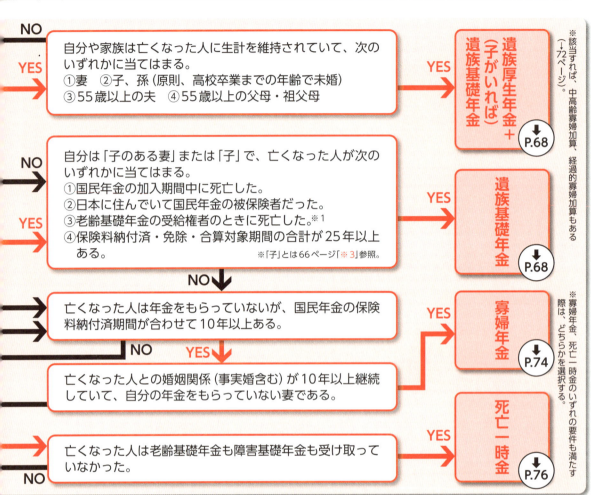

遺族がもらえる年金

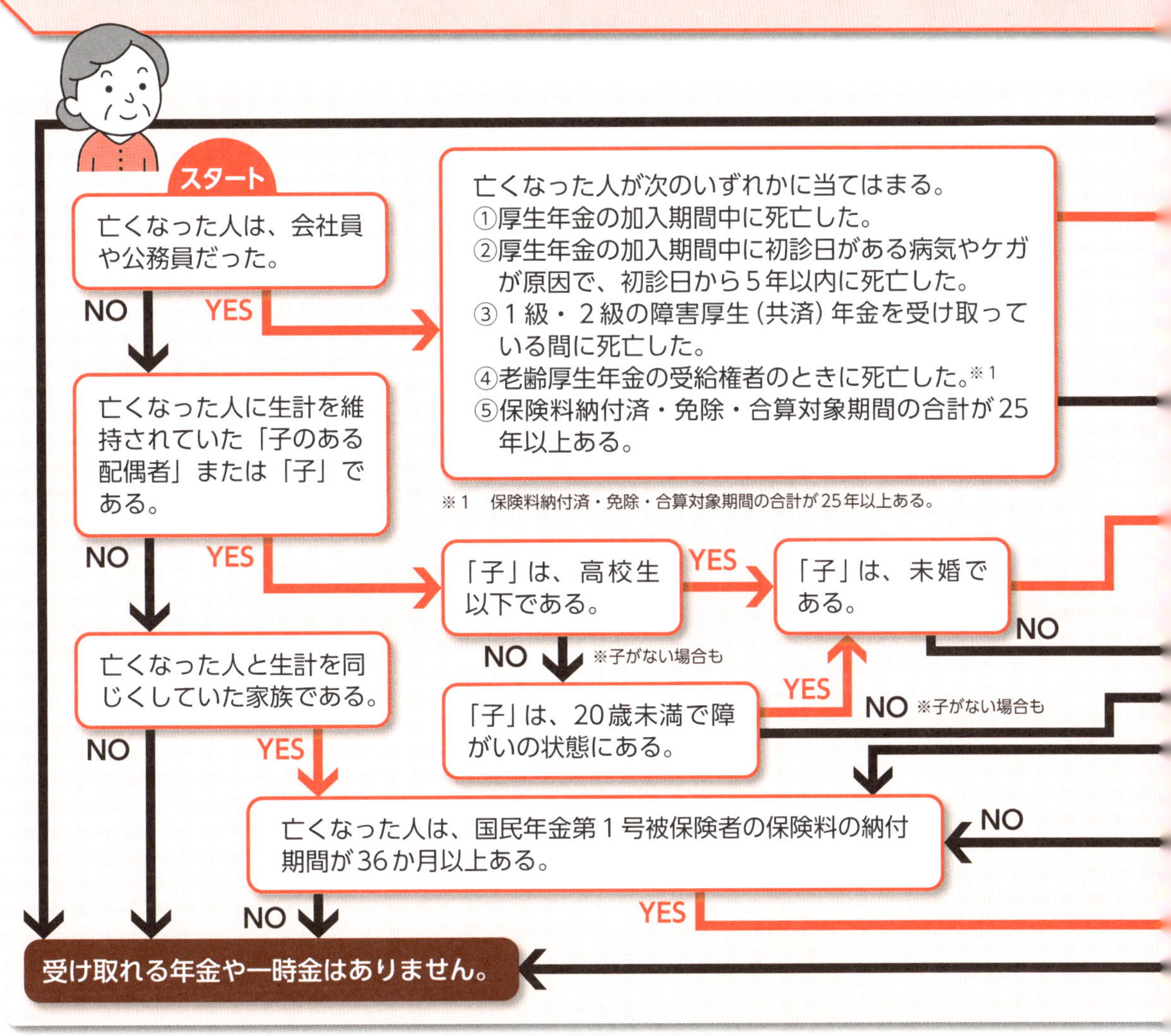

年金受給のしくみ

●第1号被保険者に関係する
自営業者、農業・林業従事者など
●第3号被保険者（第2号被保険者の配偶者）に関係する
専業主婦（夫）

●第2号被保険者に関係する
会社員、公務員など

支給年齢になったとき	老齢基礎年金	＋	老齢厚生年金
障がい者になったとき	障害基礎年金	＋	障害厚生年金
死亡したとき	遺族基礎年金	＋	遺族厚生年金

遺族に関係する年金

※「配偶者」とは事実婚の場合も含む。「子」には、養子縁組していない連れ子は含まれない。

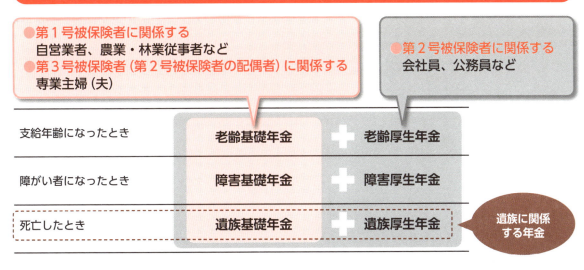

遺族年金をもらえる人とその要件は？

ポイント！

遺族の生活を支える収入になるので、自己判断せず、まず年金相談センター等に相談することをおすすめします。

いつまでに 5年以内

どんな場合 故人、遺族ともに要件を満たす場合

手続きする人 遺族など

手続き先 住所地の市区町村役場、（亡くなったのが第1号被保険者の場合）年金事務所または年金相談センター（亡くなったのが第2号、第3号被保険者の場合）

国民年金の場合の要件

1 亡くなった人のおもな要件

次のいずれかの状況・状態で死亡した人。

① 国民年金の被保険者である間 ※1

② 国民年金の被保険者であった60歳以上65歳未満で、日本国内に住所を有していた ※1

③ 老齢基礎年金の受給権者だった ※2

④ 老齢基礎年金の受給資格を満たしていた ※2

※1　①②は、死亡日の前日において、保険料納付済期間（免除期間を含む）が国民年金加入期間の3分の2以上必要。ただし、死亡日が2026年3月末日までで、65歳未満であれば死亡日の前日において、死亡日が含まれる月の前々月までの直近1年間に保険料の未納がなければ良い。下図の例参照。

※2　③④は、保険料納付済期間と保険料免除期間および合算対象期間を合算した期間が25年以上ある場合に限る。

例

令和5年												令和6年				
1	2	3	4	5	6	7	8	9	10	11	12	1	2	3	4	5
未納	未納	未納	納付	納付	納付	免除	免除	免除	免除	納付	納付	納付	納付	納付	未納	未納

4/30時点で3月までの直近1年間に保険料の未納がない

5/1 死亡

2 年金を受ける側のおもな要件

次のいずれかに該当する者。

① 生計を維持されていた子（死亡当時）のある配偶者

② 生計を維持されていた子

※3　子とは18歳到達年度の末日まで、または20歳未満で障害年金の障害等級1級または2級の障がいの状態にあり、婚姻していない場合に限る。

亡くなった人と遺族 その両方に要件がある

遺族年金をもらうには要件があります。**亡くなった人・もらう人それぞれの要件を両方満たさなくてはなりません。**また、**国民年金（遺族基礎年金）と厚生年金（遺族厚生年金）では、その要件が異なります。**

なお、どちらの遺族年金も、故人によって生計を維持されていたことが要件になっています。この場合の「**生計を維持されていた**」とは、**①死亡時に家計がひとつだったこと**（同居が基本。別居でも仕送り状態、健康保険の扶養親族などの場合は認められることがある）②遺族年金をもらう遺族の前年の収入が850万円未満、または所得が655万5千円未満であること（**収入要件**）という2つの要件を満たす必要があります。

なお、年金関係の手続きでよく出てくる「受給資格を満たした人」とは、受給資格期間を満たしている人のことです。受給資格期間は、年金を納めた期間（免除期間等も含む）が10年以上で、これを満たすと原則として老齢年金を受け取ることができます。遺族年金を受け取るには、この期間が25年以上必要です。

厚生年金の場合の要件

1 亡くなった人のおもな要件

次のいずれかの状況・状態で死亡した人。

① 厚生年金の被保険者である間 ※1

② 厚生年金の被保険者期間に初診日がある病気やケガが原因で初診日から5年以内 ※1

③ 1級・2級の障害厚生（共済）年金を受け取っている

④ 老齢厚生年金の受給権者であった ※2

⑤ 老齢厚生年金の受給資格を満たしている ※2

※1　①②は、死亡日の前日において、保険料納付済期間（免除期間を含む）が国民年金加入期間の3分の2以上必要。ただし、死亡日が2026年3月末日までで、65歳未満であれば、死亡日の前日において、死亡日が含まれる月の前々月までの直近1年間に保険料の未納がなければ良い。

※2　④⑤は、保険料納付済期間と保険料免除期間および合算対象期間を合算した期間が25年以上ある場合に限る。

2 年金を受ける側のおもな要件

故人に生計を維持された一定の遺族のうち、もっとも優先順位が高い人が受け取れる。

高 → 優先順位 → 低

子のある妻、子のある55歳以上の夫	子	子のない妻 または 子のない55歳以上の夫	55歳以上の父母	孫	55歳以上の祖父母

※子については、右ページ「※3」と同様。

遺族基礎年金・遺族厚生年金を請求するには？

ポイント！
死亡診断書や年金証書など必要書類を用意してから請求書を記載するとスムーズです。

いつまでに	5年以内
どんな場合	故人、遺族ともに要件を満たす場合
手続きする人	遺族など
手続き先	住所地の市区町村役場、（亡くなったのが1号被保険者の場合） 年金事務所または年金相談センター（亡くなったのが2号、3号被保険者の場合）

国民年金のみに加入していた人が亡くなったとき

遺族年金の請求は、亡くなった人が国民年金だったのか厚生年金だったのかによって異なります。66ページの要件を満たしていれば、遺族基礎年金をもらうことができます。

年金制度は非常に複雑です。資格期間を満たしていないように思えても、遺族基礎年金をもらえる場合があります。

また、**一時金（76ページ）をもらえる可能性もある**ので、まずは市区町村役場に相談しましょう。

厚生年金に加入していた人が亡くなったとき

67ページの要件を満たしていれば、遺族厚生年金をもらえます。**遺族基礎年金に比べるともらえる遺族の範囲が広いので、故人に配偶者や子がいなくとも、親や孫などが遺族厚生年金をもらえる場合があります。**年金事務所または年金相談センターで確認しましょう。

遺族基礎年金も厚生年金も、請求の際に請求する人のマイナンバーを記載すると一部の書類を省略できたり、受給後の手続きの一部を省略できるなどのメリットがあります。

必要なもの（遺族厚生年金の場合）

- ☑ ①年金請求書（国民年金・厚生年金保険遺族給付）
- ☑ ②故人の基礎年金番号通知書または年金手帳
- ☑ ③故人との続柄等の確認書類（戸籍謄本（死亡日後で提出日から6か月以内のもの）、法定相続情報一覧図の写し）※
- ☑ ④生計維持の確認書類（世帯全員の住民票、死亡日後で提出日から6か月以内のもの）
- ☑ ⑤故人の住民票の除票（④に含まれる場合は不要）
- ☑ ⑥請求者の収入確認書類（所得証明書、課税証明書、源泉徴収票など）
- ☑ ⑦子の収入確認資料（義務教育終了前であれば不要）
- ☑ ⑧死因等確認資料（死亡診断書のコピーなど）
- ☑ ⑨請求者の通帳またはキャッシュカード

※請求者のマイナンバーを記載する場合は④⑥⑦は不要。その場合、本人確認およびマイナンバー確認資料（マイナンバーカードなど）が必要。

必要なもの（遺族基礎年金の場合）

- ☑ 年金請求書（国民年金遺族基礎年金）

※他は遺族厚生年金と同じ。

※2024年11月以降、配偶者がマイナンバーを記載して請求する場合は省略可。

年金請求書　記入例１

受付登録コード	入力処理コード	年金コード
1 7 3 1	4 3 0 0 0 3	1 4

年金請求書（国民年金・厚生年金保険遺族給付）

〔遺族基礎年金・特例遺族年金・遺族厚生年金〕

様式第105号

(注)1. 請求者が2名以上のときは、そのうちの1人について、この請求書にご記入ください。
2. その他の方については、「年金請求書（国民年金・厚生年金保険遺族給付）（別紙）」（様式第106号）に記入し、この年金請求書に添えてください。

○□のなかに必要事項をご記入ください。（◆印欄には、なにも記入しないでください。）
○黒インクのボールペンでご記入ください。鉛筆や、摩擦に伴う温度変化等により消色するインクを用いたペンまたはボールペンは、使用しないでください。
○フリガナはカタカナでご記入ください。

二次元コード

❽ 実施機関等　受付年月日

死亡した方

- ❶基礎年金番号：○○○○○○○○○○
- ❷生年月日：明・大・(昭)・平　20年 4月 1日
- ⑲氏名：（フリガナ）ナツメ　タロウ　（氏）夏目　（名）太郎
- 性別：(1.)男　2.女

※死亡した方に共済組合等の加入期間がある場合は、請求者の個人番号（マイナンバー）及び基礎年金番号の両方をご記入ください。個人番号（マイナンバー）については10ページをご確認ください。

❺ 記録不要制度						❻ 作成原因
(厚年)	(船員)	(国年)	(国共)	(地共)	(私学)	01

❼ 進達番号　❾ 別紙区分　❿ 船

請求者

- ❸ 個人番号（マイナンバー）：○○○○○○○○○○○○
- 基礎年金番号
- ❹生年月日：明・大・(昭)・平・令　22年 6月 1日
- ⑳氏名：（フリガナ）ナツメ　ハナコ　（氏）夏目　（名）花子
- ㉑続柄：妻　◆
- 性別：1.男　(2.)女
- ㉒住所の郵便番号：101○○○○
- ㉓住所：（フリガナ）マルマル　カンダマルチョウ 1-2　○○ 市(区)町村 神田○町1丁目2番地
- 電話番号：090 − ○○○○ − XXXX

＊日中に連絡が取れる電話番号（携帯も可）をご記入ください。

社会保険労務士の提出代行者欄

＊公金受取口座については、10ページをご確認ください。

㉔ 年金受取機関 ※
(1.) 金融機関（ゆうちょ銀行を除く）
2. ゆうちょ銀行（郵便局）
□ 公金受取口座として登録済の口座を指定

※1または2に○をつけ、希望する年金の受取口座を下欄に必ずご記入ください。
※また、指定する口座が公金受取口座として登録済の場合は、左欄に☑してください。

口座名義人氏名：（フリガナ）ナツメ　ハナコ　（氏）夏目　（名）花子

年金送金先

- 金融機関：㉕ 金融機関コード ◆　㉖ 支店コード ◆
- （フリガナ）トウキョウマル　東京○ (銀行)・金庫・信組・農協・信連・信漁連・漁協
- （フリガナ）カンダイチバン　神田1番 本店・(支店)・出張所・本所・支所
- ㉗ 預金種別：(1.)普通　2.当座
- ㉘ 口座番号（左詰めで記入）：1234567
- ゆうちょ銀行：㉘ 貯金通帳の口座番号　記号（左詰めで記入）　番号（右詰めで記入）
- 金融機関またはゆうちょ銀行の証明欄※　貯蓄預金口座または貯蓄貯金口座への振込みはできません。
- 請求者の氏名フリガナと口座名義人氏名フリガナが同じであることをご確認ください。

※通帳等の写し（金融機関名、支店名、口座名義人氏名フリガナ、口座…）を添付する場合または公金受取口座を指定する場合、証明は不要です。

加算額の対象者または加給金の対象者

氏名	㉙生年月日		障害の状態に	◆㉙
（フリガナ）（氏）（名）	平・令	年 月 日	ある・ない	
個人番号				
（フリガナ）（氏）（名）	平・令	年 月 日	ある・ない	
個人番号				

＊3人目以降は余白等にご記入ください。

連絡欄　有・無　X線フィルムの返送　年 月 日

1

マイナンバーを記入すると、一部の添付書類を省略できる。なお、共済組合等の加入期間がある場合は必ずマイナンバーおよび基礎年金番号の両方を記入する。

預金通帳、キャッシュカード等を提示する場合は、銀行の証明は不要。

生計を同じくしている子（要件は66ページの※3）がいる場合は記入する。

遺族厚生年金の請求書例です。遺族基礎年金の場合は請求書が異なりますが、記入する内容はおおむね同じです。

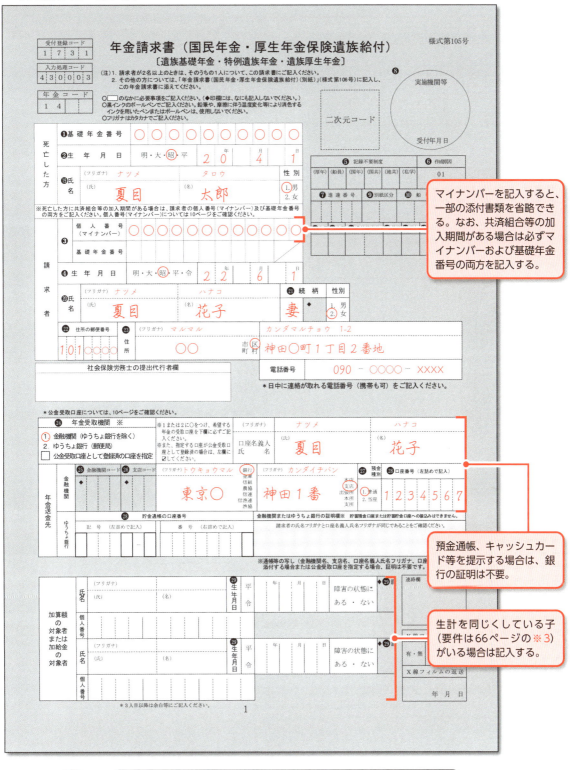

年金請求書　記入例2

請求者の年金証書を参考に記入する。不明な部分があれば窓口で確認できる。この例では、請求者が老齢厚生年金を受給している。

㋐　あなたは、現在、公的年金制度等（表1参照）から年金を受けていますか。○で囲んでください。

1.受けている（○）	2.受けていない	3. 請 求 中	制度名（共済組合名等）	年金の種類

受けていると答えた方は下欄に必要事項をご記入ください（年月日は支給を受けることになった年月日をご記入ください）。

公的年金制度名（表1より記号を選択）	年金の種類	年　月　日	年金証書の年金コードまたは記号番号等
イ	老齢	平成24.○.○	1150
		. .	
		. .	

「年金の種類」とは、老齢または退職、障害、遺族をいいます。

㉜ 年金コードまたは共済組合コード・年金種別

1

故人の年金加入履歴を記入する。正確な日付がわからない場合は年・月、「○年春」等を記入する。不明点が多い場合は年金事務所で「被保険者記録照会回答票」をもらって添付することもできるので相談を。

㋑　履　　歴（**死亡した方**の公的年金制度加入経過）

※できるだけ詳しく、正確にご記入ください。

	(1)事業所（船舶所有者）の名称および船員であったときはその船舶名	(2)事業所（船舶所有者）の所在地または国民年金加入時の住所	(3)勤務期間または国民年金の加入期間	(4)加入していた年金制度の種類	(5)備考
最初		練馬区○○町 1-1	S40・4・1 から S42・3・31まで	(1.)国民年金 2.厚生年金保険 3.厚生年金（船員）保険 4.共済組合等	
2	（株）ナツメ社	○○区×× 1-1	S42・4・1 から S60・3・31まで	1.国民年金 (2.)厚生年金保険 3.厚生年金（船員）保険 4.共済組合等	
3	（株）○○印刷	太田区○○ 2-3	S60・4・1 から H17・3・31まで	1.国民年金 (2.)厚生年金保険 3.厚生年金（船員）保険 4.共済組合等	
			・　・　から	1.国民年金 2.厚生年金保険	

国民年金の場合は「事業所」欄は記入不要。

年金請求書　記入例4

生　計　維　持　申　立

㋓ 生計同一関係

右の者は、死亡者と生計を同じくしていたこと、および配偶者と子が生計を同じくしていたことを申し立てる。

令和 6 年 5 月 20 日

請求者　住　所　○○区神田○町１丁目２番地

氏　名　夏目花子

	氏　名	続　柄
請求者	夏目花子	妻

㋔ 収入関係

		◆確認欄	◆年金事務所の確認事項
1.　この年金を請求する方は次にお答えください。			
(1) 請求者（名：花子　）について年収は、850万円未満ですか。	(はい)・いいえ	（　）印	
(2) 請求者（名：　　　）について年収は、850万円未満ですか。	はい・いいえ	（　）印	イ．加算額または加給年金額対象者
(3) 請求者（名：　　　）について年収は、850万円未満ですか。	はい・いいえ	（　）印	ウ．国民年金保険料免除世帯
2.　上記1で「いいえ」と答えた方のうち、その方の収入がこの年金の受給権発生当時以降おおむね5年以内に850万円未満となる見込みがありますか。	はい・いいえ		エ．義務教育終了前 オ．高等学校在学中 カ．源泉徴収票・非課税証明等

令和　　年　　月　　日　提出

収入を証明する書類が必要だが、請求書にマイナンバーを記入した場合は省略できる。

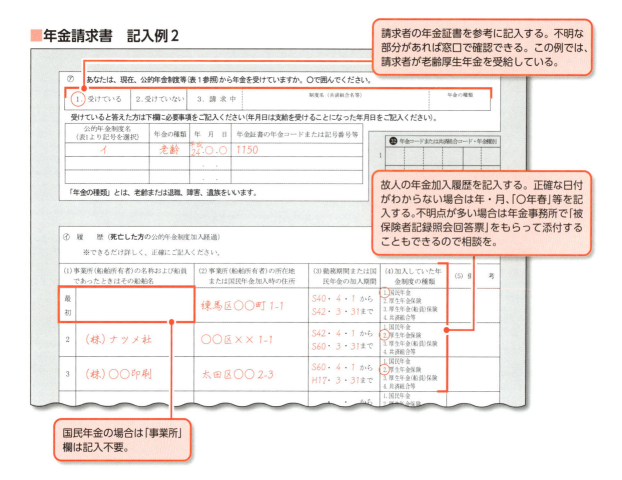

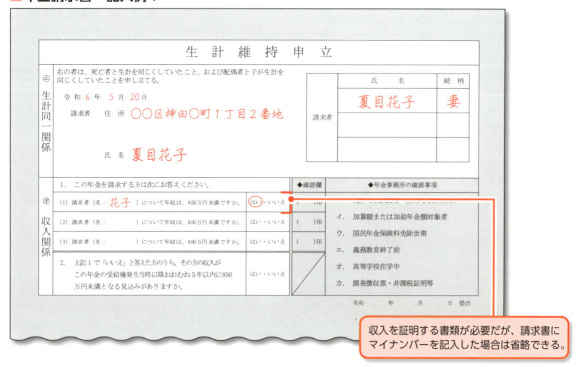

年金請求書　記入例3

死亡診断書（死体検案書）を見ながら、矛盾がないように記入する。不明な部分があれば窓口で相談できるので空欄にしておけば良い。

㋒ 必ずご記入ください。

(1)死亡した方の生年月日、住所	昭和20年 4月 1日	住所	〒101-○○○○ 神田○町1丁目2番地

(2)死亡年月日	(3)死亡の原因である傷病または負傷の名称	(4)傷病または負傷の発生した日
令和6年 5月 10日	脳出血	令和5年 ○月 ○日
(5)傷病または負傷の初診日	(6)死亡の原因である傷病または負傷の発生原因	(7)死亡の原因は第三者の行為によりますか。
令和5年 ○月 ○日		1. はい ・ 2. いいえ

(8)死亡の原因が第三者の行為により発生したものであるときは、その者の氏名および住所	氏名	
	住所	
(9)請求する方は、死亡した方の相続人になれますか。		1. はい ・ 2. いいえ

(10)死亡した方は次の年金制度の被保険者、組合員または加入者となったことがありますか。あるときは番号を○で囲んでください。

1. 国民年金法　2. 厚生年金保険法　3. 船員保険法（昭和61年4月以後を除く）
4. 廃止前の農林漁業団体職員共済組合法　5. 国家公務員共済組合法　6. 地方公務員等共済組合法
7. 私立学校教職員組合法　8. 旧市町村職員共済組合法　9. 地方公務員の退職年金に関する条例　10. 恩給法

			制度名	年金証書の基礎年金番号および年金コード等
(11)死亡した方は、(10)欄に示す年金制度から年金を受けていましたか。	1. はい 2. いいえ	受けていたときは、その制度名と年金証書の基礎年金番号および年金コード等をご記入ください。	厚生年金	○○○○ ○○○○○○ 1150

(12)死亡の原因は業務上ですか。	(13)労災保険から給付が受けられますか。	(14)労働基準法による遺族補償が受けられますか。
1. はい ・ 2. いいえ	1. はい ・ 2. いいえ	1. はい ・ 2. いいえ

(15)遺族厚生年金を請求する方は、下の欄の質問にお答えください。いずれかを○で囲んでください。

ア　死亡した方は、死亡の当時、厚生年金保険の被保険者でしたか。	1. はい ・ 2. いいえ
イ　死亡した方が厚生年金保険（船員保険）の被保険者もしくは共済組合の組合員の資格を喪失した後に死亡したときであって、厚生年金保険（船員保険）の被保険者または共済組合の組合員であった間に発した傷病または負傷が原因で、その初診日から5年以内に死亡したものですか。	1. はい ・ 2. いいえ
ウ　死亡した方は、死亡の当時、障害厚生年金（2級以上）または旧厚生年金保険（旧船員保険）の障害年金（2級相当以上）もしくは共済組合の障害年金（2級相当以上）を受けていましたか。	1. はい ・ 2. いいえ
エ　死亡した方は平成29年7月までに老齢厚生年金または旧厚生年金保険（旧船員保険）の老齢年金・通算老齢年金もしくは共済組合の退職給付の年金の受給権者でしたか。	1. はい ・ 2. いいえ
オ　死亡した方は保険料納付済期間、保険料免除期間および合算対象期間（死亡した方が大正15年4月1日以前生まれの場合は通算対象期間）を合算した期間が25年以上ありましたか。	1. はい ・ 2. いいえ

①アからウのいずれか、またはエもしくはオに「はい」と答えた方
さい。

故人の年金証書を見ながら記入する。

現在の年金受給状況によっては、受け取る年金を選択しなければならない場合もある。

死亡原因が第三者による場合（事件、事故等）は、別途手続きが必要になるため窓口に申し出る。

併給と選択について

2つ以上の年金を受け取れることを「併給」という。どちらかを選択しなければならないものもある。

年金を併給できる代表例		
遺族厚生年金	＋	老齢基礎年金
遺族厚生年金	＋	障害基礎年金

年金を選択する必要がある代表例		
遺族基礎年金	または	老齢基礎年金
遺族厚生年金	または	障害厚生年金

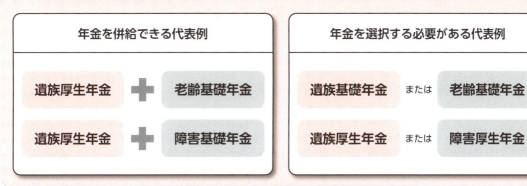

中高齢寡婦加算・経過的寡婦加算とは？

ポイント！

手続きは不要ですが、一家の大黒柱が亡くなったときに生活の支えとなる制度なので覚えておきましょう。

いつまでに　5年以内

どんな場合　妻が遺族基礎年金を受給できない一定の場合

※申請は不要。遺族厚生年金の請求をすると自動的に手続きされる。

遺族厚生年金の請求とあわせて確認する

遺族基礎年金をもらえない妻（子がいない妻や、子が18歳に達して支給されなくなった場合など）で、遺族厚生年金を受給できる妻の場合、要件を満たすと**中高齢寡婦加算が受けられます。**加算される金額は（2024年10月現在）年額約61万円です。**加算される期間は、40〜65歳になるまでの間**です。

中高齢寡婦加算がなくなったあと、要件を満たせば経過的寡婦加算の加算があります。経過的寡婦加算の額は、老齢基礎年金に経過的寡婦加算を加えた額が中高齢寡婦加算と同じくらいになるよう、生年月日に応じた金額が設定されます。

65歳になって自身の老齢基礎年金をもらうようになったときに、老齢基礎年金の額が中高齢寡婦加算の額に足りない場合があります。経過的寡婦加算により、いきなり収入が減らないよう配慮されているのです。

いずれも申請は不要です。**厚生年金遺族給付の請求をすると自動的に手続きされます。**なお、**対象となるのは妻のみで夫は対象になりません。**

中高齢寡婦加算のおもな要件

故人の要件

次のいずれか

①厚生年金保険の被保険者である間に死亡
②厚生年金の被保険者期間に初診日がある病気やケガが原因で初診日から5年以内に死亡
③1級・2級の障害厚生（共済）年金を受け取っている人が死亡
④老齢厚生年金の受給権者であった人が死亡
⑤老齢厚生年金の受給資格を満たした人が死亡

※①②の要件については、死亡日の前日において、保険料納付済期間（免除期間を含む）が国民年金加入期間の3分の2以上必要。ただし、死亡日が2026年3月末日までで、65歳未満であれば、死亡日の前日において、死亡日が含まれる月の前々月までの直近1年間に保険料の未納がなければ良い。

妻の要件

次のいずれか

①夫が亡くなったとき、40歳以上65歳未満で、生計を同じくしている子がいない妻
②遺族厚生年金と遺族基礎年金を受けていた子のある妻が、子が18歳到達年度の末日に達した（障がいの状態にある場合は20歳に達した）ため、遺族基礎年金を受給できなくなったとき

経過的寡婦加算のおもな要件

故人の要件	・中高齢寡婦加算の要件と同じ
妻の要件	次のいずれか ①昭和31年4月1日以前生まれの妻に65歳以上で遺族厚生年金の受給権が発生したとき（「老齢厚生年金の受給権者であった人が死亡したとき」「老齢厚生年金の受給資格を満たした人が死亡したとき」の遺族厚生年金受給要件にもとづく場合は、死亡した夫の厚生年金保険の被保険者期間が原則として20年以上の場合に限る） ②中高齢の加算がされていた昭和31年4月1日以前生まれの遺族厚生年金の受給権者である妻が、65歳に達したとき

妻が40歳以上65歳未満のときに夫が亡くなった場合の支給イメージ

●子のいない妻（遺族基礎年金の支給なし）

遺族厚生年金 ＋ 中高齢寡婦加算

●子のある妻（遺族基礎年金の支給は原則として子が18歳まで）

遺族厚生年金 ＋ 遺族基礎年金 ← 子が18歳までのとき ※18歳になった年度末（3/31）まで。

遺族厚生年金 ＋ 中高齢寡婦加算 ← 子が18歳になった年度の末日（3/31）を過ぎたら

65歳前に夫を亡くした妻が65歳以上になった場合の支給イメージ

遺族厚生年金 ＋ 老齢基礎年金 ＋ 経過的寡婦加算

（老齢基礎年金＋経過的寡婦加算）中高齢の加算がなくなることで急に年金額が減らないように、経過的寡婦加算が加算される。

経過的寡婦加算は、妻の生年月日で加算される場合とされない場合に分かれます。簡単にいえば、昭和31年4月2日以降に生まれた妻には関係ない、となります。

寡婦年金を請求するには？

ポイント！

第三者の行為がもとで死亡した場合（事故や事件）は別途書類が必要になります。詳しくは年金事務所等に相談を。

いつまでに	おもに5年以内
どんな場合	遺族基礎年金を受給できない場合
手続きする人	要件を満たす妻
手続き先	年金事務所または街角の年金相談センター、住所地の市区町村役場

遺族基礎年金を受給できない妻は寡婦年金を請求する

18歳未満（障がいがある場合は20歳未満）の子がいない妻は、遺族基礎年金をもらえません。ただし、**寡婦年金**を受け取れる場合があります。**寡婦年金の金額は、夫の国民年金（1号）被保険者期間だけで計算した老齢基礎年金の4分の3**です。この金額を**60〜65歳になるまで受け取ることができます。**

寡婦年金と死亡一時金（76ページ）は、どちらかを選択する必要があります。両方の受給要件を満たしている場合は、自身に有利なほうを請求しましょう。金額については年金事務所等で相談すればわかります。

なお**寡婦年金は夫を亡くした妻のみに受給資格があり**、妻を亡くした夫はもらえません。ただし、夫も要件を満たせば死亡一時金をもらえる場合があるので必ず確認しましょう。

「妻」には、法律婚の妻だけでなく事実婚の妻も含まれます。遺族年金関係では事実婚の配偶者にも受給資格が認められるので、要件を満たしていれば遺族年金や寡婦年金等を受け取ることができます。追加で必要な書類があるので年金事務所等で確認してください。

寡婦年金のおもな要件

故人の要件

次のすべて

①国民年金の第1号被保険者として保険料を納めた期間および国民年金保険料免除期間が10年以上

②（令和3年3月31日以前の死亡の場合）障害基礎年金の受給権者でない

③（令和3年3月31日以前の死亡の場合）老齢基礎年金を受けたことがない

妻の要件

次のすべて

①10年以上継続して婚姻関係（事実上の婚姻関係を含む）がある

②夫に生計を維持されていた

③繰り上げ支給の老齢基礎年金を受けていない

※受け取れるのは60歳以上65歳未満の間。

必要なもの

- ☑①年金請求書（国民年金寡婦年金）
- ☑②故人の基礎年金番号通知書または年金手帳等
- ☑③戸籍謄本（記載事項証明書）※受給権発生日以降で提出日から6か月以内に交付されたもの
- ☑④世帯全員の住民票の写し ※同右
- ☑⑤故人の住民票の除票
- ☑⑥請求者の収入が確認できる書類（課税（非課税）証明書、源泉徴収票等）
- ☑⑦通帳またはキャッシュカード
- ☑⑧年金証書（年金を受け取っているとき）

※マイナンバーを記載する場合は④⑥は不要。マイナンバーカードを提示すること。

■年金請求書　記入例

基礎年金番号は年金手帳や年金証書で確認する。

受付登録コード　1 7 4 1
入力処理コード　6 3 0 0 0 4
年金コード　5 9 5

年金請求書（国民年金寡婦年金）

様式第109号

二次元コード

○　　のなかに必要事項をご記入ください。
（◆印欄には、なにも記入しないでください。）
○黒インクのボールペンでご記入ください。
○フリガナはカタカナでご記入ください。

※個人番号(マイナンバー)で届出する場合は、本人確認書類が必要です。

死亡した人(夫)		
❶基礎年金番号	○○○○○○○○○○	
❷生年月日	明1・大3・昭5（○）・平7	29年 9月 1日
⓫氏名	(フリガナ) スズキ　(氏) 鈴木	(フリガナ) カズオ　(名) 一男

❼市区町村　受付年月日　　年金事務所

請求者		
❸個人番号（マイナンバー）	1 2 3 4 5 6 7 8 9 1 0 1	
❸基礎年金番号		
❹生年月日	明1・大3・昭5（○）・平7	39年 8月 1日
⓬氏名	(フリガナ) スズキ　(氏) 鈴木	(フリガナ) カズコ　(名) 和子

❺作成原因　0 1　❻進達番号
❽重無　❾未保　❿支保

基礎年金番号またはマイナンバー（もしくはその両方）を記載する。マイナンバーを記載すると添付書類が一部省略できる。

⓭住所の郵便番号　1 2 3 0 0 0 0
⓮住所　住所コード ◆
(フリガナ) マルマル　ホンチョウ 1-2-3 エーマンション 201
○○　市（区）町村　本町1丁目2番3号　Aマンション201

死亡した人　過去に加入していた年金制度の年金手帳の記号番号で、基礎年金番号と異なる記号番号があるときは、その記号番号をご記入ください。
厚生年金保険　　国民年金

⓯年金受取機関　※
（1.）金融機関（ゆうちょ銀行を除く）
2. ゆうちょ銀行（郵便局）
□ 公金受取口座として登録済の口座を指定

※1または2に○をつけ、希望する年金の受取口座を下欄に必ずご記入ください。
※また、指定する口座が公金受取口座として登録済の場合は、左欄に☑してください。

口座名義人氏名　(フリガナ) スズキ　カズコ　鈴木　和子

年金送金先
金融機関　⓰金融機関コード ◆　⓱支店コード ◆
(フリガナ) シュト　首都　（銀行）・金庫・信組・農協・信連・信漁連・漁協
(フリガナ) チュウオウ　中央　本店・（支店）・出張所・本所・支所
⓲預金種別　（1.）普通　2. 当座
⓳口座番号（左詰めで記入）　○○○○○○○

ゆうちょ銀行　⓳貯金通帳の口座番号　記号（左詰めで記入）　－　番号（右詰めで記入）
金融機関またはゆうちょ銀行の証明欄　※貯蓄預金口座または貯蓄貯金口座への振込みはできません。
※請求者の氏名フリガナと口座名義人氏名フリガナが同じであることをご確認ください。

㋐あなたは、現在、公的年金制度（表1参照）から年金を受けていますか。○で囲んでください。

1. 受けている	（2. 受けていない）	3. 請求中	制度名（共済組合名等）	年金の種類

受けていると答えた方は、下欄に必要事項をご記入ください（年月日は支給を受けることになった年月日をご記入ください）。

制度名（共済組合名等）	年金の種類	年月日	年金証書の年金コードまたは記号番号等
		・　・	
		・　・	
		・　・	

※「年金の種類」とは、老齢または退職、障害、遺族をいいます。
※「受けている」には、全額支給停止になっている年金がある場合も含みます。

⓴年金コードまたは共済組合コード・年金種別
1
2
3
㉓他年金種別

現在受け取っている年金があればここに記載する。

この他に、死亡日時等の故人について記載する書類、生計維持申立書（70ページ）があります。死亡診断書のコピーを用意して記載するとスムーズにできるでしょう。

死亡一時金を請求するには？

ポイント！

死亡一時金は寡婦年金と異なり妻を亡くした夫も支給対象になります。

いつまでに	2年以内
どんな場合	遺族基礎年金、寡婦年金を受け取れない場合
手続きする人	要件を満たす遺族
手続き先	年金事務所または街角の年金相談センター、住所地の市区町村役場

故人が国民年金に加入していたら必ず確認する

遺族基礎年金や寡婦年金をもらえない場合でも、支払った年金保険料が掛け捨てになってしまわないよう、一定の遺族は**死亡一時金**がもらえます。**短期間であっても故人が国民年金（1号）に加入している期間があれば、受け取れる可能性があります。**必ず確認しましょう。

受け取れるのは生計を同じくしていた（同一世帯など）遺族です。なお、寡婦年金（74ページ）と死亡一時金はどちらか一方しかもらえません。

必要なもの

- ☑①国民年金死亡一時金請求書
- ☑②故人の基礎年金番号通知書または年金手帳等
- ☑③戸籍謄本または法定相続情報一覧図の写し ※死亡日以降に交付されたもの
- ☑④世帯全員の住民票の写し ※同右
- ☑⑤故人の住民票の除票
- ☑⑥請求者の通帳またはキャッシュカード

※マイナンバーを記載する場合は④は不要。マイナンバーカードを提示すること。

●死亡一時金の金額

保険料納付月数	金　額
36か月以上180か月未満	120,000円
180か月以上240か月未満	145,000円
240か月以上300か月未満	170,000円
300か月以上360か月未満	220,000円
360か月以上420か月未満	270,000円
420か月以上	320,000円

死亡一時金の要件

故人の要件

①国民年金（1号）の保険料を納めた期間が合計36か月以上
②障害基礎年金を受給したことがない
③老齢基礎年金を受給したことがない

遺族の要件

生計を同じくしていた①配偶者　②子　③父母　④孫　⑤祖父母　⑥兄弟姉妹　のうち①から⑥の順で受け取れる

※「生計を同じくしていた」とは、同一世帯で家計がひとつであることが原則。ただし、就学、単身赴任等で別居している場合も認められることがある。

第4章

落ち着いた頃に行う手続き

\あるある/ Q&A 13

銀行口座の解約手続きなどはいつまでにすればいいの?

やることを整理して、優先順位をつけましょう

第4章では、落ち着いた頃を目安に整理していってほしい手続きを案内しています。たとえば、故人の銀行口座の解約には厳密な期限があるわけではありませんが、ライフラインの支払いに影響が出るかもしれません。相続を考えても、早めに手を打っておいたほうが良いものです。

そうしたこまかな手続きがたくさんあるので、**いったん必要と思う手続きを洗い出してみて、優先順位をつけてから取りかかると良いでしょう。**

故人が事業を行っていた場合や、一定の所得があった場合は「準確定申告」という手続きが必要な場合もあります。多くの人にとってなじみがないうえ、期限が決まっているのでやっかいです。

まず、期限が決まっているもの、生活に直結していて影響が出ているものは何かを整理して着手していきましょう。

ここがPoint!

- 落ち着いた頃に行う手続きを確認する ➡ P.82
- 事業主や一定の所得がある場合には準確定申告を行う ➡ P.96
- ライフラインの整理などを行う ➡ P.100

あるある Q&A 14

故人が何かの保険に入っていたようなのですが…

契約内容を確認し、請求などの手続きをしましょう

日本人は保険が好きで、8割近くの人が生命保険に入っているといわれています。本書を読んでいる方やその家族も、何かしらの保険に入っているのではないでしょうか。

ただし、保険金は請求すべき人が請求しなければ支払われません。「そもそも保険に入っていたことを知らなかった」「受取人に指定されていると知らなかった」など、請求しないままだと時効にかかってしまいます。

故人がどんな保険に入っていたのかがわからなければ、銀行口座の通帳の記録や郵便物を頼りに探してみましょう。請求期限は3年以内ですが、時間がたつほど探すのが難しくなります。

自分が保険に入っている場合は、受取人にそのことを伝えて確実に請求してもらえるようにすることも大事です。

ここがPoint!

- 保険の請求を忘れずに行う → P.94
- 通帳などの探し方を知る → P.120
- 住宅ローンの負担がなくなるかもしれない → P.154

\あるある/ Q&A 15

故人の身分証やデジタル遺品はどう処分したらいい?

それぞれの処分方法や解約方法を確認しましょう

最近では、公的な身分証明書等の多くが役所に返却しなくても良い扱いになっています。マイナンバーカードも、死亡すると失効するため、返却義務はありません。

しかし、多くの人は「そのままにしておくのは気持ち悪い」と感じるのではないでしょうか。実際、公的な身分証明書等は紛失すれば、悪用されるおそれもあります。

公的な身分証明書等については、まず返却が必要かどうかを確認し、返却不要な場合はどのタイミングでどう処分すべきかを検討しましょう。

SNSやサブスクなどの「デジタル遺品」は最近になって表れた問題です。サブスクは放置していると、使用料金の支払いなど実害がある場合も多いので、**解約するのか、名義を代えて継続するのかなどを決めて対応しましょう。**

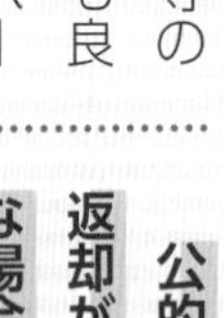

ここがPoint!

- 不要になった公的な身分証明書等の処分方法を知る ➡ P.100
- SNSやサブスクの整理のポイントを知る ➡ P.102

\あるある/ Q&A 16

手続き先や必要な書類がいろいろあって困ります…

必要な手続きの窓口と必要書類を整理しましょう

はい…はい…え？お客様番号？
え〜っと…どうだったかしら…
戸籍謄本が必要？
戸籍謄本は他の手続きで送っちゃったわよー！
ここでも必要なのね
二度手間じゃないー！
落ち着いてお母さん
お父さんはまず領収書や検針票を用意して
お母さんは必要書類のリストを作って
あとでまとめて取りに行こう
テキパキ
OK
じゃあ市役所へは私が行くわ
見つからない書類は問い合わせてみる
郵便局へは私が行くわ
協力してひとつずつね！

普段使っているときには意識しませんが、水道・ガス・電気や携帯電話などのライフラインを解約したり、名義変更したりする手続きは骨が折れます。

窓口も必要な書類や手続きも、それぞれ異なります。とてもめんどうなので、できるだけ効率良く進められるように準備をして臨みましょう。

水道・ガス・電気には、お客様番号やご契約番号という契約者固有の番号が割り振られています。**検針票や請求書等を用意し、それらの番号を確認してから問い合わせるのがポイントです。**他の手続きも同様に、契約内容などがわかるものを用意してから問い合わせましょう。

また、手続きに必要な書類は共通するものが多いので、まとめて用意しておきましょう。**戸籍などは手続きが終わった際に返却してもらえるのか確認しておくと、何度も入手し直す手間が省けます。**

ここがPoint!

- 各手続きの窓口や必要書類などを確認する → P.101
- 必要な書類の入手先を確認する → P.48

これからやるべきこと チェックシート

期限が迫っていないものも、後回しにしていると忘れたり資料が散逸してわからなくなったりするので、早めに対応することをおすすめします。

役所の窓口で質問したり、電話で問い合わせすることが多くなると思います。下の囲み、「スムーズな問い合わせのコツ」を参考にしてください。

必要な手続きと優先順位を考える

第4章では、葬儀が済んで落ち着いた頃を目途に、考えるべき手続きについて案内します。人によってやるべき手続きが異なるので、まず自身に必要な手続きは何かを確認しましょう。**①多くの遺族に該当する手続き　②該当する場合にのみ必要な手続き　③希望する場合にのみ必要な手続き**、があります。

まずは、**期限の迫っているものや生活に直結するものなど、優先順位をつけて対応していく**ことをおすすめします。②の手続きは期限が決まっているものが多いので注意してください。③は時間をかけてじっくり考えてもかまわない手続きです。

また、**同時に行える手続きがあればまとめて済ませてしまいましょう。**時間や確認書類の節約につながります。**同じ役場の窓口で済ませられる手続き、共通する書類のある手続き、というように確認**してみましょう。

なお、同時に相続についても検討が必要になってきますが、そこで行うべき手続きについては第5章で案内します。遺産の分割や名義変更などがこれに該当します。

スムーズな問い合わせのコツ

窓口や電話で問い合わせをする際には、次のことを意識すると聞くほうも答えるほうもわかりやすい。

❶どんな手続きがしたいのか端的に

たとえば準確定申告をする場合

○亡くなった父親が事業をしていたので、確定申告が必要と聞いた

×父親の顧問税理士に聞いたらこちらで手続きすればいいといわれた

❷故人との続柄を明確に

「相続人です」「父親が亡くなったのですが母が高齢なので代理で来ました」など、自身がどの立場なのかがわからないと、必要以上にやりとりを重ねなければいけない。また、正確な案内を受けられないこともある。

❸ゴールを明確に

たとえば、手続きをするべきなのか・しなくて良いのかを知りたいのか、手続きについて細かい点を質問したいのかなど、自身の目的をはっきりさせておこう。

❹メモを活用する

まず聞きたいことをメモにまとめ、得られた答えもメモしておこう。そのときは「わかった!」と思っても、時間がたつと忘れたりわからなくなることもあるので。

少し落ち着いた頃に やるべきことリスト

1 多くの遺族に関係する手続き

□ **公的証明書などに関する手続き** ➡100ページ

注意点 運転免許証や印鑑カードなど、証明書類の処分。返却不要なケースも多いが、トラブルを避けるためにも処分はすみやかに。

□ **ライフラインやその他のサービスに関する手続き** ➡100ページ

注意点 水道光熱費などの支払い、故人が利用していた携帯電話の処分など、こまごまとした手続きがたくさんある。

□ **故人の預金口座を解約する** ➡第6章

注意点 残された家族が生活費の支払いをするためにも、故人の口座から家族の口座への切り替えなどが必要。しかし、口座解約は相続手続きと密接に関連するため簡単ではない。

□ **不動産や車などの名義を変更する** ➡第6章

注意点 残された家族が遺産を利用するためには名義変更の手続きが必要な場合が多い。手続きのポイントや必要な戸籍など、事前に確認しておこう。

□ **生命保険金や葬儀保険を受け取る** ➡94ページ

注意点 保険金は請求しないと受け取れない。確実に請求するように。期限は長いが、忘れないうちに済ませておこう。

2 該当する場合のみ必要な手続き

□ **児童手当の手続き** ➡86ページ

注意点 **[15日以内]** 18歳未満の子どもがいる場合は確認しておいてほしい情報。

□ **故人に代わって確定申告する** ➡96ページ

注意点 **[4か月以内]** とくに個人が自営業者だった場合は必要な手続き。全相続人に関係するのでよく確認しよう。

□ **故人と同様に事業の青色申告をしたい** ➡96ページ

注意点 **[4か月以内]** 故人の事業を引き継ぐときに検討する手続き。青色申告にはメリットがたくさんあるので、受けたいと思ったらすみやかに手続きしよう。

□ **高額療養費の請求** ➡84ページ

注意点 **[2年以内]** 高額療養費、高額介護サービス費に該当していれば、請求して限度額を超えた分を取り戻そう。

□ **労災で亡くなって葬儀をした場合の手続き** ➡92ページ

注意点 **[2年以内]** 働いていた会社の協力も必要な手続き。時間がたつと会社の担当者が代わったりして煩雑になることも。すみやかに手続きしよう。

□ **デジタル遺品の整理** ➡102ページ

注意点 今や誰でも利用しているSNSだが、死後の扱いをどうするべきか。生前に本人の意思を確認できるとなお良い。

3 希望する場合にのみ必要な手続き

□ **結婚前の名字に戻したいとき** ➡88ページ

注意点 子がいる場合は複雑になるので、タイミングを考えることも必要な手続き。

□ **死亡した配偶者の家族と縁を切りたいとき** ➡90ページ

注意点 いわゆる「死後離婚」の手続き。手続き自体はとても簡単で、期限もない。

故人の医療費・介護費が高額になったときは？

ポイント!

故人がマイナ保険証、限度額適用認定証を利用していれば請求不要ですが、故人の口座凍結で受け取れていないケースもあります。注意してください。

いつまでに	診療月の翌月1日から2年以内
どんな場合	療養費、介護費が高額だった場合
手続きする人	相続人
手続き先	健康保険の場合は各保険組合、国民健康保険、後期高齢者医療制度の場合は故人の住所地の自治体

1か月の自己負担限度額を超えた分は請求して取り戻す

健康保険、国民健康保険、後期高齢者医療制度に加入している人が、1か月（1日から末日の間）に医療機関や薬局で支払った金額が自己負担の限度額を超えると、その超えた分は申請すると返ってきます。これを、高額療養費制度といいます。**故人に高額療養費があった場合、相続人が受け取ることができます。**

自己負担限度額は、年齢と年収によって異なります（左上図）。たとえば、70歳以上一般所得者のAさんが外来で2万円支払った場合、限度額（1万8千円）を超えた2千円が返ってきます。また、Aさんの妻が入院して5万円を窓口で支払った場合、Aさんの外来自己負担額と世帯合算することができます。

限度額、世帯で支払った医療費等の合算は70歳未満と70～74歳、75歳以上では条件が異なります。市区町村役場や医療機関の窓口で確認してください。なお、**介護保険にも同様の制度があり、1か月の負担限度額を超えた分は申請すると戻ってきます。**いずれも、自治体から申請書が送られてきていたら忘れずに申請してください。

こんなとき どうする？

こういう場合は請求が必要かも

高額療養費は、一度申請すると2回目以降に該当したときは指定された口座に自動的に振り込まれることが多いです。そのため、通常は相続人が申請する必要はありません。ただし、故人の口座が凍結されていると振り込みできずに改めて申請書が送られてくる場合があります。また、これまで一度も請求したことがない人が亡くなった場合も保険者（市区町村や保険組合等）から申請書が送られてきます。もし、心当たりがあるなら保険者に確認しましょう。2年前までの分までさかのぼって請求することができます。

必要なもの（相続人が請求する場合）

- ☑ 相続人であることがわかる資料（戸籍、法定相続情報一覧図の写し等）
- ☑ 高額療養費支給申請書（健康保険以外の場合）または健康保険高額療養費支給申請書（健康保険の場合）
- ☑ マイナンバーカード

※この他、相続人の代表であることを証する書面などが必要な場合もある。

70～74歳の人の自己負担限度額

被保険者の所得区分		自己負担限度額	
		外来（個人ごと）	外来・入院（世帯）
①現役並み所得者	現役並みⅢ（標準報酬月額83万円以上で高齢受給者証の負担割合が3割の人）	252,600円＋（総医療費－842,000円）×1％［多数該当：140,100円］	
	現役並みⅡ（標準報酬月額53万～79万円で高齢受給者証の負担割合が3割の人）	167,400円＋（総医療費－558,000円）×1％［多数該当：93,000円］	
	現役並みⅠ（標準報酬月額28万～50万円で高齢受給者証の負担割合が3割の人）	80,100円＋（総医療費－267,000円）×1％［多数該当：44,400円］	
②一般所得者（①および③以外の人）		18,000円（年間144,000円）	57,600円［多数該当：44,400円］
③低所得者	Ⅱ（※1）	8,000円	24,600円
	Ⅰ（※2）		15,000円

※1 被保険者が市区町村民税の非課税者等である場合。
※2 被保険者とその扶養家族すべての人の収入から必要経費・控除額を除いたあとの所得がない場合。
※多数該当とは、直近12か月の間に3回以上高額療養費の対象になった場合、4回目以降の限度額。
全国健康保険協会HPから抜粋　https://www.kyoukaikenpo.or.jp/g3/sb3030/r150/

■高額療養費支給申請書　記入例（国民健康保険）

※様式は市区町村ごとに異なる。

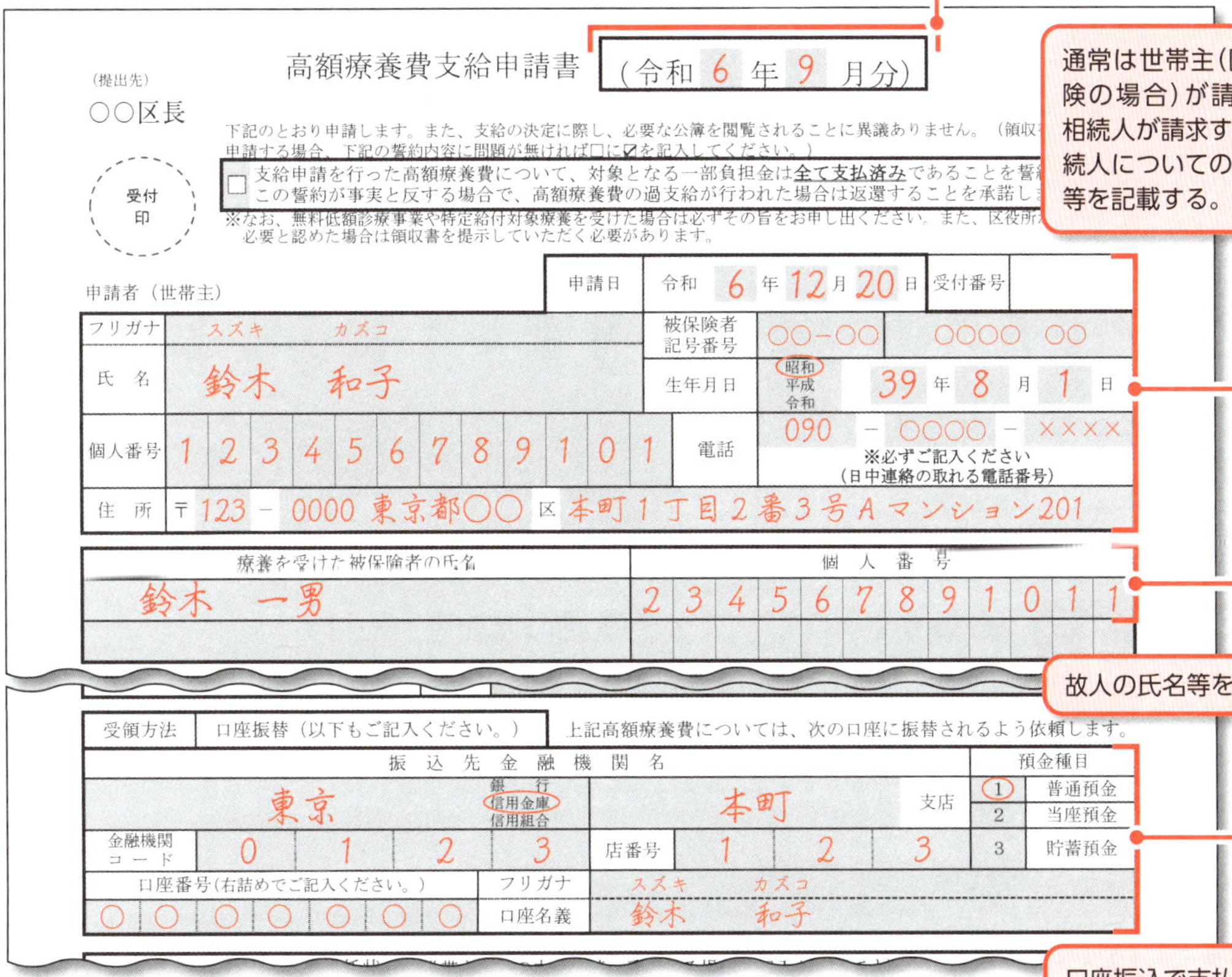
（提出先）
○○区長

高額療養費支給申請書（令和 6 年 9 月分）

下記のとおり申請します。また、支給の決定に際し、必要な公簿を閲覧されることに異議ありません。（領収…
申請する場合、下記の誓約内容に問題が無ければ□に☑を記入してください。）

□ 支給申請を行った高額療養費について、対象となる一部負担金は全て支払済みであることを誓…
この誓約が事実と反する場合で、高額療養費の過支給が行われた場合は返還することを承諾し…

※なお、無料低額診療事業や特定給付対象療養を受けた場合は必ずその旨をお申し出ください。また、区役所…
必要と認めた場合は領収書を提示していただく必要があります。

受付印

申請者（世帯主）

申請日	令和 6 年 12 月 20 日	受付番号	

フリガナ	スズキ　カズコ	被保険者記号番号	○○－○○　○○○○　○○
氏名	鈴木　和子	生年月日	昭和（平成・令和） 39 年 8 月 1 日
個人番号	1 2 3 4 5 6 7 8 9 1 0 1	電話	090 － ○○○○ － ×××× ※必ずご記入ください（日中連絡の取れる電話番号）
住所	〒123－0000 東京都○○区 本町1丁目2番3号Aマンション201		

療養を受けた被保険者の氏名	個人番号
鈴木　一男	2 3 4 5 6 7 8 9 1 0 1 1

受領方法	口座振替（以下もご記入ください。）

上記高額療養費については、次の口座に振替されるよう依頼します。

振込先金融機関名				預金種目	
東京	銀行・信用金庫（○）・信用組合	本町	支店	①（○）	普通預金
金融機関コード	0 1 2 3	店番号	1 2 3	2	当座預金
				3	貯蓄預金
口座番号（右詰めでご記入ください。）		フリガナ	スズキ　カズコ		
○○○○○○○		口座名義	鈴木　和子		

高額療養費に該当した年・月を記載する。

通常は世帯主（国民健康保険の場合）が請求するが、相続人が請求する場合は相続人についての住所・氏名等を記載する。

故人の氏名等を記載する。

口座振込で支払われる。受け取った高額療養費は相続財産となり、遺産分割の対象になる。

国民健康保険の高額療養費支給申請書の例です。保険者が市区町村（国民健康保険、後期高齢者医療制度）の場合は、申請書の様式も必要なものも市区町村ごとにかなり異なるので、詳しくは申請の際に確認してください。

児童手当をもらっている人が亡くなったときは？

ポイント！
2024年10月から児童手当が拡充されて、18歳以下の子どもまで対象が広がっているので該当する場合は必ず手続きを。

いつまでに	死亡の翌日から15日以内
どんな場合	児童手当の受給者が亡くなった場合
手続きする人	子を扶養する父または母
手続き先	住所地の市区町村役場

子を扶養している人が亡くなったら改めて申請が必要

児童手当は、支給対象の子どもを扶養している親に支払われます。たとえば、父親が妻と子ども2人を扶養していた場合、父親に受給資格があります。**受給資格のある親が亡くなると、亡くなった日に受給資格がなくなります。**そのため、この例では父親が亡くなると児童手当を受け取ることができなくなります。

その場合、**あらたに母親が子ども2人を扶養して児童手当を申請すれば、母親が受給資格を得ることができます。**なお、亡くなった翌日から**15日以内に申請しないと給付できない期間ができてしまいます。**すみやかに申請しましょう。

亡くなったあとに振り込まれるはずだった児童手当を「**未支給の児童手当**」といいます。これも請求すれば受け取れるので、**受給資格の変更を申請するときにまとめて済ませるのがおすすめ**です。未支給手当は扶養されている子どもに請求権があり（子どもが2人以上の場合は最年長の子）、子どもの口座に振り込まれるのが原則です。必要であれば、**子どもの口座を用意しておきましょう。**

必要なもの

- ☑児童手当・特例給付認定請求書
- ☑申請者の預金通帳・キャッシュカード
- ☑マイナンバーカード（本人確認書類を兼ねる）

※子と別居している場合は、その他の資料が必要。
※一部の公務員等は健康保険証も必要。

こんなとき どうする？

未支給の児童手当とは？

児童手当は毎月支払われるのではなく、偶数月にその前月分までが支払われます（2024年9月までは2月・6月・10月に支払い）。児童手当は、受給権者が亡くなった月まで受け取れるので、たとえば5月に亡くなると4月分と5月分（6月支給分）が未支給に。死亡届を出すことで児童手当をストップする手続きは不要になることが多いですが、手続きを要する自治体もあるので必ず確認してください。

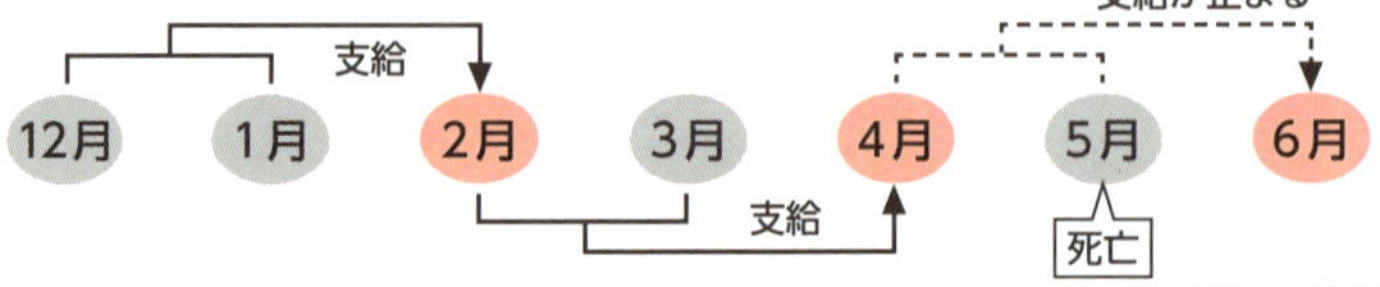

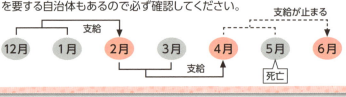

児童手当・特例給付認定請求書　記入例

あらたに受給者になる親（この例では母親）の住所、氏名等を記入する。

マイナンバーの記入が必要。

※様式は市区町村ごとに異なる。

○○区長殿

児童手当・特例給付認定請求書　兼　額改定請求書

※太線の中を記入してください。

宛先 練馬区長　練馬区長が資格の審査のために所得情報、住民票情報、練馬区国民健康保険および国民年金加入情報を確認することに同意します。
また、情報提供ネットワークシステムを使用して、所得情報および公金受取口座情報を他機関へ照会し、事務手続きが行われることに同意し、認定請求します。

1　申請年月日　令和 6 年 12 月 1 日　連絡先　080 － ○○○○ － ××××

※申請日が1月～4月の場合　昨年の1月1日現在の住所地
申請日が5月～12月の場合　今年の1月1日現在の住所地

2

	フリガナ 氏名 生年月日	続柄	住所	1月1日現在の住民登録地 ※練馬区の場合は記入不要	勤務先（会社名）	個人番号	税法上の配偶者控除の有無
請求者	山田 良江《ヤマダ ヨシエ》 昭和・平成 53 年 2 月 1 日	父・母 （ ）	現住所 〒○○○－○○○○ ○○区中央1丁目1番2号Bマンション301 旧住所（転入の場合） 転入日（平成・令和 年 月 日）	都・道・府・県 市・区・町・村	会社員・自営・パート・無職 公務員 勤務先名： 連絡先：	345678910111	有・無
配偶者	昭和・平成 年 月 日	父・母	同居・別居 〒 － ※ 請求者と同一住所の場合、記入不要。	都・道・府・県 市・区・町・村	会社員・自営・パート・無職 公務員 勤務先名： 連絡先：		
児童（18歳以下の児童全員を記入）1	山田 新《ヤマダ アラタ》 平成・令和 20 年 4 月 1 日	子（ ）	同居・別居（留学の場合の出国年月 平成・令和 年 月 ～）	監護の有無 有・無 生計関係 同一・維持			
2	平成・令和 年 月 日	子（ ）	同居・別居（留学の場合の出国年月 平成・令和 年 月 ～）	監護の有無 有・無 生計関係 同一・維持			
3	平成・令和 年 月 日	子（ ）	同居・別居（留学の場合の出国年月 平成・令和 年 月 ～）	監護の有無 有・無 生計関係 同一・維持			
4	平成・令和 年 月 日	子（ ）	同居・別居（留学の場合の出国年月 平成・令和 年 月 ～）	監護の有無 有・無 生計関係 同一・維持			

3　振込口座　※1請求者名義の口座に限ります。
※2公金受取口座の利用に☑があり、かつ口座情報にも記載がある場合には、下記記載の口座に振り込みを行います。

公金受取口座を利用する場合は✓してください。→		□ 公金受取口座を利用します。	※ 公金受取口座を利用する場合、振込口座を記載する必要はありません。
金融機関	中央 銀行・信金・組合・農協	口座番号	7654321
支店	1番 支店　支店番号 001	口座名義	請求者の名義に限ります。（外国籍の方は通帳のコピー等を添付してください。）

※ 公金受取口座とは、公的給付の支給等の迅速かつ確実な実施のための預貯金口座の登録等に関する法律（令和3年法律第38号）第3条第1項、第4条第1項および第5条第2項の規定による登録に係る口座を言います。
※ 公金受取口座の変更・登録抹消を行う場合、支給日までの期間が短いと変更前の口座へ入金されることがあります。また、公金受取口座の登録抹消を行う場合、別途児童手当の振込先金融機関を指定する必要があります。

4　加入年金制度

ア 国民年金 イ 未加入	ウ 厚生年金 ※ ウに○をした方のうち、右の共済組合員である場合（ ）内に○をしてください。	（ ）私立学校教職員共済 （ ）国家公務員共済 （ ）地方公務員等共済

記入不要欄

宛名番号	所得通知	申請理由	その他
請求者	有・無	出生・転入・監護有・父母指	海外留学・親外・子外・住所要件・DV
配偶者	有・無	過変・受変更・公退職・同優先	未成後・別監・養育者・再転入・住登地
1			
2			
3			
4			

控除金額　雑損控除（ ）　医療費控除（ ）　小規模共済控除（ ）　土地譲渡に係る特別控除（ ）
扶養人数・本人該当　扶養人数　配偶者区分（ 控配一般 ・ 控配老人 ）　0～15歳の扶養人数（ ）　老人扶養（ ）　特定扶養（ ）　その他扶養（ ）　特別障害扶養（ ）　普通障害扶養（ ）
本人該当：特別障害者・普通障害者・寡婦・勤労学生・老年者・ひとり親
控除合計：【 ＋ 80,000 ＝ 円】
扶養人数合計：【 人】　※控除合計には老人扶養と控配老人を除いた金額を記入してください。

所得制限額　特控前　前住地確認　月 日 消滅確認　令和 年 月 支給開始　支給区分　児童手当・特例給付　認定・却下

受付日　備考　審査　入力　確認　受給者番号

18歳未満の子ども全員を記入する。同居の場合は住所の記入は不要。

受給者（親）の口座のみ指定できる。

申請が遅れると児童手当を受け取れない期間ができてしまうこともあるので、世帯主変更届などを行う際にあわせて手続きするようにしましょう。

未支給分ついては
子ども自身の口座が
必要になってくるよ。

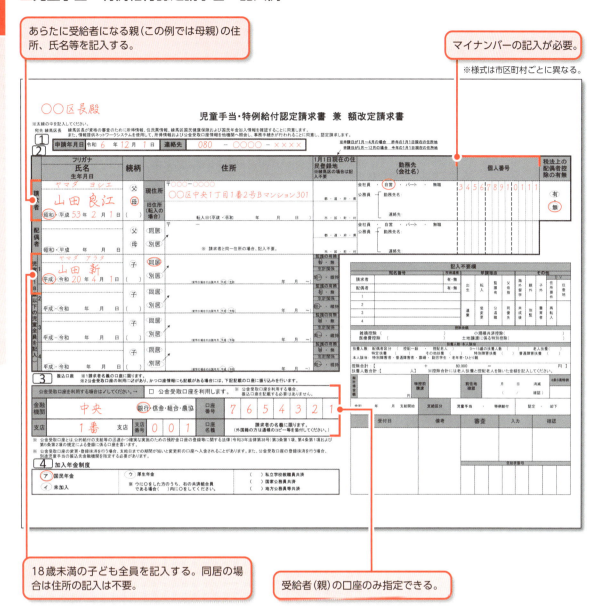

婚姻前の名字に戻したいときは？

ポイント！

復氏（旧姓に戻すこと）によって、亡くなった配偶者の相続ができなくなる、遺族年金が受け取れなくなるなどの制限はありません。

いつまでに	**配偶者の死亡後いつでも**
どんな場合	**旧姓に戻したい場合**
手続きする人	**生存配偶者**
手続き先	**本籍地、または住所地の市区町村役場**

「復氏届」で婚姻前の名字に戻すことができる

配偶者が亡くなったあと、届出をすれば婚姻前の名字（旧姓）に戻すことができます。この届出を「復氏届」といいます。旧姓に戻さないときは、何の手続きもいりません。

復氏届によって、婚姻前の戸籍に戻るか、あるいは新しく戸籍を編製する（戸籍などを新しく作ること）かを選択できます。婚姻前の戸籍が全員除かれて（死亡等）除籍になっている場合は、新しい戸籍が作られます。

なお、復氏届は生存配偶者の姓に関する手続きなので、復氏する配偶者に子がいればその子と姓が異なってしまいます。**子も同じ姓に変えたい場合は家庭裁判所に「子の氏の変更許可申立て」を行い、その後「入籍届」も必要です。**入籍届は市区町村役場で行います。

復氏届に、亡くなった配偶者の親族（とくに両親）の同意は必要ありません。この手続きは単に旧姓に戻すための手続きであって、亡くなった配偶者の親族との関係は終了しません。それらの親族との関係を終了したい場合は、別途「姻族関係終了届」（90ページ）が必要です。

必要なもの

☑ 復氏届

※自治体により、その他の書類が必要な場合もあるので事前に確認を。

こんなとき どうする？

子どもも同じ姓に変えたい！

生存配偶者（本書の例では母親）が復氏すると旧姓に戻るだけでなく、子と姓が異なり、戸籍も別々になります。これを一緒にしたい場合（母親の新戸籍に子も入籍したい場合）は、❶子の氏の変更許可申立て ❷入籍届、という2つの手続きが必要です。

❶

手続きする人	子（子が15歳未満のときはその父または母）
手続き先	子の住所地の家庭裁判所
必要なもの	子の氏の変更許可申立書、戸籍謄本、子が入籍しようとしている戸籍謄本、手数料

❷

手続きする人	子（子が15歳未満のときはその父または母）
手続き先	届出人の住所地または本籍地の市区町村役場
必要なもの	入籍届、氏の変更許可の審判書の謄本

※自治体によって異なるので事前に確認を。

■復氏届　記入例

※様式は市区町村ごとに異なる。

> 現在の（復氏する前の）本籍・筆頭者を記入する。

> 現在の（復氏前の）氏名を記入する。

復　氏　届

令和 6 年 12 月 1 日 届出

〇〇市 長 殿

受理 令和　年　月　日 第　号			発送 令和　年　月　日			
送付 令和　年　月　日 第　号			長 印			
書類調査	戸籍記載	記載調査	附　票	住民票	通　知	

（よみかた）	かんだ　はなみ	
復氏する人の氏名	氏 神田　名 花美	昭和 60 年 7 月 6 日生
住所	埼玉県〇〇市1番町2の3	
（住民登録をしているところ）	世帯主の氏名 神田　花美	
本籍	東京都〇〇区中央2丁目100 番地 番	
	筆頭者の氏名 神田　二郎	
復する氏 父母の氏名 父母との続き柄	氏（よみかた）おおみや　はなみ 大宮　花美	父 大宮 浩二／母 雅代／続き柄 □男 長 ☑女
復氏した後の本籍	□もとの戸籍にもどる　☑新しい戸籍をつくる 埼玉県〇〇市1番町2 番地 番	（よみかた）おおみや　はなみ 筆頭者の氏名 大宮　花美
死亡した配偶者	氏名 神田　二郎	令和 6 年 3 月 1 日死亡
他		
届出人署名（※押印は任意）	神田　花美	印

字訂正 字加入 字削除

住定年月日　・　・

日中連絡のとれるところ 電話（　　） 自宅 勤務先 呼出（　　方）

> 父・母の氏名と続柄を記入する。

> この例では新しい戸籍を作るため、筆頭者は届出者自身になる。

> 現在の（復氏前の）氏名で署名する。捺印を求める自治体もあるので認印を持っていくのが無難。

子どもの姓を変更する流れ

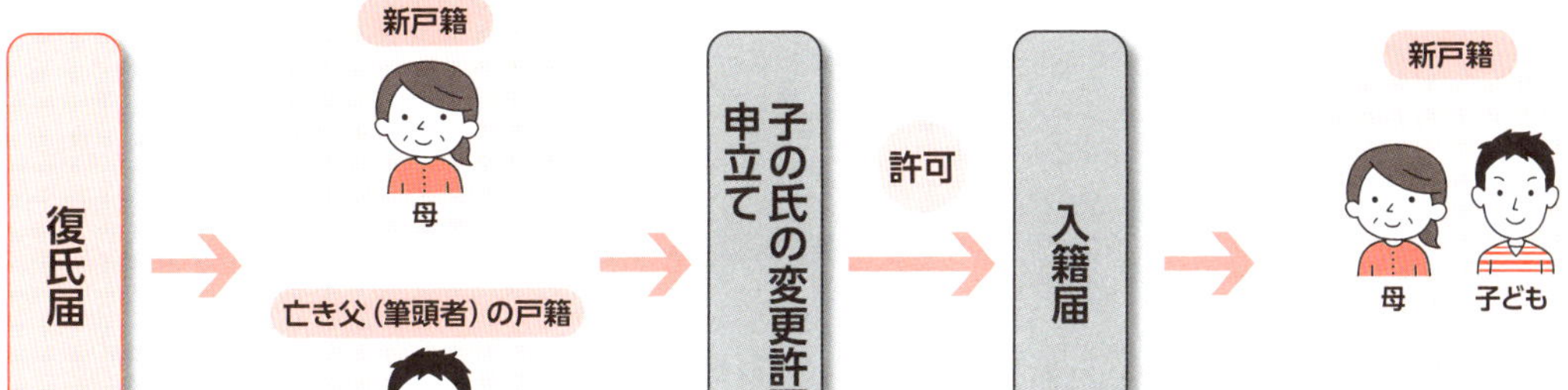

父親が亡くなり、母親が復氏して新戸籍を編製する例。申立書とその記入例は家庭裁判所のホームページからダウンロードできる。

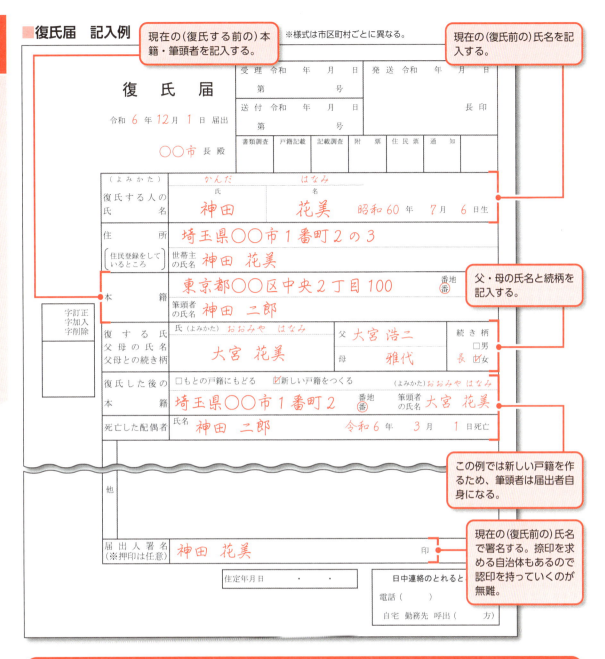

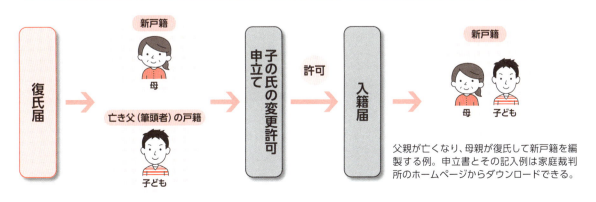

配偶者の親族との関係を終了したいときは？

ポイント！

「死後離婚」として脚光を浴びた手続きです。死亡配偶者の親族の同意や許可は一切必要ありません。

いつまでに	配偶者の死亡後いつでも
どんな場合	故人の親族との縁を切りたい場合
手続きする人	生存配偶者
手続き先	本籍地、または住所地の市区町村役場

いわゆる「死後離婚」の手続きで法的義務・権利をなくす

自身と血のつながりのある関係を「**血族**」、配偶者の親族のことを「**姻族**」といいます。姻族とは婚姻によって結ばれた縁のことで、配偶者が死亡してもこの姻族との縁（関係）は変わりません。直系血族（親子などの関係）および兄弟姉妹は互いに扶養する義務がある、と民法では定められています。姻族は血族ではないので関係ないというわけではなく、特別な事情があれば義務を負うこともあります。

もしそういった義務を負いたくない、関係を終了したいと考えるなら**「姻族関係終了届」によって、法的な縁を切ることができます。**いわゆる「**死後離婚**」です。ただしこれにより、**義務だけでなく権利もなくなります。**

なお、姻族関係が終了するのは届出を行った生存配偶者と姻族の関係のみです。**子と死亡した配偶者の親族関係に影響はありません。**たとえば、子は死亡した配偶者の兄弟姉妹の相続人になることがあります。

姻族関係終了届を行っただけでは戸籍（姓）は変わらないので、戸籍も変えたいときは復氏届（88ページ）も必要です。

必要なもの

☑ 姻族関係終了届書

※自治体によりその他の書類が必要な場合もあるので事前に確認を。

こんなとき どうする？

遺産や生命保険、お墓への影響は？

配偶者が亡くなって遺産を相続したあと姻族関係終了届を行ったところ、死亡した配偶者の両親から「それなら遺産を返せ!」といわれた、というようなトラブルもあります。しかし、終了するのは姻族との関係であって、死亡した配偶者との関係は変わらないため、そのような要求に応じる必要はありません。

この手続きは「死後離婚」といわれることが多いですが、亡くなった配偶者と離婚するわけではないので、生命保険金の受け取りや遺族年金の受け取り等にも影響はありません。また、「夫と同じお墓に入りたくない」という理由でこの手続きを選ぶ人もいます。しかし実際のところ、どのお墓に入るかということは法定されていません。お墓に関しては死後に管理してくれる人（子や孫、友人）に相談するのが良いでしょう。

姻族関係終了届書　記入例

※様式は市区町村ごとに異なる。

届出できるのは生存配偶者のみ。

姻族関係終了届

令和 6 年 12 月 1 日届出

（あて先）　〇〇市 長

受理 令和　年　月　日 第　号		発送 令和　年　月　日 （大阪市・区長印）	
送付 令和　年　月　日 第　号			
書類調査	戸籍記載	記載調査	

本届書中 字加入 字削除 字訂正

（よみかた） 姻族関係を終了させる人の氏名	かんだ　はなみ 氏 神田　名 花美　昭和 60 年 7 月 6 日生
住所 （住民登録をしているところ）	埼玉県〇〇市1番町2の3
	世帯主の氏名 神田 花美
本籍	東京都〇〇区中央2丁目100番
	筆頭者の氏名 神田 二郎
死亡した配偶者	氏名 神田 二郎　令和 6 年 3 月 1 日死亡
	本籍 東京都〇〇区中央2丁目100番
	筆頭者の氏名 神田 二郎
届出人署名 （※押印は任意）	神田 花美　印

連絡先
電話（　）
ー　番
自宅・勤務先
呼出

復氏している場合は、ここには復氏後の本籍・筆頭者を記入する。

死亡した配偶者の氏名・本籍等を記入する。

署名すれば押印は任意。
※押印を求められる場合もあるので認印を持っていくのが無難。

姻族関係終了届のあとに復氏届を行うと、新戸籍には姻族関係終了事項が記載されません。一方、復氏届のあとに姻族関係終了届を行うと、新戸籍に姻族関係終了事項が記載されます。

姻族関係終了届と子どもとの関係

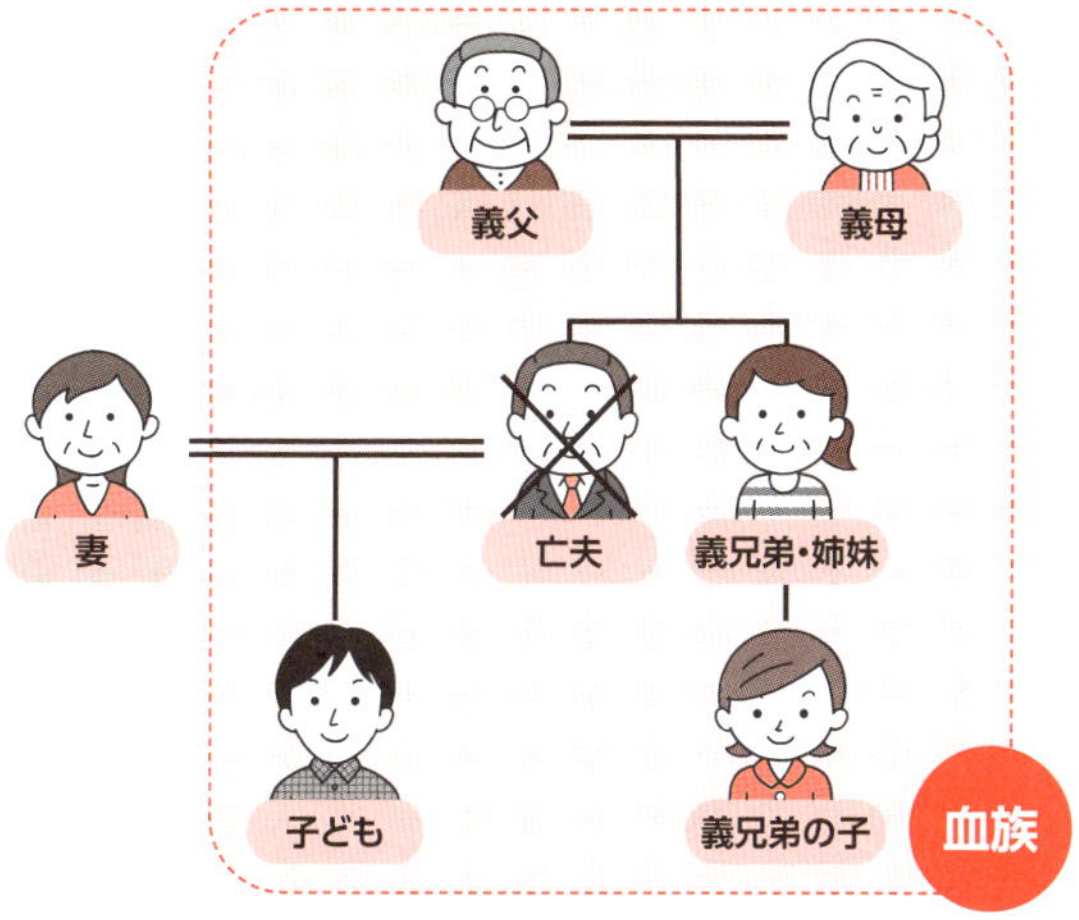

夫が亡くなった場合、夫の両親や兄弟姉妹、その子たち（以下「夫の親族」）は妻から見れば姻族だが、子にとっては血族。そのため、子と夫の親族との関係を終了させることはできない。夫の親族に借金問題があるなど、子への影響が心配であれば相続放棄等で対処する必要がある。

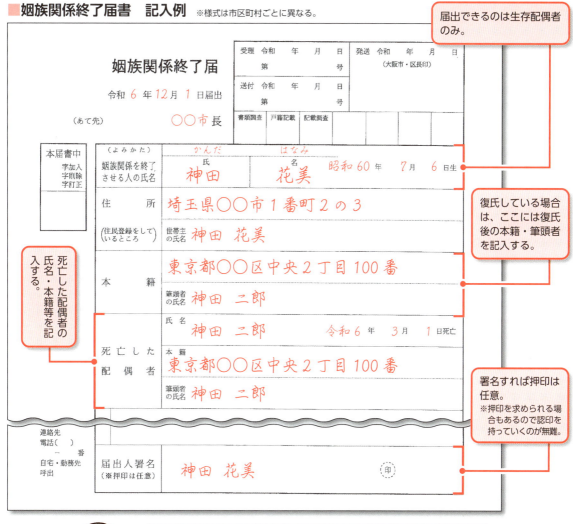

労災で亡くなったときの手続きは？

ポイント！

まとめて手続きすれば、共通する添付書類は1通で足ります。

いつまでに	遺族給付：5年以内 葬祭給付：2年以内
どんな場合	家族が労災で亡くなった場合 その葬儀を行った場合
手続きする人	受給資格のある遺族、 葬儀を行った遺族
手続き先	勤務地を所轄する労働基準監督署

通勤災害・業務災害で亡くなったら遺族補償給付等を請求する

通勤によって被った傷病（以下「通勤災害」）や、就業中の業務が原因となった傷病（以下「業務災害」）で亡くなった場合、遺族は遺族補償給付を受け取ることができます。通勤災害で亡くなった場合を「**遺族給付**」、業務災害で亡くなった場合を「**遺族補償給付**」といいます（本書ではまとめて「遺族補償給付等」）。

受給資格のある遺族は、被災労働者（通勤災害、業務災害で亡くなった人）によって生※計を維持していた配偶者、子、父母、孫などのうち、左図上の順番です。請求は遺族が行いますが、**請求書に会社（事業主）の証明（記入）が必要になります。**

遺族補償給付等には年金と一時金があり、受給者には遺族補償年金、遺族特別支給金（一時金）、遺族特別年金が支給されます。これらの給付は、調整のうえ国民年金や厚生年金の遺族給付と合わせて受け取ることができます。なお、遺族（補償）年金を受け取れる遺族がいないなどの場合、遺族補償一時金を受け取れることがあるので、労働基準監督署に相談してみましょう。

葬祭料・葬祭給付を請求する

労災（通勤災害、業務災害）で亡くなった人の葬儀を行った遺族などには、葬祭給付（葬祭料）が支給されます。通勤災害で亡くなった場合が「**葬祭給付**」、業務災害で亡くなった場合が「**葬祭料**」ですが金額は同じです。

健康保険にも葬祭費・埋葬料の支給がありますが（46・47ページ）、労災以外の理由で死亡した場合の給付です。両方を受け取ることはできません。

必要なもの❶ 遺族補償給付等

- ☑遺族補償年金請求書または遺族年金支給請求書
- ☑死亡とその年月日が確認できる資料（死亡診断書のコピーなど）
- ☑請求人と故人の身分関係を証明する資料（戸籍謄本等）
- ☑生計の維持を証明することができる資料

必要なもの❷ 葬祭給付（葬祭料）

- ☑葬祭料請求書または葬祭給付請求書
- ☑死亡とその年月日が確認できる資料（死亡診断書のコピーなど）

※生計を維持する＝故人の収入によって生計の一部を維持していた場合。共稼ぎも含まれる。67ページの要件とは異なるので、詳しくは労働基準監督署へ。

遺族給付を受け取れる順番

順位1	妻、または60歳以上か一定の障がいのある夫
順位2	18歳に達する日以後の最初の3月31日までの子、または一定の障がいのある子
順位3	60歳以上か一定の障がいのある父母
順位4	18歳に達する日以後の最初の3月31日までの孫、または一定の障がいのある孫
順位5	60歳以上か一定の障がいのある祖父母
順位6	18歳に達する日以後の最初の3月31日までか、60歳以上または一定の障がいのある兄弟姉妹
順位7	55歳以上60歳未満の夫
順位8	55歳以上60歳未満の父母
順位9	55歳以上60歳未満の祖父母
順位10	55歳以上60歳未満の兄弟姉妹

葬祭料または葬祭給付請求書　記入例

様式第16号（表面）

業務災害用
複数業務要因災害用

労働者災害補償保険
葬祭料又は複数事業労働者葬祭給付請求書

① 労働保険番号

府県	所掌	管轄	基幹番号	枝番号
13	1	01	123456	000

② 年金証書の番号

管轄局	種別	西暦年	番号

③ 請求人の
- フリガナ 氏名：神田《カンダ》　花美《ハナミ》
- 住所：埼玉県○○市1番町2の3
- 死亡労働者との関係：妻

④ 死亡労働者の
- フリガナ 氏名：神田《カンダ》　二郎《ジロウ》　（男・女）（男に○）
- 生年月日：昭和57年　8月　1日（42歳）
- 職種：総務事務員
- 所属事業場名称所在地：

⑤ 負傷又は発病年月日：令和6年3月1日　午前・後（後に○）1時30分頃

⑦ 死亡年月日：令和6年3月1日

⑥ 災害の原因及び発生状況　（あ）どのような場所で（い）どのような作業をしているときに（う）どのような物又は環境に（え）どのような不安全な又は有害な状態があって（お）どのような災害が発生したかを簡明に記載すること

支払い業務のため徒歩で銀行に向かう途中、
○○駅前交差点で信号無視の乗用車に追突され、
頭部を強打し、即死した。

⑧ 平均賃金：6,000円 30銭

④の者については、⑤、⑥及び⑧に記載したとおりであることを証明します。

令和6年　4月　10日

電話（03）0000-XXXX
事業の名称　（株）○○サービス
〒160-0123
事業場の所在地　東京都新宿区○町1-2
事業主の氏名　代表取締役○○○○
（法人その他の団体であるときはその名称及び代表者の氏名）

⑨ 添付する書類その他の資料名：遺族補償年金請求書に添付

請求人の　住所
労働基準監督署長　殿　　氏名

振込を希望する金融機関の名称		預金の種類及び口座番号
銀行・金庫 農協・漁協・信組	本店・本所 出張所 支店・支所	普通・当座　第　号 口座名義人

労働保険番号は会社に割り振られる番号なので、人事担当者等に確認する。

記載欄にある（あ）～（お）に沿って簡潔に記載する。

会社の証明が必要。

平均賃金は、原則として事故等の発生した日以前3か月間の賃金の総額を、その期間の総日数（暦日数）で割った金額になる。

遺族補償年金の請求をしているときは、添付書類のうち同じものは1通で足りるのでこのように記入する。

※図は一部抜粋。

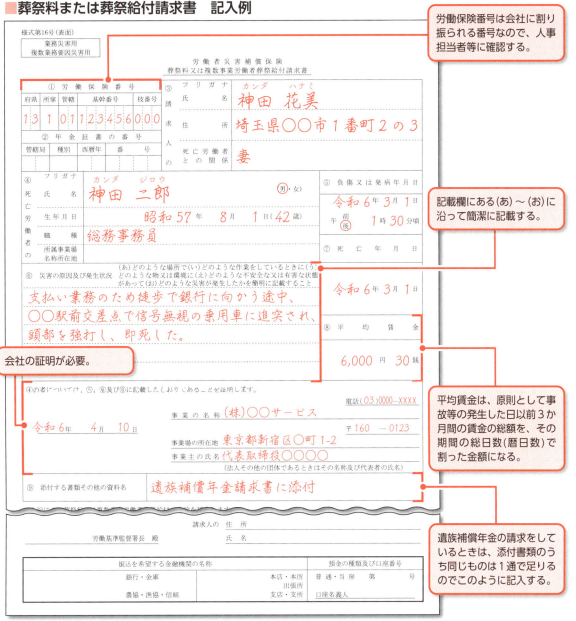

生命保険・葬儀保険などの請求をするには？

ポイント！

請求しそびれている入院給付金や手術給付金があるかもしれないので、あわせて確認しましょう。

いつまでに	3年以内
どんな場合	故人が生命保険に入っていた場合
手続きする人	受取人に指定された人
手続き先	保険会社

受取人に指定されている人が保険会社に請求する

生命保険文化センターの2022年度調査によると、日本人の約8割が生命保険に加入しています。家族が亡くなった場合、生命保険や葬儀保険に入っている可能性が高いので忘れずに請求しましょう。

保険金は、受取人に指定されている人が保険会社に対して請求します。手続き方法は保険会社ごとに異なりますが、まずは保険証書と死亡診断書のコピーを用意してコールセンターなどに連絡しましょう。詳しい手続きを案内してもらえるはずです。保険証書が見つからないときも、保険に入っていた心当たりがあればまずは保険会社に連絡してください。

故人が保険に入っていたかどうかわからないときも、保険会社から送られてくる保険料控除証明書や、保険料の引き落とし記録などがないか、探してみましょう。保険金は請求しなければ受け取れないので、受け身でいると大きな損をするかもしれません。

なお、受け取った保険金は受取人に指定された人のものであって、遺産分割の対象にはなりません。

必要なもの

- ☑保険会社の請求書
- ☑保険証書
- ☑死亡診断書（死体検案書）のコピー
- ☑死亡の記載のある戸籍謄本
- ☑受取人の印鑑証明書
- ☑請求者の本人確認書類（マイナンバーカード等）

※保険会社によって異なる。

こんなとき どうする？

死亡保険金は相続税の対象になる？

死亡保険金は受取人の財産になるので相続財産にはなりませんが、「みなし相続財産」として相続税の課税対象になる場合があります。保険契約者（保険料支払者）および被保険者が被相続人（故人）の場合は、相続税の課税対象になります。

ただし、受取人が相続人であれば「法定相続人数×500万円」が保険金額から控除できます。相続税がかかりそうな場合は、税理士に相談することをおすすめします。

■保険金請求書　記入例

保険金・給付金等請求書 兼 同意書

○○○○生命保険株式会社　御中

貴社の普通保険約款にもとづき、保険金・給付金等を請求いたします。

貴社から下記口座への振込手続完了をもって受領したものと認め、受領証は発行しません。

支払金を受領後に普通保険約款にもとづき、貴社から支払金の返還を請求された場合はこれに応じます。

貴社に提出した書類が返還されないこと、および別紙「個人情報の取扱いについてお客様にご了解いただきたい事項」に記載された個人情報の取扱いをそれぞれ了解のうえ、貴社による個人情報の利用等に同意いたします。

また、申告した内容や提出した書類等で治療内容詳細等がわからない場合に、貴社が直接医療機関へ照会すること、および、医療機関が治療内容詳細等の事実を回答することに同意いたします。なお、本書の複写も同様の効力があるものとします。

これらに同意のうえ、以下に署名いたします。

1.請求日（記入日）　令和6年　12月　20日

2.ご請求の保険契約等

被保険者名	山田　太郎

保険種類	証券番号
定期死亡保険	4567891011

※証券番号は「5」から始まる10桁の数字です

3.請求人（受取人）の氏名・住所等　※受取人が未成年の場合は親権者または後見人の方からご請求ください

請求人（受取人）		
	フリガナ	ヤマダ　ヨシエ
	氏名（自署）	山田　良江
	フリガナ	トウキョウトマルマルクチュウオウ1-1-2
	住所	東京都○○区中央1丁目1番2号 Bマンション301
	電話番号 日中の連絡先	080-○○○○-××××

4.振込先指定

下記の口座を指定します　※請求人さま名義の口座をご指定ください

ゆうちょ銀行以外の金融機関	金融機関コード ○○○○	○○ （銀行・信用金庫・信用組合・労働金庫・農協）→銀行	支店コード ○○○	△△ （本店・支店・出張所）→支店
	口座種目 1.普通 2.当座 3.貯蓄 →1.普通	口座番号（右づめ） ○○○○○○○	※口座種目に○がない場合は「1.普通」としてお取り扱いいたします。	
ゆうちょ銀行	記号 1　0	通帳番号（右づめ） 1		
口座名義人	山田　良江			

保険証書を確認して記入する。

請求資格があるのは受取人に指定されている人のみなので、これも保険証書で確認する。「自署」となっている部分は受取人が自分で記入する。

受取口座を記入する。

※保険会社によって様式は異なる。

受け取った保険金は相続財産になる？

保険契約者	被保険者	相続財産になるか・ならないか？
❶ 被相続人	被相続人	ならない（受取人の財産になる）
❷ 被相続人	相続人　他	なる

- ❶の場合、相続財産にはならないが「みなし相続財産」として相続税の課税対象になる。
- ❷は解約返戻金や満期金が相続財産になる。
- その他、被相続人が受け取るはずだった入院給付金や祝い金等が残っていれば、それも相続財産になる。

故人に代わって行うべき確定申告とは？

ポイント！

故人が事業を行っていた場合は、まず顧問税理士に相談することをおすすめします。

いつまでに	4か月以内
どんな場合	故人に事業収入や一定の収入があった場合
手続きする人	相続人
手続き先	故人の死亡時の納税地の税務署

故人が生前に確定申告を行っていたら必要な手続き

所得税は、1月1日から12月31日までの所得について計算し、翌年に納税するしくみです。会社員や公務員などは会社等が源泉徴収して納税していますが、自営業者は自分で確定申告して納税しています。しかし、亡くなった場合は自分で申告・納税することができないため、**相続人が代わりに確定申告を行います。**これを「**準確定申告**」といいます。

準確定申告は通常の確定申告とやり方はほぼ同じで、申告書も同じものを使用します。ただし、所得控除の適用には注意が必要です（詳しくは97ページ真ん中の表）。

基本的に、会社員・公務員は会社等が年末調整をしてくれるので、準確定申告は不要です（給与所得以外にも所得があれば必要な場合もある）。また、年金だけで生活している人も多くの場合、準確定申告は不要です。ただし、**年金収入が年400万円を超える場合、年金収入以外の所得（不動産所得など）が20万円以上ある場合は申告が必要**です。申告すると払いすぎた所得税が戻ってくることもあります。還付金は相続財産になります。

必要なもの

- ☑所得税および復興特別所得税の確定申告書
- ☑故人の所得税の確定申告書付表
- ☑給与、年金等の源泉徴収票
- ☑事業所得、不動産所得などがあるときは「青色申告決算書」や「収支内訳書」

こんなとき どうする？

相続した人が青色申告を受けたいときは？

青色申告とは、所得税の確定申告の方法のひとつで、特別控除などがあり節税効果のある申告方法です。事業を引き継ぐ人が青色申告承認申請をしないと青色申告は受けられません。死亡日によって申請期限が異なるので注意してください。

■青色申告の申請手続きの期限

被相続人の死亡した日	申請期限
●死亡日が1月1日～8月31日	死亡日から4か月以内
●死亡日が9月1日～10月31日	その年の12月31日まで
●死亡日が11月1日～12月31日	翌年の2月15日まで

準確定申告が必要な人・不要な人

必要な人

- 個人事業（自営業）を行っていた人
- 2か所以上の会社から給与をもらっていた人
- 給与所得が2,000万円を超える人
- 給与・退職金以外で20万円を超える収入があった人
- 不動産収入があった人
- 生命保険や損害保険の一時金や満期金を受け取った人
- 医療費が高額だった人（申告すると還付される可能性がある）
- 公的年金による収入が年間400万円を超える人

不要な人

- 公的年金による収入が年間400万円以下で、その他の所得も20万円以下の人
- 会社員（会社側が年末調整で対応するため）

年金収入が400万円以下でも、その他の雑所得が20万円を超えれば申告が必要です。たとえば原稿料、シェアリングエコノミー（民泊など）の所得がその他の雑所得に該当します。該当するか不安なときは税理士に相談しましょう。

おもな所得控除の適用に関する注意事項	
医療費控除	死亡の日までに被相続人（故人）が支払った医療費が対象となる。
社会保険料、生命保険料、地震保険料控除等	死亡の日までに被相続人が支払った保険料が対象となる。
配偶者控除や扶養者控除	死亡の日の現況により、適用の有無に関する判定を行う。

申告の日ではなく、死亡の日が基準になるので間違えないように注意してください。

こんなとき どうする?

申告するために実は準備がたいへん！

準確定申告は、死亡日から4か月以内に提出すれば良いものの、実際はあまり余裕がありません。なぜなら、事業所得（自営業者）や不動産所得（アパート経営など）があるときは、経費の計算などを済ませないと申告できないからです。

また、最終的な所得税は相続人がそれぞれの相続割合に応じて納付します（還付される場合も同様です）。相続人が複数いるときはひとつの申告書に連署して申告するのが原則であるなど、実は準備がたいへんなのです。

準確定申告が必要な場合は、まず故人が生前お世話になっていた税理士に相談するのがおすすめです。

■所得税および復興特別所得税の準確定申告書　記入例

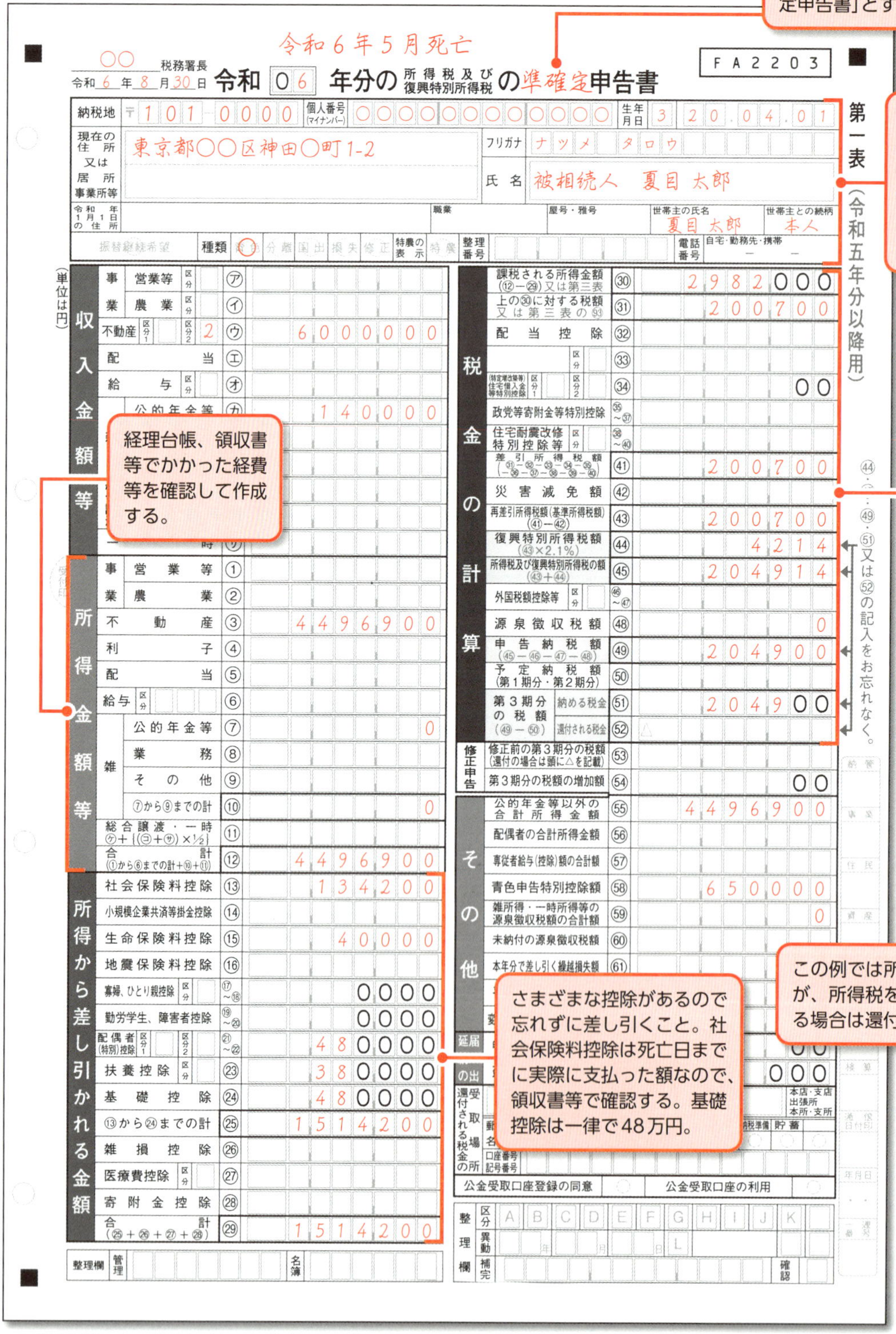

令和6年5月死亡

〇〇 税務署長

令和 6 年 8 月 30 日

令和 06 年分の所得税及び復興特別所得税の準確定申告書

FA2203

第一表（令和五年分以降用）

納税地	〒101-0000
個人番号（マイナンバー）	〇〇〇〇〇〇〇〇〇〇〇〇
生年月日	3 20.04.01
現在の住所又は居所事業所等	東京都〇〇区神田〇町1-2
フリガナ	ナツメ　タロウ
氏名	被相続人　夏目 太郎
世帯主の氏名	夏目 太郎
世帯主との続柄	本人
種類	青色

（単位は円）

区分	項目	番号	金額
収入金額等	事業 営業等	㋐	
	事業 農業	㋑	
	不動産（区分2）	㋒	6000000
	配当	㋓	
	給与	㋔	
	公的年金等	㋕	140000
所得金額等	事業 営業等	①	
	事業 農業	②	
	不動産	③	4496900
	利子	④	
	配当	⑤	
	給与	⑥	
	雑 公的年金等	⑦	0
	雑 業務	⑧	
	雑 その他	⑨	
	⑦から⑨までの計	⑩	0
	総合譲渡・一時 ㋘＋{（㋙＋㋚）×½}	⑪	
	合計（①から⑥までの計＋⑩＋⑪）	⑫	4496900
所得から差し引かれる金額	社会保険料控除	⑬	134200
	小規模企業共済等掛金控除	⑭	
	生命保険料控除	⑮	40000
	地震保険料控除	⑯	
	寡婦、ひとり親控除	⑰～⑱	0000
	勤労学生、障害者控除	⑲～⑳	0000
	配偶者（特別）控除	㉑～㉒	480000
	扶養控除	㉓	380000
	基礎控除	㉔	480000
	⑬から㉔までの計	㉕	1514200
	雑損控除	㉖	
	医療費控除	㉗	
	寄附金控除	㉘	
	合計（㉕＋㉖＋㉗＋㉘）	㉙	1514200

区分	項目	番号	金額
税金の計算	課税される所得金額（⑫－㉙）又は第三表	㉚	2982000
	上の㉚に対する税額又は第三表の㊽	㉛	200700
	配当控除	㉜	
	（区分）	㉝	
	（特定増改築等）住宅借入金等特別控除	㉞	00
	政党等寄附金等特別控除	㉟～㊲	
	住宅耐震改修特別控除等	㊳～㊵	
	差引所得税額	㊶	200700
	災害減免額	㊷	
	再差引所得税額（基準所得税額）（㊶－㊷）	㊸	200700
	復興特別所得税額（㊸×2.1%）	㊹	4214
	所得税及び復興特別所得税の額（㊸＋㊹）	㊺	204914
	外国税額控除等	㊻～㊼	
	源泉徴収税額	㊽	0
	申告納税額（㊺－㊻－㊼－㊽）	㊾	204900
	予定納税額（第1期分・第2期分）	㊿	
	第3期分の税額（㊾－㊿） 納める税金	51	204900
	第3期分の税額（㊾－㊿） 還付される税金	52	△
修正申告	修正前の第3期分の税額（還付の場合は頭に△を記載）	53	
	第3期分の税額の増加額	54	00
その他	公的年金等以外の合計所得金額	55	4496900
	配偶者の合計所得金額	56	
	専従者給与（控除）額の合計額	57	
	青色申告特別控除額	58	650000
	雑所得・一時所得等の源泉徴収税額の合計額	59	0
	未納付の源泉徴収税額	60	
	本年分で差し引く繰越損失額	61	

㊹・㊾・51又は52の記入をお忘れなく。

※申告書は第１表、第２表がセットだが、この例では第２表を割愛している。

確定申告書にはＡ様式とＢ様式があります。故人が会社員だった場合はA、自営業の場合はＢを使用するのが一般的です。

所得税および復興特別所得税の確定申告書　付表　記入例

死亡した者の令和6年分の所得税及び復興特別所得税の確定申告書付表
（兼相続人の代表者指定届出書）

受付印

1　死亡した者の住所・氏名等					
住所	（〒101 -○○○○） 東京都○○区神田○町1-2	氏名	フリガナ 夏目《ナツメ》 太郎《タロウ》	死亡年月日	令和6年　5月　10日
2　死亡した者の納める税金又は還付される税金	（第3期分の税額）	（還付される税金のときは頭部に△印を付けてください。）	204,900 円…A		
3　相続人等の代表者の指定	（代表者を指定されるときは、右にその代表者の氏名を書いてください。）	相続人等の代表者の氏名			
4　限定承認の有無	（相続人等が限定承認をしているときは、右の「限定承認」の文字を○で囲んでください。）	限定承認			

申告書から納税額（または還付額）を転記する。

原則として、全相続人が共同で申告する。マイナンバー、連絡先電話番号等を記入する。

各自の相続割合で納税（または還付）する。

5 相続人等に関する事項	(1) 住所	（〒101 -○○○○） 東京都○○区 神田○町1-2	（〒101 -○○○○） 東京都○○区 神田○町1-2	（〒101 -○○○○） 東京都○○区 神田○町1-2	（〒　-　）
	(2) 氏名（署名）	フリガナ 夏目《ナツメ》 花子《ハナコ》	フリガナ 春野《ハルノ》 良美《ヨシミ》	フリガナ 夏目《ナツメ》 一郎《イチロウ》	フリガナ
	(3) 個人番号	123400000000	000000000000	000000000000	
	(4) 職業及び被相続人との続柄	職業 無職　続柄 妻	職業 会社員　続柄 長女	職業 会社員　続柄 長男	職業　続柄
	(5) 生年月日	明・大・(昭)・平・令 22年 6月 1日	明・大・(昭)・平・令 47年 7月 1日	明・大・(昭)・平・令 54年 10月 1日	明・大・昭・平・令 年 月 日
	(6) 電話番号	03-○○○○-××××	090-××××-○○○○	090-○○○○-××××	－　－
	(7) 相続分…B	法定・指定 1/2	法定・指定 1/4	法定・指定 1/4	法定・指定
	(8) 相続財産の価額	円	円	円	円
6 納める税金等	Aが黒字のとき 各人の納付税額 A × B（各人の100円未満の端数切捨て）	102,400円	51,200円	51,200円	
	Aが赤字のとき 各人の還付金額（各人の1円未満の端数切捨て）	円	円	円	円
7 還付される税金の受取場所	銀行等の預金口座に振込みを希望する場合　銀行名等	銀行 金庫・組合 農協・漁協	銀行 金庫・組合 農協・漁協	銀行 金庫・組合 農協・漁協	銀行 金庫・組合 農協・漁協
	支店名等	本店・支店 出張所 本所・支所	本店・支店 出張所 本所・支所	本店・支店 出張所 本所・支所	本店・支店 出張所 本所・支所
	預金の種類	預金	預金	預金	預金
	口座番号				
	ゆうちょ銀行の口座に振込みを希望する場合　貯金口座の記号番号	－	－	－	－
	郵便局等の窓口受取りを希望する場合　郵便局名等				

（注）「5　相続人等に関する事項」以降については、相続を放棄した人は記入の必要はありません。

税務署整理欄	整理番号	0		0		0		0	
	番号確認　身元確認		□ 済 □ 未済		□ 済 □ 未済		□ 済 □ 未済		□ 済 □ 未済

○この付表は、申告……してください。※還付される税金の……取りを代……任する場合には委任状の提出が必要です。

一連番号

個人事業主（事業所得）の準確定申告をする場合には、①売上と経費を取りまとめて「青色申告決算書」「収支内訳書」を作る　②社会保険料控除等の資料を集める　③申告書を作る　④付表を作る、という順で進めるとスムーズです。

不要になった公的な証明書やライフラインを整理する

ポイント!
こまごまとした手続きで意外と時間がかかります。ライフラインはまず契約情報を把握するために、検針票や請求書を集めることが重要です。

いつまでに	すみやかに
どんな場合	故人名義の証明書、サービスなどがある場合
手続きする人	遺族、同居の家族など
手続き先	101ページの図参照

故人の運転免許証や印鑑カードなどを処分する

運転免許証、印鑑カード、マイナンバーカード、健康保険証（資格確認書）など、生活していくうえで必要な公的証明書はたくさんあります。これらの返却や処分について、扱いに困る遺族も多いようです。これらの証明書は、紛失するとどんなトラブルが起こるかわかりません。できる限り、すみやかに返却または処分しましょう。

健康保険証は２０２４年12月に廃止され、マイナ保険証に統一されていきます。これまで、被保険者が亡くなると資格喪失届や葬祭料・埋葬料の申請を行い、その際に保険証を返却していました。**マイナ保険証に切り替わると、紙の保険証の返却はなくなり、マイナ保険証も返却の義務もなくなります**（マイナンバーカードに返却義務がないため）。

ライフライン、クレジットカードなどを整理する

故人が使っていた携帯電話やインターネットなどのサービス、サブスク（定期購入・サービス）や故人名義で料金を支払っている水道光熱費などは、①解約する　②名義変更するのどちらにするのかをまず検討しましょう。

たとえば、別居していた家族が亡くなってその家にはもう誰も残らないのであれば、水道光熱費などは当然解約、同居の家族がいれば、名義変更して使い続けると思います。この作業を円滑に進めるためにも、どんなサービスを利用していたのかを書き出して一覧にすると検討しやすいでしょう。**利用していたサービスが不明なときは、使用料が引き落とされていそうな銀行口座の明細や、郵送されてくる請求書を確認してみてください。**

また、**クレジットカードはクレジット会社に連絡して解約する必要があります。**解約しないと年会費を払い続けることになるかもしれないので注意してください。連絡する際に残債（未払い）がいくらあるのかまで確認しておくとよいでしょう。

最後に、故人の銀行口座を解約する際の注意点です。**銀行に死亡の連絡をすると口座が凍結されて、預金の引き出しができなくなるだけでなく、水道光熱費などの引き落としもできなくなります。**ですから、残された家族が困らないよう連絡のタイミングを考える必要があります。

故人の証明書返却一覧およびライフラインに関する注意事項一覧

証明書など	窓口	必要なもの	注意事項
運転免許証 	警察署または運転免許センター、運転免許試験場（通知停止の手続き）	●故人の運転免許証 ●死亡を証明する書類（死亡診断書の写し、住民票の除票等） ●手続きする人の本人確認書類（マイナンバーカード、運転免許証、健康保険証等）	故人の運転免許証を返却する義務はないが、通知停止の手続きをしないと更新の通知が届くので通知の停止を希望する場合は手続きを。
パスポート 	最寄りのパスポートセンター ※自治体によっては、市区町村役場の窓口でも可能なところもある。	●故人のパスポート（有効期間が満了していないもの） ●旅券返納申出書 ●死亡が確認できる書類（戸籍謄本・抄本、埋火葬許可証の写し等） ●手続きする人の本人確認書類（マイナンバーカード、運転免許証、パスポート等）	失効していても、基本的に手続きは必要だが、返納届の提出は不要。また、死亡した事実が確認できる書類についても提出が不要な自治体がある。要確認。
印鑑カード（印鑑登録証）	故人の住所地の市区町村役場	印鑑カード（印鑑登録証）	死亡日で失効するので、裁断処分しても良い。
マイナンバーカード 	故人の住所地の市区町村役場	マイナンバーカード	死亡日で失効するので返却しなくても良い。とくに年金関係手続きで使用することもある。返却したい場合は市区町村役場の窓口へ。
健康保険証（資格確認書）	故人の住所地の市区町村役場、健康保険の場合は各保険者（協会けんぽ等）	健康保険証（資格確認書）	資格喪失届（38ページ〜）の際に返却しているはず。

ライフライン	注意事項や必要なものなど	
水道・ガス・電気	解約	使用者番号（お客様番号など）、名義人氏名・住所等を確認のうえ連絡する。請求書や検針票を用意しておくとスムーズ。
	名義変更	未払いがあれば引き継ぐことになる。引き継ぎたくない場合、一度解約して新規契約を。
固定電話	解約、名義変更	原則として死亡の記載のある戸籍謄本、手続きする人の本人確認書類（マイナンバーカード等）が必要。名義変更の場合、相続の対象になり、評価額がつくこともあるので相続税が課税されそうなときは税理士に相談を。
携帯電話	解約	死亡の事実がわかる資料（死亡診断書のコピー、戸籍謄本など）、SIMカード等、手続きする人の本人確認資料（マイナンバーカード）を用意する。
	名義変更	遺族が番号を引き継ぐことができる。死亡および相続関係のわかるもの（戸籍謄本など）、新契約者の本人確認書類（同上）が必要。未払料金があれば引き継がれる。
インターネットプロバイダー	解約	死亡の事実がわかる資料（死亡診断書のコピー、戸籍謄本など）、手続きする人の本人確認資料（マイナンバーカード）を用意する。
	名義変更	死亡および相続関係のわかるもの（戸籍謄本など）、新契約者の本人確認書類（同上）が必要。未払料金があれば引き継がれる。
クレジットカード	解約	残債（債務）は、原則として相続人が引き継ぐ。残債を相続したくないときは、相続放棄の手続きが必要。
キャッシュカード	解約	キャッシュカード（および通帳）は銀行に対する相続手続きで使用するので、手続き終了までは手元に保管する。遺言書、遺産分割協議書がない場合は全相続人が共同して手続きするのが原則。

ライフライン関係は、故人の口座を凍結すると引き落としができなくなり、請求書が送られてきて利用を知ることもあります。とくに同居していない家族だと把握が難しいこともあるので、亡くなってから2、3か月くらいは故人宛の請求書に注意するようにしましょう。

デジタル遺品はどう整理する？

ポイント！

近年になって出てきた問題です。対処の仕方を家族みんなで考えることも大事でしょう。

いつまでに	すみやかに
どんな場合	故人がSNSを利用していた場合など
手続きする人	遺族、同居の家族など
手続き先	各サービス会社

遺族ができること できないことを整理する

ＬＩＮＥやＦａｃｅｂｏｏｋなどのサービス（以下「ＳＮＳ」と総称）を利用している人も多いと思います。これらのＳＮＳは、利用者が亡くなっても基本的にはずっと残り続けます。放置する他、一定範囲の家族がＳＮＳのアカウントを削除したりすることができるようになっていることが多いです。

故人とＳＮＳ上でつながりのあった人たちに逝去を知らせたい場合、新たにメッセージを書き込むためには故人のＩＤやパスワードでログインする必要があります。ただし、**ＳＮＳは非常に個人的な交流方法ですから、故人が望む場合を除き、家族が勝手にログインすることはおすすめできません。**

故人が利用していたサブスクを解約するには？

サブスク（サブスクリプション）とは、定期購入やサービスのことで、解約しない限り自動的に更新され、利用料を払い続けるものの総称です。アマゾンプライムやネットフリックスが筆頭ですが、健康食品やサプリメントの定期購入などもおなじみです。

サブスクは口座引き落としやクレジット払いが基本で、請求書や領収書が送られてこないので利用者本人以外は利用状況を把握しづらい面があります。解約しない限りずっと利用料を払い続けてしまうことになるので、不要なものはすみやかに解約したいですね。

故人の口座を凍結したり、クレジットカードを解約すると、支払いできずに請求書が送られてくるはずです。どんなサブスクを利用しているのか不明な場合は、そのタイミングを逃さず解約するようにしてください。

こんなとき どうする？

知らずにサブスク契約しているかも

サブスクは、本人も知らない間に契約していることがあります。「初回無料」「お試し無料」などにつられて契約内容をよく確認せずに申し込んだら、こちらから解約を通知しない限り契約を継続する内容になっていた、ということが珍しくないからです。

商品が送られてくるタイプのサブスクだと本人も「あれ？　おかしいな」と気づきますが、映像や音楽配信サービスなどの場合はまったく使わず気づきもしないことがあるので、とくに注意して確認してください。

第5章

遺産・相続に関する手続き

\あるある/
Q&A
17

相続って いつ着手すればいいの？

家族が亡くなった時点で、相続が始まります

家族が亡くなると、葬儀やさまざまな手続きで、あっという間に時間がすぎていきます。納骨が済んでやっと一息つける、となるのではないでしょうか。

その頃になってようやく相続について考え始める人も多いでしょう。その際には、注意することがいくつかあります。

まず、**相続は期限内に放棄しない限り、プラスの財産もマイナスの財産も引き継ぐということです。**マイナスの財産とは、借金やローンのことです。

次に、**遺産を使ったり名義を変更したりすれば、「相続すること」を選択したことになることです。**都合の良い遺産だけもらって、あとは知らないということはできないのです。

相続にはルールがたくさんありますが、基本的なことを知っておけば、無用なトラブルを避けやすくなるでしょう。

ここがPoint!

- 相続のルールを知る → P.110～117
- 相続したくないときの手続きを知る → P.112
- 相続財産の範囲を知る → P.118

\あるある/ Q&A 18 相続の手続きはいつまでにすればいいの？

期限があるものが多いのでのんびりできません

2024年4月から、相続した不動産の名義変更（登記）が義務になりました。この手続きには、相続または遺産分割協議確定から3年以内という期限があります。

また、**相続するかどうかを検討する期間は3か月ですが、もし相続放棄をするならこの期間内に書類を整えて家庭裁判所で手続きする必要があります。**ですから、実質的に3か月間すべてを考える時間にあてられるわけではありません。

相続税を納める場合、申告・納税期限は10か月以内です。このように相続には、さまざまな期限がついてまわります。何から考えれば良いのか、どんな手続きに期限があるのか、全体像を把握しておきましょう。

期限に間に合わないときや手助けしてほしいときは、各専門家を頼るのもおすすめです。

ここがPoint!

- 相続の全体スケジュールを把握する ➡ P.108
- もし相続税が発生しそうなら ➡ 第7章
- 不動産相続に関する新ルールを知る ➡ P.148

あるある Q&A 19

誰が「相続」の関係者になるの?

故人との戸籍上の関係によって決まります

遺産を分けるには相続人全員による話し合いが必要ということは、聞いたことがある人も多いと思います。では、「相続人全員」とは誰のことでしょうか。

遺産をもらわない人や、故人と疎遠の人は関係ないと思っている人も少なくありません。しかし、そうしたことは関係なく、**故人との戸籍上の関係によって相続人になる人が決まります。**

そのため、故人の出生時から死亡時までのすべての戸籍を確認する必要があります。ときには、婚姻外で認知した子や養子縁組した子など、思いもよらない関係者が出てくることもあります。

「相続人である」ということと「相続する」ことは別問題なので、まずは相続人を確定させることから始めましょう。誰が何を相続するかの話し合いは、その次のステップです。

よし では 遺産は母さんに 渡すということで いいな?
賛成～!!
あっ 待って! おじさんや おばさんにも 意見を聞かなくて いいのかしら?
父さんの きょうだいだし
おじさんたちは 関係ないんじゃ ないか?
でも友人の 旦那さんが 亡くなったとき ごきょうだいと すごくもめたって
母さんの意見も 聞かないとな…
もーっ
どこまでが 関係者なのか 教えて先生!

ここがPoint!

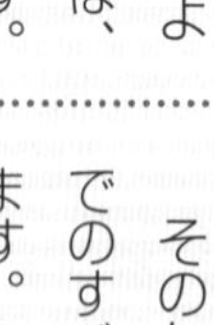

- 相続人のルールを知る ➡ P.110
- 遺産の分け方を話し合う ➡ P.122
- 戸籍の集め方、見方を知る ➡ P.124～127

あるある Q&A 20

古い戸籍の読み方がわかりません!

必ずしもすべての情報を理解する必要はありません

現在の戸籍はコンピューター化され、横書きです。読みやすく、書いてある内容も昔の戸籍に比べるとシンプルでわかりやすいでしょう。一方、故人の出生時からの戸籍を集めていると、「名前くらいしかはっきりとわからない」というような古い戸籍も出てきます。

そもそも、手書きで縦書きであるなど、見た目も違えば、記載内容も異なります。昔の戸籍は親子単位ではなく一族がずらっと記載されているものもあって、とても複雑なものもあります。

ただし、読み取るべき情報は故人に関するものに限られるので、全部わからなくても問題はありません。そう割り切って考えるか、どうしてもわからなければ専門家に相談すると良いでしょう。

また、2023年11月から始まった広域交付制度を利用すれば、わからなくてもとりあえず戸籍が揃います。

ここがPoint!

- 戸籍の広域交付制度を利用して、戸籍取得の手間を減らす → P.49
- 専門家に相談する → P.160

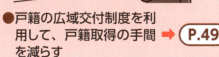

流れを把握しておきたい相続のスケジュール

ポイント!

相続は関係者が大勢になることもあり、思っているより時間の余裕はありません。やるべきことを把握して臨みましょう。

いつまでに	熟慮期間は3か月、相続税は10か月以内
どんな場合	家族が亡くなった場合
手続きする人	相続人、受遺者※

ポイントは3か月と10か月

家族が亡くなると、その瞬間から相続が始まります。相続というと、相続税を心配する人が多いのですが、相続税の前に考えるべきことがたくさんあります。そして、**考えることはたくさんありますが、手続きには期限があるので使える時間は限られます。**

相続で覚えておいてほしい期限は、**3か月**と**10か月**です。**3か月とは、相続するかしないかを検討する時間**です。もし相続しないのであれば、家庭裁判所での手続きが必要です。何も手続きせず3か月がすぎると、相続することを選択したことになります。

10か月は、相続税の申告・納税期限です。期限をすぎると加算税や延滞税というペナルティがあります。「10か月もあれば何とかなるだろう」と思うかもしれませんが、相続財産（遺産）の全容を把握し、相続人を確定して遺産を分割するなどやるべきことが多いため、意外と時間の余裕はありません。

また、この期間は**死亡届等の公的手続きも並行して行うので、慌ただしくなると覚悟しておいたほうが良い**でしょう。

知っておきたい相続キーワード

相続手続きでは、普段聞きなれない言葉が出てくることが多い。どんな意味なのか、代表的なものだけでもわかっていると安心できる。

□被相続人	亡くなった人のこと。故人。
□法定相続人	相続する権利のある人のこと。誰が相続人になるかは民法で決められているのでこのように表現するが、単に「相続人」ということも多い。
□熟慮期間	相続するかしないかを考える3か月間のこと。正確には「自己のために相続の開始があったことを知ったときから3か月」のことだが、知ったときとは通常は被相続人の死亡時になる。
□直系	親と子、孫のように、縦につながる親族のこと。対象者より先の世代を直系尊属、後の世代を直系卑属という。たとえば、親は直系尊属、子は直系卑属となる。
□傍系	兄弟姉妹、叔父、叔母など、横のつながりの親族のこと。

※受遺者とは、遺言によって財産を受け取る人のこと。

相続　全体像の確認をしよう

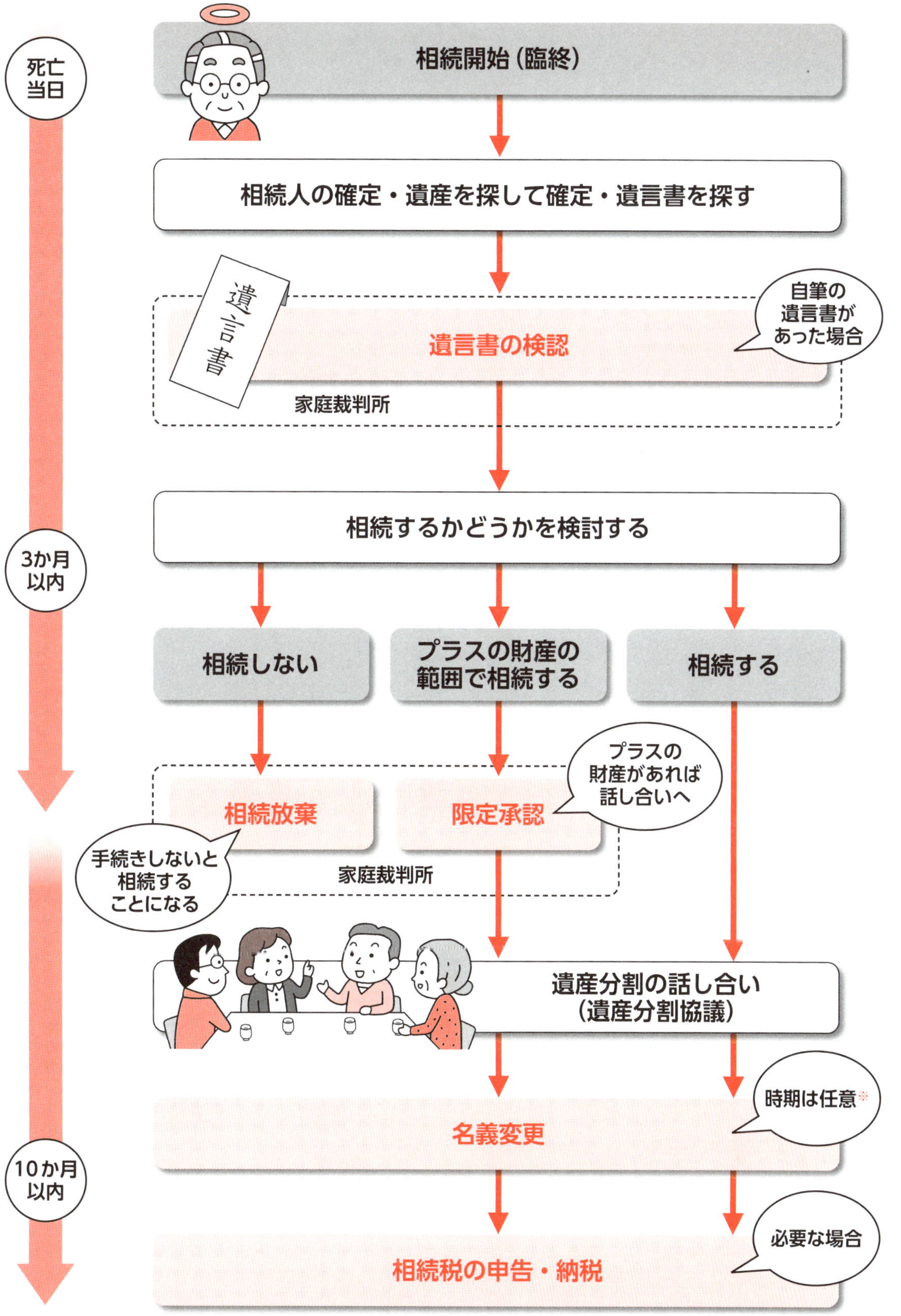
死亡当日
相続開始（臨終）
相続人の確定・遺産を探して確定・遺言書を探す
遺言書
遺言書の検認
自筆の遺言書があった場合
家庭裁判所
3か月以内
相続するかどうかを検討する
相続しない
プラスの財産の範囲で相続する
相続する
相続放棄
限定承認
プラスの財産があれば話し合いへ
手続きしないと相続することになる
家庭裁判所
遺産分割の話し合い（遺産分割協議）
名義変更
時期は任意※
10か月以内
相続税の申告・納税
必要な場合

※不動産については３年以内（148ページ）

相続と遺産分割のルール❶

相続人になる人

自身に関係がありそうなところから始めると、そんなに難しくないと思います。「自分は誰の相続人になるのかな」と考えながら読んでみてくださいね。

相続は、民法などで決められたルールがあります。ですから、まずは基本的なルールを知ることが大事です。ひとつずつ確認していきましょう。

誰が相続人になるかは民法で決まっている

亡くなった人を被相続人、相続する権利のある人を相続人といいます。故人に遺産があれば、相続人が全員で話し合って分け合う必要があります（遺言書がある場合は、遺言書の内容が優先される）。これを**遺産分割協議**といいます。**遺産分割協議は、相続人全員で行わなければ無効というルールがある**ため、まずは誰が相続人になるのかを確認する必要があります。

　誰が相続人になるかということとその順位は民法に決まりがあり、これを変えることはできません。ただし、相続をする・しないを選ぶことはできます。相続をしたくないのであれば相続放棄（112ページ）の手続きが必要です。

　また、相続人は戸籍上の続柄で決まるので、**事実婚の場合は相続人になれません。**相続人になることと、遺産をもらうことには密接な関係がありますが、相続人でなくても遺産をもらえる場合があります。遺言書で指定された場合で、この場合のもらう人を「**受遺者**」といいます。

相続人とその順番

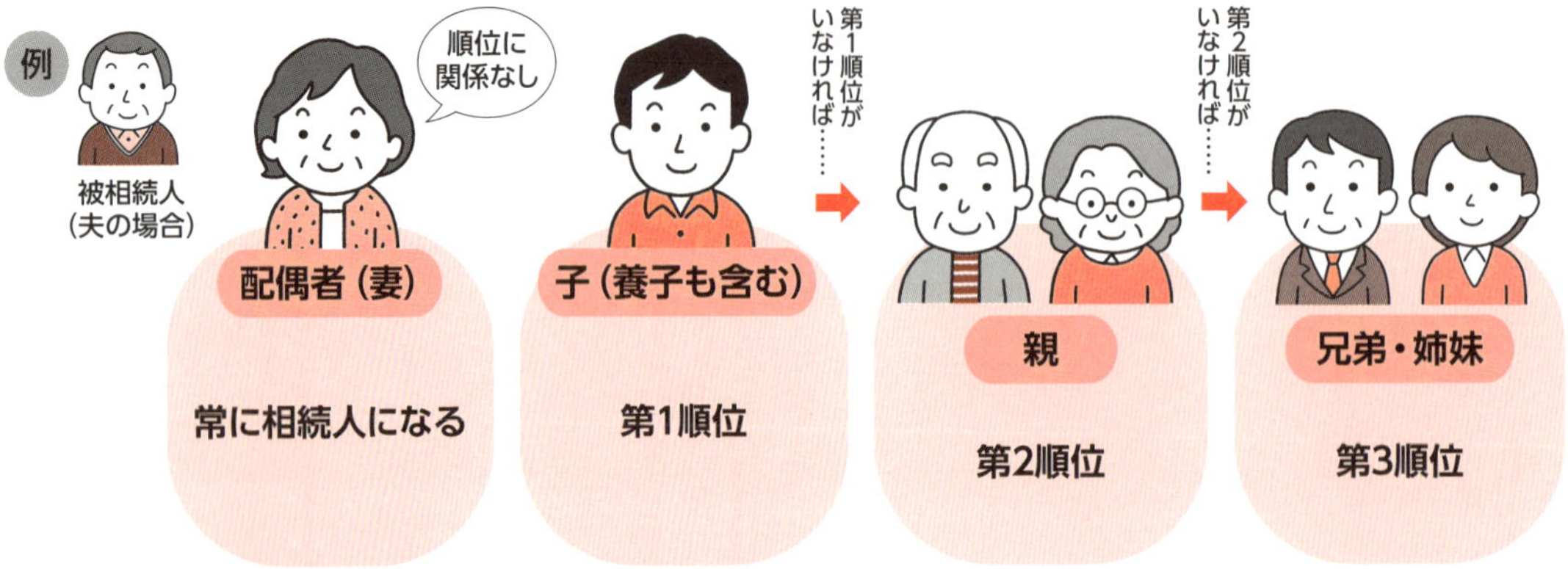

例
被相続人（夫の場合）
順位に関係なし
配偶者（妻）
常に相続人になる
子（養子も含む）
第1順位
第1順位がいなければ……
親
第2順位
第2順位がいなければ……
兄弟・姉妹
第3順位

被相続人に配偶者と子がいれば、配偶者と子が相続人になる。子がいない場合は、配偶者と第２順位の親が相続人になる。被相続人よりも子が先に亡くなっていて、孫がいればその孫が子に代わって第１順位の相続人になる。これを「代襲相続」という。

相続と遺産分割のルール❷

相続する**割合**

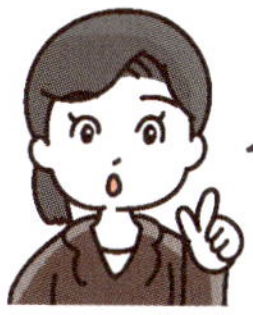

不動産など分けにくい遺産は、法定相続分にこだわらず、話し合って相続する人を決めることもできますよ。まずはルールを知っておきましょう。

誰がどれだけ相続するか、ということも民法で決まっているので、それを目安にして遺産を分けることが多いです。

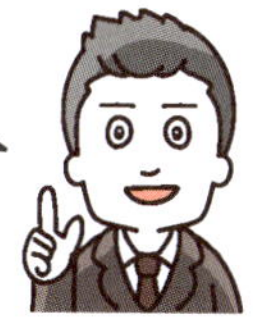

相続人の構成によって相続割合が変わる

誰がどれくらい相続するのか、ということも民法で決められています。これを「**法定相続分**」といいます。相続人同士話し合って納得すれば、法定相続分とは異なる割合で相続することもできます。ただし、遺言書に相続割合の指定があればそちらが優先されます。たとえば、「妻に全財産を相続させる」という遺言書があれば、基本的に相続人は従う必要があります。

なお、兄弟・姉妹以外の相続人には「**遺留分**」という、**請求すれば最低限もらえる保証のようなものがあります。**前述の遺言書の場合、子が遺留分を主張すると、遺留分を取り戻すことができます（128ページ）。

法定相続分は、相続人ごとに固定ではありません。相続人のメンバーによって下図のように変わります。同順位の相続人が複数いる場合は、法定相続分を等分します。遺留分も同様です。**代襲相続人**（110ページの図）の相続分は、本来の相続人と同じです。たとえば、**孫が子を代襲する場合の相続分は子と同じになります。**

法定相続分・遺留分の割合

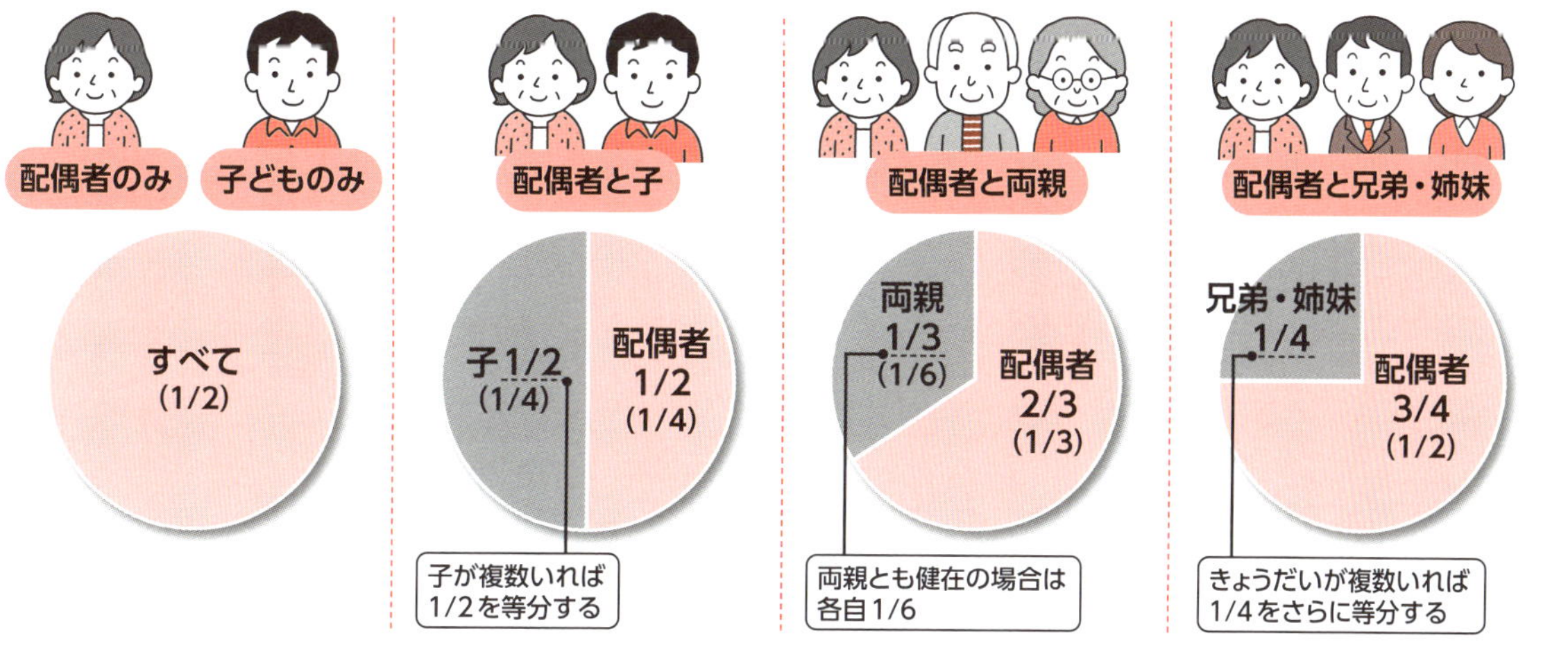
配偶者のみ
子どものみ
すべて
(1/2)
配偶者と子
子 1/2
(1/4)
配偶者
1/2
(1/4)
子が複数いれば
1/2を等分する
配偶者と両親
両親
1/3
(1/6)
配偶者
2/3
(1/3)
両親とも健在の場合は
各自1/6
配偶者と兄弟・姉妹
兄弟・姉妹
1/4
配偶者
3/4
(1/2)
きょうだいが複数いれば
1/4をさらに等分する

※（　）内の数値が遺留分。遺留分は遺言によっても奪うことはできない。

相続と遺産分割のルール❸

相続したくないとき

ポイント！

相続放棄には、他の相続人の同意は必要ありません。ただし、放棄すると一切の権利義務がなくなります。

いつまでに	3か月以内
どんな場合	相続放棄→相続したくない 限定承認→遺産の範囲で清算したい
手続きする人	相続放棄→各相続人 限定承認→全相続人
手続き先	被相続人の最後の住所地の家庭裁判所

相続するかしないかは選ぶことができる

遺産には不動産や預貯金などのプラスの財産だけでなく、**借金などのマイナスの財産も含まれます。**ほしい財産だけ選んで相続することはできないので、マイナスが大きければ相続人が大きな借金を背負ってしまうこともあります。そこで、相続開始から3か月の熟慮期間に、相続するかしないかを選択できるようになっています。相続したくないときは、この期間内に家庭裁判所で「相続放棄」の手続きをすることが必要です。

プラスとマイナス、どちらが多いのかわからない場合は相続人全員（放棄した人は除く）で行う「限定承認」という手続きもあります。これも家庭裁判所で手続きします。限定承認はプラスの財産の範囲でマイナスの財産を清算します。清算してプラスが残れば相続でき、マイナスが残っても義務を負いません。

どちらも選択しなければ、すべて相続することを選択したことになります。3か月あるといっても遺産を探したり相続人を確定するなど、意外と時間の余裕はありません。

●限定承認のしくみ

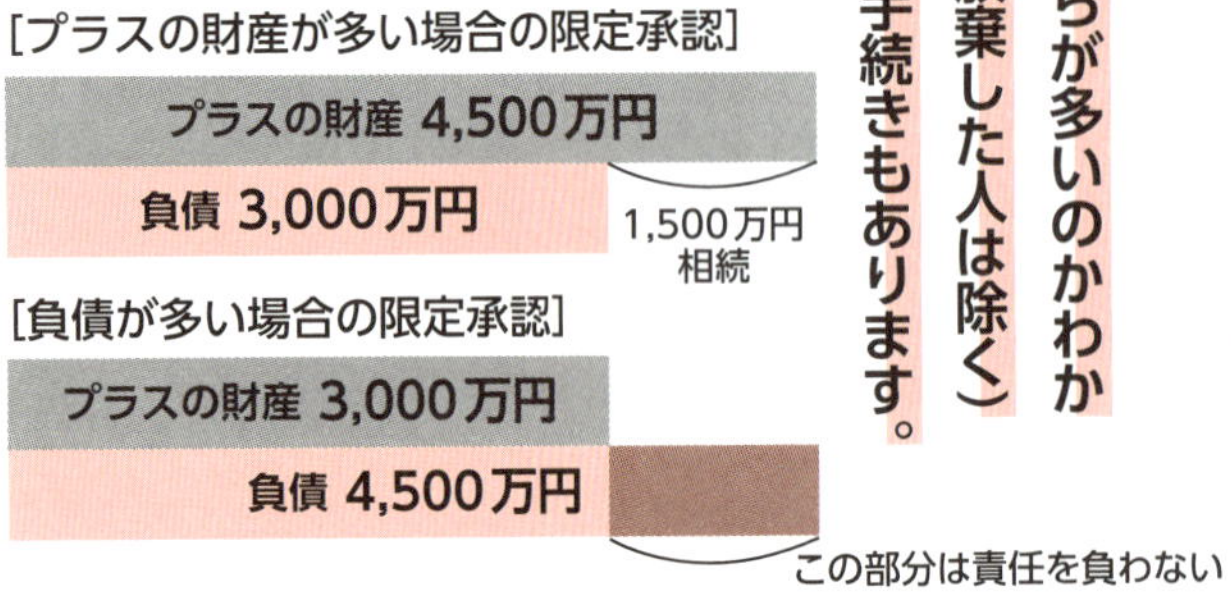
[プラスの財産が多い場合の限定承認]
プラスの財産 4,500万円
負債 3,000万円
1,500万円
相続
[負債が多い場合の限定承認]
プラスの財産 3,000万円
負債 4,500万円
この部分は責任を負わない

必要なもの（限定承認）

- ☑限定承認の申述書
- ☑当事者目録（申立てする相続人の一覧表）
- ☑土地、建物、現預金、株式等の遺産目録
- ☑被相続人の出生時から死亡までの全戸籍
- ☑被相続人の住民票の除票または戸籍の附票
- ☑申述人（相続人）全員の戸籍謄本
- ☑収入印紙800円、切手代

※その他、被相続人との続柄に応じて別途書類が必要。

必要なもの（相続放棄）

- ☑相続放棄の申述書
- ☑被相続人の住民票の除票または戸籍の附票
- ☑申述人（放棄する人）の戸籍謄本
- ☑被相続人の死亡の記載のある戸籍謄本
- ☑収入印紙800円、切手代

※その他、被相続人との続柄に応じて別途書類が必要。

相続放棄申述書　記入例

受付印	相　続　放　棄　申　述　書
収入印紙　円	（この欄に収入印紙 800 円分を貼ってください。）
予納郵便切手　円	（貼った印紙に押印しないでください。）

東京 家庭裁判所 御中 令和 6 年 4 月 20 日	申述人（未成年者などの場合は法定代理人）の記名押印　神田 花美　㊞(神田)

添付書類	（同じ書類は1通で足ります。審理のために必要な場合は，追加書類の提出をお願いすることがあります。） ☑ 戸籍（除籍・改製原戸籍）謄本（全部事項証明書）　合計 2 通 ☑ 被相続人の住民票除票又は戸籍附票 □

申述人	本籍（国籍）	東京 ㊞都 道府県 〇〇区中央2丁目100番
	住所	〒 321 - 〇〇〇〇　電話 090（〇〇〇〇）〇〇〇〇 埼玉県〇〇市1番2の3（　方）
	フリガナ 氏名	神田《カンダ》 花美《ハナミ》　(昭和)・平成・令和 60 年 7 月 6 日生（ 39 歳）　職業 会社員
	被相続人との関係	※ 被相続人の……… 1 子　2 孫　(3) 配偶者　4 直系尊属（父母・祖父母）　5 兄弟姉妹　6 おいめい　7 その他（　）
法定代理人等	※ 1 親権者　2 後見人　3	住所 〒　－　電話（　）（　方） フリガナ 氏名　　フリガナ 氏名
被相続人	本籍（国籍）	東京 (都) 道府県 〇〇区中央2丁目100番
	最後の住所	東京〇〇区中央2-100-1　死亡当時の職業 会社員
	フリガナ 氏名	神田《カンダ》 二郎《ジロウ》　平成・(令和) 6 年 3 月 1 日死亡

（注）　太枠の中だけ記入してください。　※の部分は，当てはまる番号を〇で囲み，被相続人との関係欄の7，法定代理人等欄の3を選んだ場合には，具体的に記入してく

相続放棄（1/

申　述　の　趣　旨

申　述　の　理　由

※ 相続の開始を知った日…………令和 6 年 3 月 1 日
(1) 被相続人死亡の当日　3 先順位者の相続放棄を知った日
2 死亡の通知をうけた日　4 その他（　）

放棄の理由	相続財産の概略	
※ 1 被相続人から生前に贈与を受けている。 2 生活が安定している。 3 遺産が少ない。 4 遺産を分散させたくない。 (5) 債務超過のため。 6 その他（　）	資産	農地……約　平方メートル　現金 預貯金………約 150 万円 山林……約　平方メートル　有価証券……約 50 万円 宅地……約　平方メートル 建物……約　平方メートル
	負債	………………………………約 1,200 万円

（注）　太枠の中だけ記入してください。　※の部分は，当てはまる番号を〇で囲み，申述の理由欄の4，放棄の理由欄の6を選んだ場合には，（　）内に具体的に記入してください。

申述書は家庭裁判所のホームページからダウンロードできる。

申述人とは、相続放棄する人のこと。戸籍謄本などを見ながら正確に記入する。

未成年者や成年被後見人が申立てする場合は、この欄も記載する。法定代理人は未成年者の場合は親、成年被後見人の場合は成年後見人など。

故人の情報を、戸籍謄本等を見ながら正確に記入する。検討の時間が足りない場合、家庭裁判所に申立てすると期間を伸長してもらえる場合もある（限定承認も同様）。

特別な理由がなければ相続開始を知った日は死亡日当日になる。その他を選択する場合は、具体的にいつかを記入する。

放棄の理由を選択する。その他の場合は具体的に記入する。

故人の資産、負債の状況を記入する。

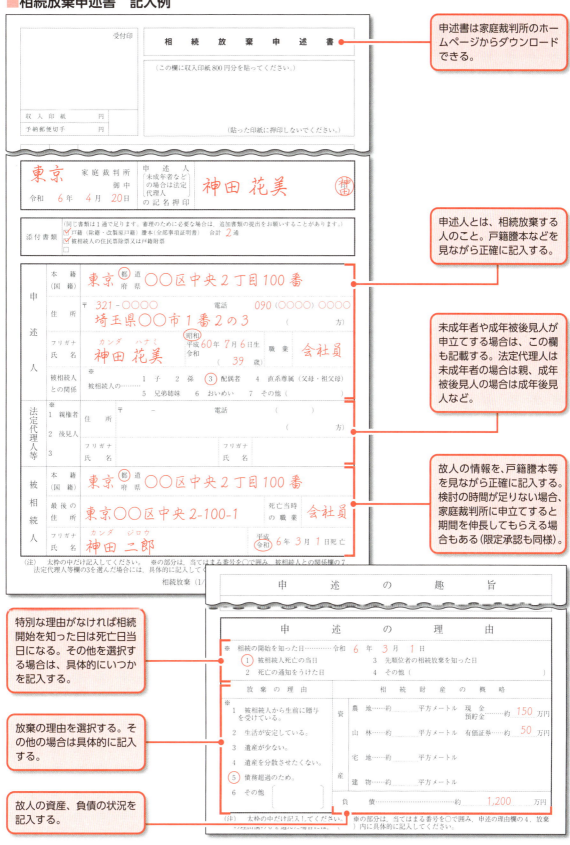

相続と遺産分割のルール❹

遺言書があるとき

ポイント！

遺言書を破棄、改ざんしたり隠したりした相続人は、相続人の資格を失います！

いつまでに すみやかに

どんな場合 遺言書が出てきた場合

手続きする人 相続人、受遺者

遺言書の種類とそれぞれの注意点

生前「遺言書があるから」と聞かされていた、故人の遺品を整理していたら遺言書らしきものが出てきた、そういう場合どうしたら良いでしょうか。

遺言書があれば、遺言書の記載どおりに遺産分割を行うのが原則です。ただし、遺言書を開く前に確認しなくてはならないことがあります。出てきた遺言書が「**自筆証書遺言**」であれば、開封せず家庭裁判所で検認を受ける必要があります（116ページ）。**自筆証書遺言は、遺言者（故人）が手書きした遺言書のことで、もっとも多く利用されている遺言書**です。自筆証書遺言は、遺言者が自分で作成して自宅等に自分で保管するのが基本です。ただし、2020年7月に自筆証書遺言書保管制度が始まったので、**遺言書保管所（一部の法務局）に預けてある場合もあります。**

遺言書には他に「**公正証書遺言**」があります。これは、**公証人が作成した遺言書**です。原本は公証役場に保存されていて、謄本（写し）が故人に交付されています。封筒や表紙に「公正証書遺言」と書かれていれば、開封してかまいません。検認も不要です。

あると聞いていた遺言書が見つからないときは、①公正証書遺言の検索システム②遺言書保管所で見つかるかもしれません。公正証書遺言を作っている可能性がある場合は①、遺言書預かり制度を利用している可能性がある場合は②での確認をしてみましょう。いずれも、確認できるのは遺言者の死後、相続人等に限られます。

遺言書の効力はどこまでおよぶもの？

遺産分割は、遺言書で指定された内容が優先されます（相続人全員が話し合って、遺言書とは異なる遺産分割をすることは可能）。ただし、なんでも遺言書のとおりになるわけではありません。

遺言書が無効であれば、そもそも効力はありません。自筆証書遺言は形式面で無効になることも珍しくありません。また、**遺言書に書いて法的な効力がある内容は、民法にルールがあります**（左ページ上参照）。それ以外の内容を書いても法的な効力はありませんが、遺族が故人の思いを汲んでかなえてあげることはできます。

こんなとき どうする?

遺言書に書いてあることで法的効力がある内容は?

遺言書には何を書いても相続人が従わなければいけないわけではありません。法的効力がある内容は民法で定められています。おもなものは次のとおりです。

- **相続分の指定**
  「妻Aに遺産の3分の2を相続させる」など
- **特定の遺産を特定の相続人に相続させる**
  「妻Aに自宅不動産を相続させる」など
- **相続人以外に財産を残す**
  「友人Xに100万円を遺贈する」など
- **結婚外で生まれた子の認知**
  「B子との間に生まれたCを認知する」など
- **死後5年以内の遺産分割の禁止**
  「会社の株式は3年たつまで分割してはいけない」など
- **遺言執行者(遺言の内容を実行する人)の指定**
  「長男Dを遺言執行者に指定する」など
- **相続人の排除(相続権をはく奪する)**
  「子Dを廃除する」など
- **特別受益の持戻しの免除**
  「令和○年○月○日に長女Eに対して生活費として贈与した金500万円ついては持戻しの免除をする」など

※特別受益とは、被相続人が生前にもらった婚姻のための費用や住宅購入費などの生活資本、および遺贈された財産のこと。これを遺産の額に戻して考えることを持戻しという(122ページ右下の図参照)。

遺言書が有効・無効とはどういうこと?

遺言書には、そこに書かれた内容に原則として従わなければならない法的効力があります。しかし、一定の場合にはその遺言書の一部または全体が無効であると扱われます。無効になると、書かれた内容に法的効力がなくなります。

では、遺言書の有効・無効は誰が判断するのでしょうか。それを判断するのは、相続人と受遺者です(争いがあれば裁判で決着をつけることもある)。自筆証書遺言を見つけた場合に行う検認は「遺言が発見されたときの状態で、その後加筆修正等されていない」ということを確認する手続きであり、有効・無効の判断をするわけではありません。

遺言が無効になるのはおもに次のような場合です。

- 自筆すべき部分が自筆されていない自筆証書遺言書(パソコンで作成したものや代筆など)
- 日付、氏名の記載がない
- 押印がない
- 自分の意思で作成していない(強迫などによる作成など)
- 15歳未満の人が作成した遺言書

なお、遺言書が無効になった場合、法的効力がないだけで、相続人が故人の遺志を汲んで遺言書どおりに相続しようとすることは可能です。

遺言書保管事実証明書の交付の請求

最寄りの遺言書保管所で遺言書を預けているか確認できる。事前に下記の書類等を用意。

1. 交付請求書、遺言者が死亡したことがわかる書類(戸籍謄本等)
2. 遺言者の相続人であることを証明する戸籍謄本
3. 申請者の住民票および顔写真付き本人確認書類(マイナンバーカードなど)
4. 手数料収入印紙800円

公正証書遺言の検索方法

最寄りの公証役場で遺言書の有無を検索できる。事前に下記の書類等を用意。

1. 遺言者が死亡したことがわかる書類(戸籍謄本等)
2. 遺言者の相続人であることを証明する戸籍謄本
3. 申出人の本人確認の書類(マイナンバーカードなど)

※請求者の資格により、その他の書類が必要な場合もある。

相続と遺産分割のルール⑤

自筆の遺言書があるとき

ポイント！

戸籍の収集や、他の相続人の住所の把握など、意外とたいへんな作業です。専門家に依頼する場合は弁護士または司法書士へ！

いつまでに	すみやかに
どんな場合	自筆の遺言書が出てきた場合
手続きする人	相続人、受遺者
手続き先	遺言者の最後の住所地の家庭裁判所

検認を受けるまで開封してはいけない！

自筆証書遺言が出てきたら、検認を受ける必要があります。また、**封印されている場合は検認を受けるまで開封してはいけません。**改ざんなどを疑われて思わぬトラブルになるだけでなく、5万円以下の過料というペナルティもあります。また、**検認を経ないと名義変更等の手続きに遺言書を使えません。**

検認申立ては家庭裁判所で行います。相続人のうち1人でも申立てできますが、申立書別紙の当事者目録には全相続人の情報を記載する必要があります。**検認は、相続人全員が関係者なのです。**被相続人の出生から死亡までの全戸籍から相続人を確定するなど、手間も時間もかかる作業です。

申立書と必要書類を家庭裁判所に提出すると、家庭裁判所から各相続人に検認の日時が通知されます。申立人以外の相続人が参加するかどうかは自由なので、欠席しても検認は行われます。**検認が終わると、遺言書に検認済証明書を付けてもらえます。**これで初めて銀行口座の解約や不動産の名義変更等を遺言書にもとづき行えるようになります。

必要なもの

- ☑ 遺言書の検認の申立書
- ☑ 当事者目録（相続人の一覧表）
- ☑ 遺言者の出生から死亡までの全戸籍謄本
- ☑ 相続人全員の戸籍謄本
- ☑ 収入印紙800円、切手代

※遺言者と相続人の続柄によっては、別途書類が必要になる場合もある。

こんなとき どうする？

有効・無効は判断されない！

検認は、遺言書の有効・無効を判断する手続きではありません。検認の目的は、相続人に対して遺言書の存在とその内容を知らせ、検認の日現在における遺言書の内容を明確にすることで、改ざん等を防ぐことです。もし、無効ではないかと疑う場合は検認を経たあとに別途訴訟等を行う必要がある場合もあります。

なお、自筆証書遺言であっても預かり制度を利用しているものに関しては、遺言書保管所で原本が保管されていて改ざん等のおそれがないので、検認は不要です。

家事審判申立書／当事者目録　記入例

受付印	家 事 審 判 申 立 書　事件名（遺言書の検認）
	（この欄に申立手数料として１件について８００円分の収入印紙を貼ってください。） （貼った印紙に押印しないでください。） （注意）登記手数料としての収入印紙を納付する場合は，登記手数料としての収入印紙は貼らずにそのまま提出してください。

収 入 印 紙	円
予納郵便切手	円
予納収入印紙	円

「遺言書の検認」と記入する。

家庭裁判所 御中 令和 6 年 6 月 10 日	申 立 人 （又は法定代理人など） の 記 名 押 印	夏目 一郎　（夏目）

添付書類	（審理のために必要な場合は，追加書類の提出をお願いすることがあります。） 遺言書の出生時から死亡時までの全ての戸籍謄本，相続人全員の戸籍謄本

添付書類は遺言者と相続人の続柄によって異なるので、家庭裁判所のホームページなどで確認する。

申立人	本籍（国籍）	（戸籍の添付が必要とされていない申立ての場合は，記入する必要はありません。） 東京 ㊞都 道 府 県 ○○区神田角町２丁目３番地
	住所	〒 101 － ○○○○　電話 090（○○○○）×××× 東京都○○区神田○町１丁目２番地（　方）
	連絡先	〒　－　電話（　） （　方）
	フリガナ 氏名	夏目《ナツメ》 一郎《イチロウ》　㊞昭和 平成 令和 54 年 10 月 1 日生（45 歳）
	職業	会社員
※ 遺言者	本籍（国籍）	（戸籍の添付が必要とされていない申立ての場合は，記入する必要はありません。） 東京 ㊞都 道 府 県 ○○区神田角町２丁目３番地
	住所	〒 101 －○○○○　電話（　） 東京都○○区神田○町１丁目２番地（　方）
	連絡先	〒　－　電話（　） （　方）
	フリガナ 氏名	夏目《ナツメ》 太郎《タロウ》　㊞昭和 平成 令和 20 年 4 月 1 日生（　歳）
	職業	

（注）　太枠の中だけ記入してください。
※の部分は，申立人，法定代理人，成年被後見人となるべき者，不在者，共同相続人，被相続人等の区
別表第一（ 1/　）

申立人とは、検認を請求する相続人の代表者のこと。

遺言を書いた人の情報。「遺言者」と記入し、戸籍等を見ながら正確に記入する。

遺言書の検認を求める旨を記入する。

申　立　て　の　趣　旨
遺言者の自筆証書による遺言書の検認を求めます。

遺言書を発見した、預かっていたなどを簡潔に記入する。家庭裁判所のホームページに記入例があるので参考にすると良い。

申　立　て　の　理　由
1. 申立人は、令和6年6月1日に、遺言者自宅書斎て遺言書を発見した。
2. 遺言者は、令和6年5月10日に死亡しましたので、遺言書の検認を求めます。なお、相続人は別紙の相続人目録のとおりです。

別紙（当事者目録）には、申立人以外の相続人情報を全員分記入する。

※ 相続人	本籍	（戸籍の添付が必要とされていない申立ての場合は，記入する必要はありません。） 東京 ㊞都 道 府 県 ○○市桜町１丁目２番
	住所	〒 101 － ○○○○ 東京都○○区神田○町１丁目２番地（　方）
	フリガナ 氏名	春野《ハルノ》 良美《ヨシミ》　大正 ㊞昭和 平成 令和 47 年 7 月 1 日生（52 歳）
※	本籍	（戸籍の添付が必要とされていない申立ての場合は，記入する必要はありません。） 都 道

申立て添付書類に相続人の住民票はありませんが、当事者目録に住所を記載するため、戸籍と一緒に用意してもらうとスムーズです。

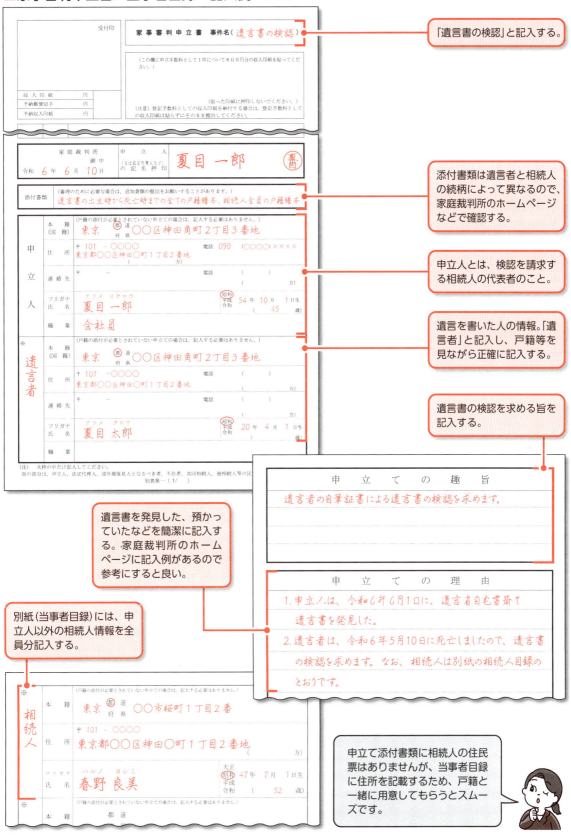

遺産になるもの・ならないものと遺産の分け方

ポイント！

傍系（兄弟・姉妹や叔父・叔母、姪・甥の関係）の相続では遺産の全ぼうがわかりにくいことが多いので、慎重に検討する必要があります。

いつまでに 放棄する場合は3か月以内

どんな場合 遺産を探す、分ける

手続きする人 相続人、受遺者

プラスもマイナスもすべてが遺産になる

遺産（相続財産）は、現預金や不動産などのプラスの財産だけでなく、借金などのマイナスも含まれます。プラスもマイナスもすべてが遺産になるのが原則です。たとえば、**相続した不動産にローンが残っていれば、ローンごと相続することになります。**また、プラスの財産だけ、ほしい財産だけを選んで相続することはできません。もしマイナスを相続したくないと思ったら、相続放棄等の手続きが必要です（112ページ）。

ただし、故人の一身専属権・義務は遺産に含まれません。たとえば、その人に特有の資格（運転免許や医師資格など）、義務（身元保証など）がこれに該当します。

相続するかどうかを検討するためにも、遺産の一覧を作ると良いでしょう。この一覧を「**遺産目録**」といいます。決まった様式はありませんが、左図上のように**マイナスの情報もまとめておくと便利**だと思います。なお、**不動産については登記事項証明書（登記簿謄本ともいう）を取り寄せて正確な所在等を記入することをおすすめします。**

遺産はどうやって分けるもの？

まず、相続するかしないかを決めましょう。相続すると決めたら、他の相続人と遺産の分け方について話し合う必要があります。ただし、遺言書があれば原則として遺言書に記載された分け方に従います。**相続人全員の同意があれば遺言書と異なる分け方も可能**ですが、遺言執行者が指定されている場合は遺言執行者の同意も必要になります。

ですから、**遺言書を探してみて出てこなければ相続人全員で話し合う**、と考えておきましょう。遺言書に具体的な分け方が書いていない場合も同様です。その際、分け方の目安になるのが法定相続分です（111ページ）。**法定相続分を目安に大まかに分けてみて、そこに生前贈与や故人への貢献具合（介護や事業の手伝いなど）を加味して考えるのが現実的**です。

現金や預金なら分けるのも簡単ですが、遺産の大半を不動産が占める場合は分けにくく、もめやすいものです。その場合は**換価分割**、**代償分割**という方法を取ることもあります（左図下）。

遺産目録　作成例

遺　産　目　録

【土　地】

番号	所　在　地	地番	地目	地　積	備　考
1	○○区神田○町1丁目	1	宅地	120.00	評価額 5千4百万円 ローン　○○銀行 残高3千万円

不動産には住所とは異なる「所在地」「家屋番号」が割り振られている。登記事項証明書や固定資産税評価証明書にも所在地等で記載されるので、照合しやすいよう所在地等を記入すると良い。

遺　産　目　録

【建　物】

番号	所　在　地	家屋番号	種類	構造	床面積	備考
1	○○区神田○町1丁目	1番1	居宅	鉄骨 コンクリート 2階建て	平方メートル 1階 90.00 2階 60.50	評価額 6百万円 ローン残高 なし

「評価額」とは、実際の売買価格ではなく相続税を計算するための価格（詳しくは170ページ）。ローンが残っている場合はその金額も記載して検討材料にする。

遺　産　目　録

【現金・預貯金・株式等】

番号	品　目	単位	数量（金額）	備　考
1	○○銀行○支店普通預金 （番号 1234567）		3,000,000円	
10	負債　○○銀行		借入 30,000,000円 利息1%	住宅ローン

相続開始時の残高をメモしておく。通帳のコピーを一緒に綴じておくのも良い。

負債があれば漏らさず記入することが大事。

換価分割と代償分割

換価分割の場合

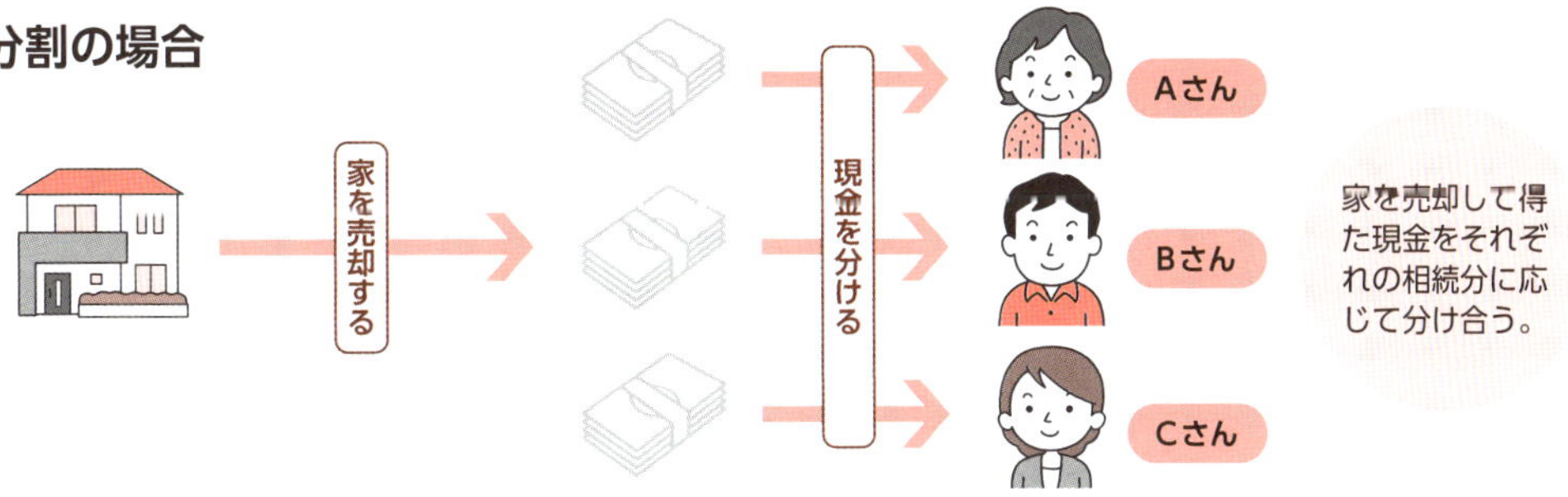

代償分割の場合

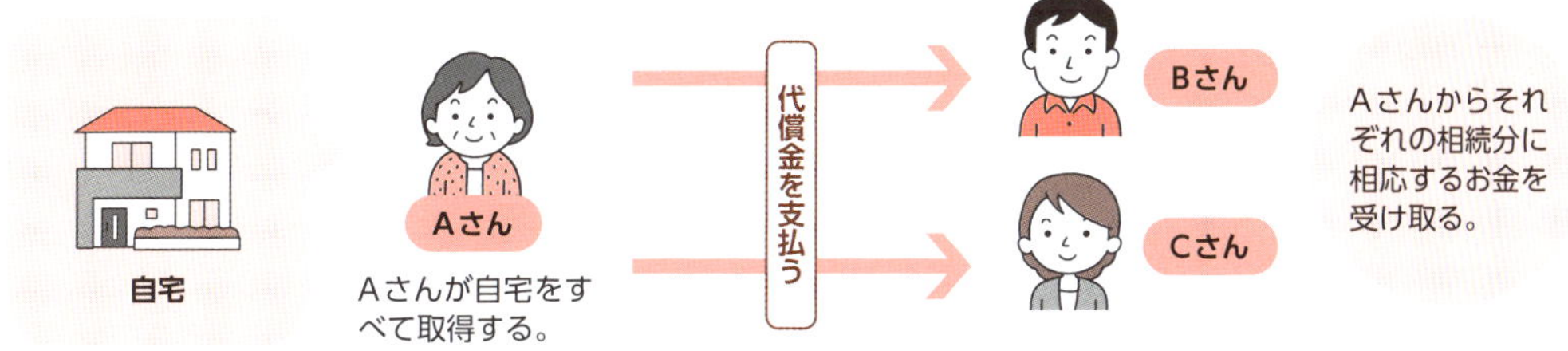

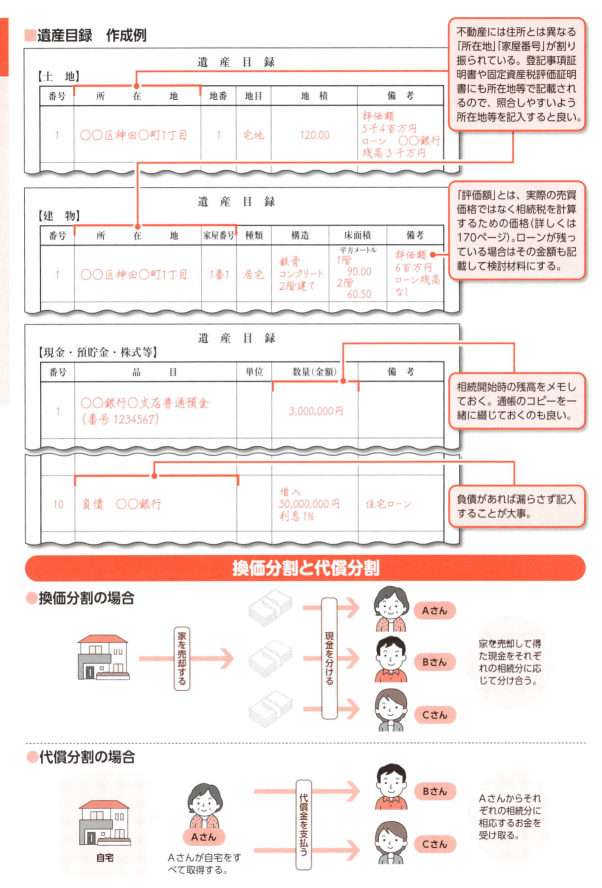

あるはずの遺産がないときは？

ポイント！

見つかった遺産は見つかったときの状態を記録しておく（記帳しておくなど）と、他の相続人も安心です。

いつまでに すみやかに

どんな場合 遺産を探す場合

手続きする人 相続人、受遺者

もしも借金が見つかったら？

同居の家族が亡くなった場合は、ある程度どんな遺産があるかわかると思います。しかし、兄弟・姉妹や長い間別居していた親族などだと、どこにどんな遺産があるのかはっきりしないこともあるでしょう。

遺産を探す場合、**①不動産 ②預貯金 ③株や投資信託 ④その他**の4つに分けて考えるとやりやすいと思います。それぞれ、探し方にコツがあるからです（下・左図参照）。

では、遺産を探していて、故人の借金を見つけたらどうしたら良いでしょうか。**相続人が借金を一部でも遺産から払ってしまうと、その相続人は借金ごと相続することを選択したことになってしまいます。**ですから、慌てずにまずは総額がいくらになるか確認してください。

プラスの財産からその金額を引いたら赤字、という場合は相続放棄を選択するのが良いかもしれません。ごまかしてプラスの遺産を使ったり隠したりすれば、マイナスも含め全部を相続することを選択したことになるので注意してください。

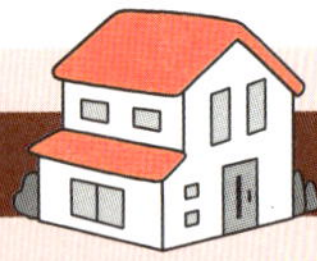

財産を探す ①不動産

ⓐ 権利証、契約書を探す。家の中、自宅の金庫などに保管されていることが多い。

ⓑ 権利証などが見当たらなければ、固定資産税の納税通知書が送られてきていないか確認。課税されていない土地は漏れることがあるので次のⓒを確認。

ⓒ 市区町村役場（東京23区の場合は都税事務所）で名寄帳を閲覧する。名寄帳にはその市区町村内にある不動産が一覧で出てくる。相続人が閲覧するには戸籍等の身分証明資料が必要。

ⓓ 登記事項証明書の共同担保目録（担保の対象になっている不動産の一覧）を見ると、それまで把握していなかった不動産（私道など）がある場合も。

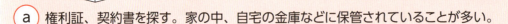

財産を探す ②預貯金

a 通帳は家の中に保管されていることが多い。また、キャッシュカードは財布に入っていることが多いので比較的把握しやすい。

b キャッシュカードなどが見当たらない場合はATM利用時の明細や銀行からの郵便物を探す。

c インターネット銀行の場合も、キャッシュカードや取引の際の暗号カードが発行されることが多いので、それらを探す。

財産を探す ③株や投資信託

a 証券会社や信託会社から送られてくる郵便物で把握する。どこの証券会社、信託会社に口座があるのかわかれば問い合わせできる。

b 配当や分配金が銀行口座に振り込まれていることもあるので、通帳をチェックする。

c ほふり（証券保管振替機構）に開示請求する。相続人が開示請求すると、故人が口座を開設していた証券会社等を知ることができる。

財産を探す ④その他

a **自動車、貴金属、絵画や骨董、家具等**

　これらは故人の家に保管されている可能性が高いので、現物を探す。また、貸金庫を借りていないかも確認を。

b **借金や保証債務**

　家に届いている郵便物をよく見ると、支払いの督促状などがあるかもしれない。借金（ローンも含む）を把握するためにも郵便物のチェックをしっかりと。通帳を見て、定期的に同じような金額が引き落とされている場合も借金の返済かもしれないので、支払先を確認しておこう。

　連帯保証人になっている場合はその契約書があるはずなので、金庫など重要な書類を保管していそうな場所を探す。

c 故人のパソコンに重要な手がかりが残されていることも。可能ならチェックする。

ネット銀行やネット証券の口座など、パソコンやスマホに手がかりが残っていることも多いので、それらをチェックできるといいですね。また、貸金庫を借りているケースもあるので確認を。

遺産を分けるために話し合いをする

ポイント!

遺産分割協議がまとまらないと、相続税の申告・納税にも影響します。申告・納税期限の10か月までにまとめるのが理想です。

- **いつまでに** ▶ 原則10か月以内
- **どんな場合** ▶ 遺産を分ける場合
- **手続きする人** ▶ 相続人、受遺者

相続人全員が同意しなければ無効になる

遺言書がないときや、遺言書があっても具体的な遺産の分け方が記載されていないときは、相続人全員で話し合って誰が何をどれだけ相続するかを決める必要があります。この話し合いを「遺産分割協議」といいます。

遺産分割協議は、全相続人および受遺者が同意しなければ無効になります。全相続人とは、被相続人の出生から死亡までの全戸籍から確定します。**戸籍をよくチェックしてみると、被相続人が認知した子がいるなど、それまで知らなかった相続人が現れることもあります。**それらの相続人の同意も必要です。

遺産分割協議では、被相続人の生前に贈与を受けていた相続人や、被相続人のために自分の財産を使うなど貢献した相続人がいれば、その精算も含めて話し合います。**生前に受けた利益を特別受益、被相続人への特別な貢献を寄与分**といいます。

遺産分割協議の結果は「**遺産分割協議書**」という文章にまとめます。遺産分割協議書ができあがると、銀行口座の解約や不動産の名義変更など具体的な手続きを行えます。

寄与分とは?

寄与分とは、被相続人の財産の維持または増加に特別な貢献をした人に、その分を法定相続分よりも多く取得させて公平を実現する制度。

例 被相続人の事業を維持するために500万円を投資した場合（それにより増加または維持された被相続人の財産が寄与分になる。この例では500万円とする）

●**寄与分のある相続人：**
（遺産−500万円）×自分の法定相続分+500万円

●**寄与分のない相続人：**
（遺産−500万円）×自分の法定相続分

特別受益とは?

特別受益とは、被相続人から婚姻、養子縁組のため、もしくは生計の資本として生前贈与や遺贈（遺言書による贈与）でもらった財産のこと。特別受益は相続分から差し引く（持ち戻す）計算をする。

例 被相続人から生前に住宅取得費として500万円もらった場合

●**特別受益のある相続人：**
（遺産+500万円）×自分の相続割合−500万円

●**特別受益のない相続人：**
（遺産+500万円）×自分の相続割合

遺産分割協議書　作成例

被相続人を特定するための情報を記載する。

遺産分割協議書

被相続人山田太郎(令和○年○月○日死亡　本籍地東京都○○区○○町○○丁目○番地)の遺産につき、共同相続人山田正、山田町子および山田真美は遺産分割協議の結果、被相続人の遺産を次のように分割した。

すべての相続人を記載する。

1. 次の不動産につき、山田正が取得する。
　所在：東京都○○区○○町○○丁目
　地番：○番地○
　地目：宅地
　地積：100.00㎡

登記簿謄本のとおりに記載する。

2. 次の不動産につき、山田町子が取得する。
　所在：東京都○○区○○町○○丁目
　家屋番号：○番地○
　種類：居宅
　構造：鉄骨鉄筋コンクリート造陸屋根
　床面積：１階　80.00㎡
　　　　　２階　60.00㎡

金融機関名、口座番号などを正確に記載する。

3. 次の預金につき、山田真美が取得する。
　○○銀行○○支店　普通預金　口座番号○○○○　1,200万円(相続開始日の残高)

4. 上記以外の遺産につき、山田正がすべて取得する。

協議が終わってから高額な遺産が発見されることに備えて、「本遺産分割協議の成立後、上記以外の被相続人にかかる遺産があらたに発見された場合、相続人全員で協議し、取得者を決定する。」等しても良い。

本遺産分割協議の成立を証するため、本協議書３通を作成し、各自１通を保有する。

実印で捺印し、各自の印鑑証明書を添える。

令和○年○月○日
　氏名　山田正　　実印
　住所　東京都○○区○○町○○丁目○番地
　氏名　山田町子　　実印
　住所　東京都○○区神田○町○○丁目○番地
　氏名　山田真美　　実印
　住所　東京都○○区神田○町○○丁目○番地

遺産分割協議書は相続人の人数分を作り、相続人全員が記名（または署名）して実印を捺印し、印鑑証明書とともに各自が保管します。

遺産分割協議書には、決まった書式はありません。誰が、何を、どれだけ相続するかを明記するように気をつけてください。

相続手続きに必要な「出生から死亡までの戸籍」とは？

ポイント！

広域交付では、最新の本籍地と筆頭者がわかればすべての戸籍が揃うことになっています。

いつまでに	すみやかに
どんな場合	相続人を調べる場合
手続きする人	相続人
手続き先	本籍地の市区町村役場が原則だが、広域交付は本籍地以外でも可能

なぜたくさんの戸籍が必要なのか

全相続人を確定するためには、被相続人（故人）の出生から死亡までの全部の期間の戸籍が必要です。なぜ出生までさかのぼる必要があるかというと、戸籍はその戸籍が編成されてから現在までの事項しか記載されていないからです。

たとえば、被相続人に子A、B、Cがいて、そのうちAが死亡したのちに転籍してあらたに戸籍が編成されると、その戸籍にはB、Cしか記載されません。この場合、死亡した子Aに子がいればその子がAに代わって相続するため（代襲相続という）、**戸籍をさかのぼって転籍前の戸籍も確認することが必要**なのです。このように、出生時までの戸籍をさかのぼって確認すると、予想外の相続人がいることが発覚することもあります。

全戸籍を請求するときのポイント

戸籍は、本籍と筆頭者を指定して請求します。本籍地の市区町村役場で請求するのが原則ですが、2024年3月から、**本籍地以外の市区町村役場でも戸籍を請求できるようになりました。**これを「**広域交付**」といいます。

広域交付を利用すると、**原則として一度にすべての戸籍を揃えることができます。**ただし、広域交付を利用できるのは一定の家族に限られます（49ページ）。また、請求する本人が役所の窓口に出向かなければならないという制約もあります。

広域交付を利用できない場合は、これまでどおり本籍地の市区町村役場で請求します。**郵送でも請求できるので本籍地が遠方の場合は利用しましょう。**郵送請求の場合には、手数料を定額小為替（50ページ）で支払います。

本籍と筆頭者がわからない場合は、対象者（たとえば亡くなった配偶者）の住民票の除票を本籍記載と指定して取ると、本籍および筆頭者が記載されて出てきます。

なお、戸籍は誰でも請求できるものではありません。**戸籍に記載されている人、相続など正当な理由がある人でないと請求できません。**

相続手続きのために必要な場合は、被相続人との続柄がわかる資料などを求められることもあるので、あらかじめ問い合わせしておくと二度手間を防げます。

戸籍には3つの種類がある

戸籍とひとくくりで呼ぶが、実は３つの種類がある。役所の窓口でとまどわないよう、大まかにその意味と呼び方を知っておこう。

1 現戸籍

「戸籍」というときには、この現戸籍を指すことが多い。現在最新の戸籍。

2 改製原戸籍

戸籍は何度か様式が変わっている。新しい様式になったときに、その作り替える前のもとになった戸籍を改製原戸籍という。「かいせいげんこせき」や「かいせいはらこせき」と読む。

改製原戸籍になってから150年間保存されるが、以前はもっと保存期間が短かったため、すでに廃棄されているものもある。

3 除籍

転籍で他の市区町村に戸籍が移されたり、戸籍に載っていた人がすべていなくなった（死亡したり、結婚して新しい戸籍を作るなど）した場合の戸籍のこと。

なお、戸籍に載っている人が結婚などでその戸籍から抜けることも除籍という。保存期間については改製原戸籍と同様。

戸籍の広域交付を利用する際のポイント

※申請書の一部を抜粋。

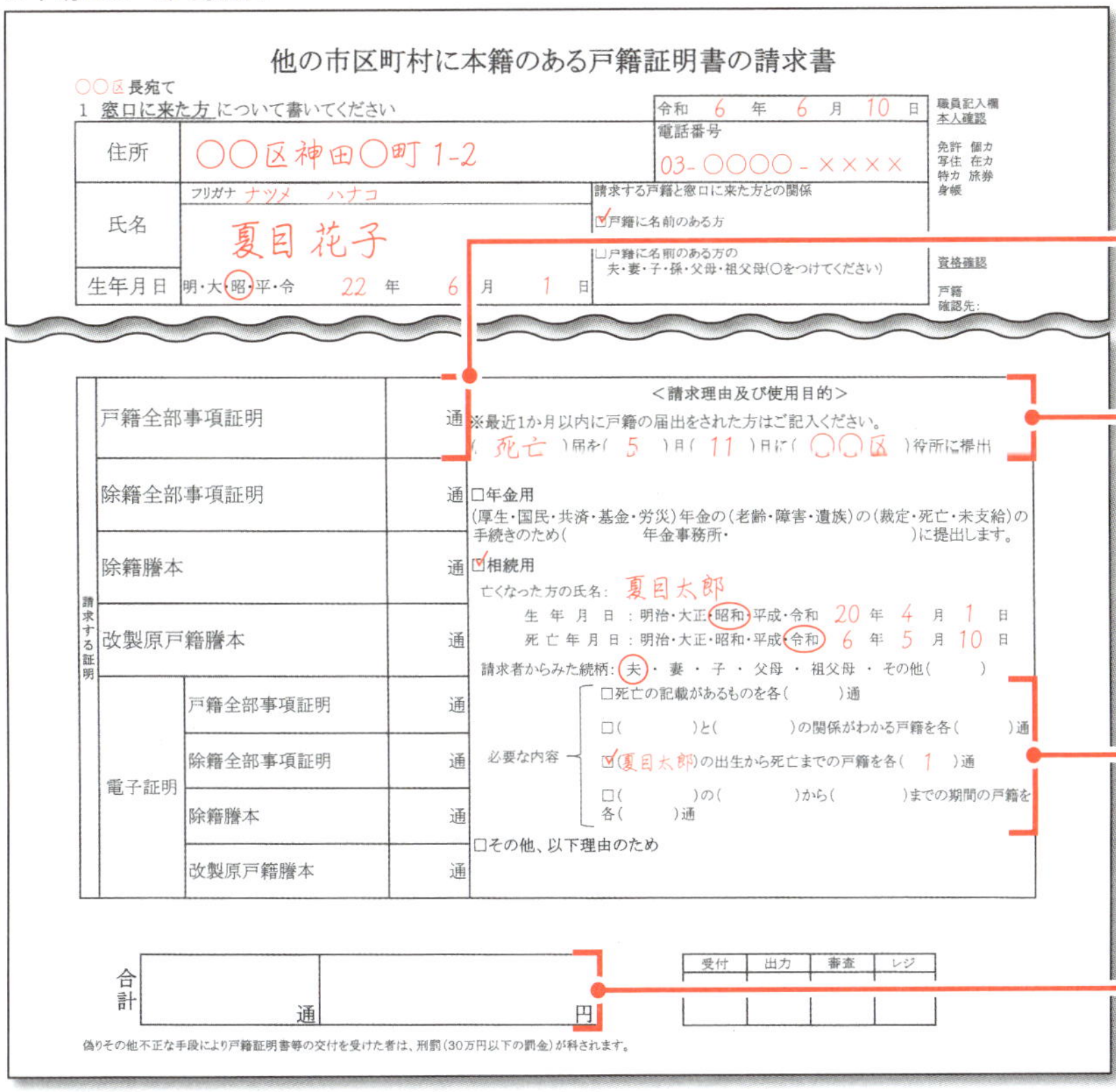

他の市区町村に本籍のある戸籍証明書の請求書

○○区 長宛て
1 窓口に来た方 について書いてください
令和 6 年 6 月 10 日
住所 ○○区神田○町1-2
電話番号 03-○○○○-××××
氏名 フリガナ ナツメ ハナコ 夏目 花子
生年月日 明・大・昭・平・令 22 年 6 月 1 日
請求する戸籍と窓口に来た方との関係
☑戸籍に名前のある方
□戸籍に名前のある方の 夫・妻・子・孫・父母・祖父母(○をつけてください)
職員記入欄 本人確認 免許 写住 特カ 身帳 個カ 在カ 旅券 資格確認 戸籍 確認先：

請求する証明
戸籍全部事項証明 通
除籍全部事項証明 通
除籍謄本 通
改製原戸籍謄本 通
電子証明 戸籍全部事項証明 通 除籍全部事項証明 通 除籍謄本 通 改製原戸籍謄本 通

<請求理由及び使用目的>
※最近1か月以内に戸籍の届出をされた方はご記入ください。
（死亡）届を（5）月（11）日に（○○区）役所に提出
□年金用
（厚生・国民・共済・基金・労災）年金の（老齢・障害・遺族）の（裁定・死亡・未支給）の手続きのため（　年金事務所・　）に提出します。
☑相続用
亡くなった方の氏名：夏目太郎
生年月日：明治・大正・昭和・平成・令和 20 年 4 月 1 日
死亡年月日：明治・大正・昭和・平成・令和 6 年 5 月 10 日
請求者からみた続柄：夫・妻・子・父母・祖父母・その他（　）
必要な内容
□死亡の記載があるものを各（　）通
□（　）と（　）の関係がわかる戸籍を各（　）通
☑（夏目太郎）の出生から死亡までの戸籍を各（1）通
□（　）の（　）から（　）までの期間の戸籍を各（　）通
□その他、以下理由のため

合計 通 円
受付 出力 審査 レジ

偽りその他不正な手段により戸籍証明書等の交付を受けた者は、刑罰（30万円以下の罰金）が科されます。

出生から死亡までの戸籍を請求する場合、最終的にどの戸籍が何通になるのかは請求してみないとわからないため、空欄でかまわない。

本籍地以外で請求する場合、死亡の届出から1～2週間たたないと死亡が反映された戸籍が取得できないこともある。

出生から死亡までの戸籍すべてがほしい場合はこのように指定する。

複数の戸籍が発行されるので、手数料が高額になることもある。あらかじめ用意しておくこと。

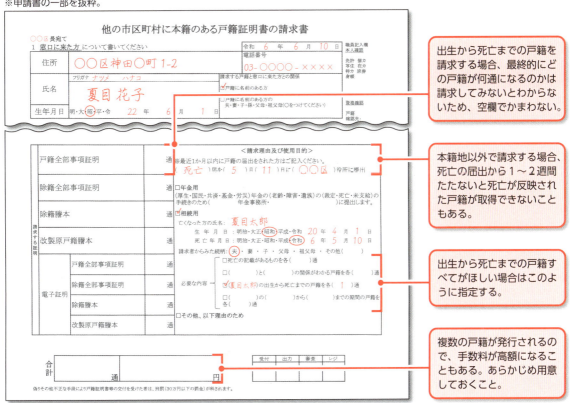

コンピューター化前の戸籍は、「一、二、三」が「壱、弐、参」、「十」が「拾」と記載されています。

たとえば、「3月21日」なら「参月弐拾壱日」と書かれています。

■現在の戸籍＝現戸籍（戸籍謄本（戸籍全部事項証明書））

被相続人夏目健一の
戸籍をさかのぼって
確定していきます。

❶本籍と筆頭者が記載されている。

❷【改製日】によると平成20年7月19日に作られたことがわかる。それ以前の情報は、このひとつ前の戸籍でないと確認できない。健一は昭和35年10月1日生まれなので、それ以前までさかのぼれば相続人が確定する。

❸【改製事由】によると、法改正によって改製されたことがわかる。このひとつ前の戸籍は、同じ本籍、同じ筆頭者の改製原戸籍を取れば良い、ということがわかる。

（２の１）　全部事項証明書

本　籍 氏　名	東京都○○区神田角町２丁目３番地 夏目健一
戸籍事項 戸籍改製	【改製日】　平成 20 年 7 月 19 日 【改製事由】　平成 6 年法務省令第 51 号附則第 2 条第 1 項による改製
戸籍に記載されている者	【名】　健一 【生年月日】　昭和 35 年 10 月 1 日　【配偶者区分】　夫 【父】　夏目啓 【母】　夏目一江 【続柄】　長男
身分事項 出　生	【出生日】　昭和 35 年 10 月 1 日 【出生地】　東京都××区 【届出日】　昭和 35 年 10 月 2 日 【届出人】　父
婚　姻	【婚姻日】　平成 2 年 4 月 1 日 【配偶者氏名】　鈴木富江 【従前戸籍】　東京都××区西新宿○○町参拾番地　夏目啓
戸籍に記載されている者	【名】　富江 【生年月日】　昭和 36 年 7 月 1 日　【配偶者区分】　妻

以下事項

（２の２）　全部事項証明書

身分事項 出　生	【出生日】　昭和 36 年 7 月 1 日 【出生地】　東京都国立市○町 【届出日】　昭和 36 年 7 月 4 日 【届出人】　父
婚　姻	【婚姻日】　平成 2 年 4 月 1 日 【配偶者氏名】　夏目健一 【従前戸籍】　東京都国立市○町３丁目１番地　鈴木次郎
戸籍に記載されている者	【名】　航一 【生年月日】　平成 3 年 8 月 1 日 【父】　夏目健一 【母】　夏目富江 【続柄】　長男
身分事項 出　生	【出生日】　平成 3 年 8 月 1 日 【出生地】　東京都△区 【届出日】　平成 3 年 8 月 4 日 【届出人】　父

❹配偶者（富江）と子（航一）がいて、2人が相続人であることがわかる。

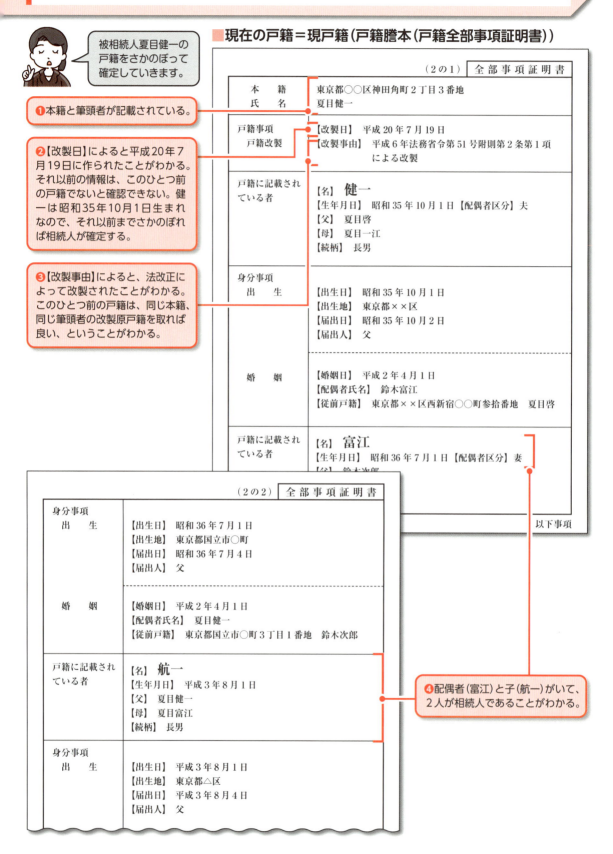

実際に戸籍をさかのぼってみよう

改製原戸籍

改製原戸籍

平成六年法務省令第五一号附則第二条第一項による改製につき
平成弐拾年七月拾九日消除㊞

本籍	東京都○○区神田角町二丁目参番地
氏名	夏目　健一

婚姻の届出により平成弐年四月壱日夫婦
につき本戸籍編成㊞

昭和参拾五年拾月壱日東京都××区で出生父夏目啓届出
同月五日受附入籍㊞
鈴木富江と婚姻届出平成弐年四月拾四日受附××区
西新宿○○町参拾番地夏目啓戸籍より入籍㊞

父	亡夏目啓
母	一江
長男	
夫	健一
出生	昭和三拾五年拾月壱日

昭和参拾六年七月壱日東京都国立市で出生父鈴木次郎届出
同月四日受附入籍㊞
平成弐年四月壱日夏目健一と婚姻届出東京都国立市○町
参丁目壱番地鈴木次郎戸籍より同日入籍㊞

父	鈴木次郎
母	良江
長女	
妻	富江
出生	昭和三拾六年七月壱日

平成参年八月壱日東京都△区で出生父夏目健一届出
同月四日受附入籍㊞

父	夏目健一
母	富江
長男	
	航一
出生	平成参年八月壱日

❶現戸籍の改製もとになった戸籍なので、「改製原戸籍」と記載がある。

❷平成20年7月19日にこの戸籍は消除。右にある「現在の戸籍」へと日付がつながる。

❸戸籍編製事由が書かれている。平成2年4月1日付けの結婚により、健一を筆頭者として編製。これより前の健一の戸籍を探すには婚姻前の戸籍を探すことになる。

❹婚姻前の戸籍（西新宿○○町）などについても記載されている。

「改製原戸籍」について

編製事由（❷）を見るとこの戸籍は平成20年7月19日までの記録であることがわかる。平成2年4月1日付けの結婚によって作られた戸籍なので（❸）、これより前の戸籍は夏目健一の結婚前、つまり親（夏目啓）の戸籍につながっていく（❹）。ここからさかのぼるには、「本籍：××区西新宿○○町参拾番地　筆頭者：夏目啓」の戸籍を請求する必要がある。航一以外の子どもがこの改製原戸籍に記載されていることもあるので（その子どもも相続人になる）、何が記載されているのかよく確認する。

「現在の戸籍」について

実際に戸籍をさかのぼって、被相続人（夏目健一）の相続人を確定してみる。

まず、現在の戸籍（現戸籍）を取得する。筆頭者と本籍地の情報が必要（❶）。現戸籍を見ると、いつまで戸籍をさかのぼれば良いのかわかる（❷）。

次に、現戸籍のひとつ前の戸籍を請求する。そのためには現戸籍が作られた理由を調べる（❸）。

自分の相続分が脅かされているときは？

ポイント！

相手方が請求に応じない場合は、調停や訴訟に発展することもあります。もめそうな場合は、弁護士に相談するのがおすすめです。

いつまでに	相続開始から10年、侵害を知ってから1年以内
どんな場合	遺留分まで奪われた場合
手続きする人	相続人
手続き先	遺留分を侵害している相手に請求する

最低限もらえる分を取り戻すことができる

遺言書があれば、原則として遺言書に書かれたとおりに遺産を分けます。たとえば、家族以外の人に全財産を遺贈するという遺言があれば、それに従うのが原則です。しかし、被相続人の家族は、遺産によって生活を維持する必要もあり、まったく遺産を相続できないのは困ります。そこで、一定の相続人には最低限もらえる「遺留分」があります。

もし、その**遺留分までもが他の相続人や受遺者（遺言によって遺産をもらう人のこと）にわたってしまったら、その相手に対して遺留分に相当する金銭を払うよう請求できます。**これを「**遺留分侵害額請求**」といいます。

遺留分侵害額請求は、相手に意思表示をするだけで良いのですが、「いった、いわない」のトラブルを避けるためにも、**内容証明郵便など、証拠の残る形で請求することが望ましい**です。

相続開始および遺留分を侵害されていることを知ってから1年、または**相続開始から10年経過すると遺留分侵害額請求ができなくなる**ので注意してください。

遺留分の割合

相続人		法定相続分	遺留分
配偶者のみ	配偶者	すべて	2分の1
子のみ	子	すべて	2分の1
両親のみ	両親	すべて	3分の1
配偶者と子	配偶者	2分の1	4分の1
	子	2分の1	4分の1
配偶者と両親	配偶者	3分の2	3分の1
	両親	3分の1	6分の1
配偶者と兄弟・姉妹	配偶者	4分の3	2分の1
	兄弟・姉妹	4分の1	なし

兄弟姉妹に遺留分はありません。同じ順位の相続人が複数いるときは、遺留分も等分します。

遺留分侵害額請求の例

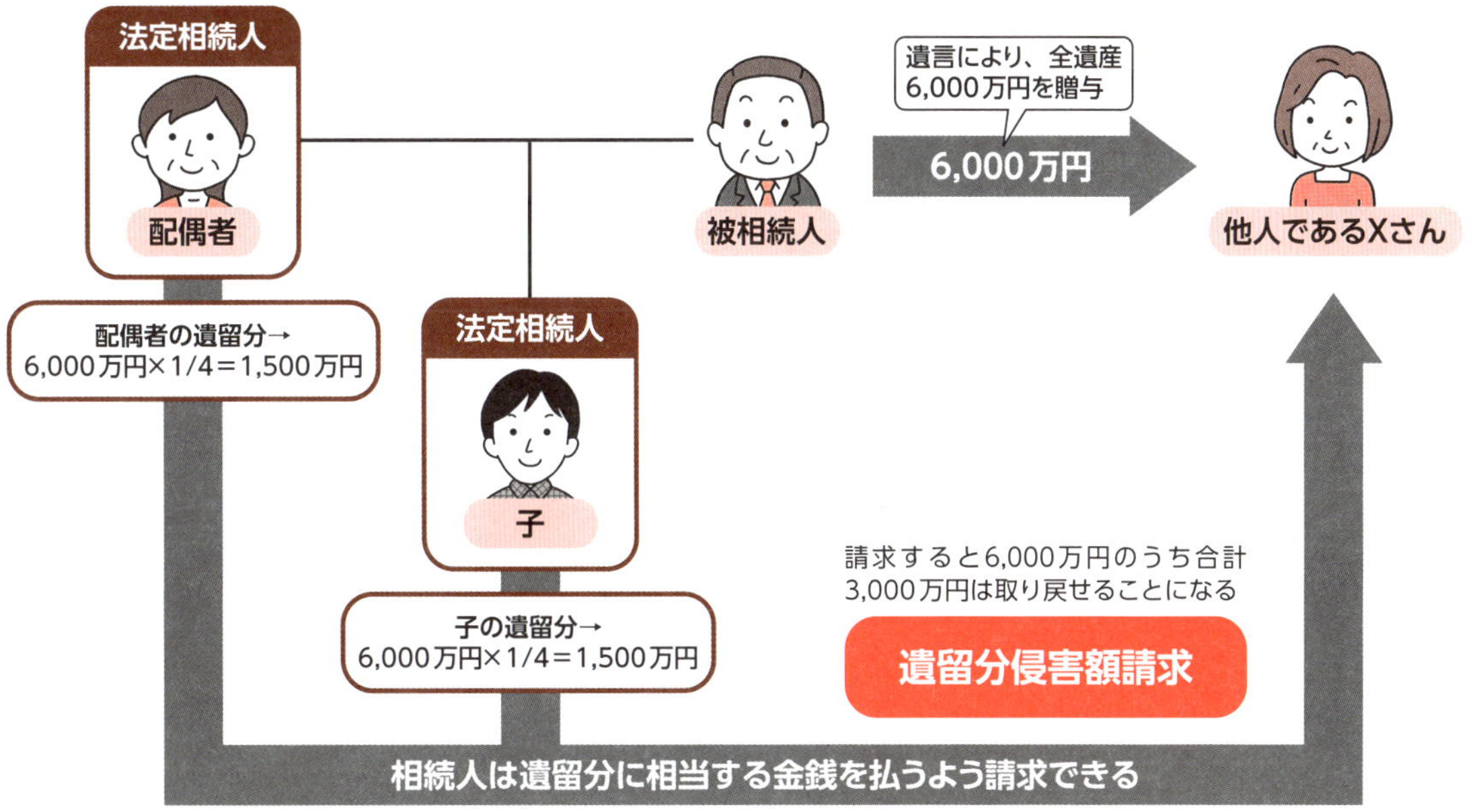

遺留分を請求するかどうかは、各相続人が個別に選べる。この例の場合、たとえば子が遺留分を請求しなかったとしても、配偶者の遺留分は増えない。

遺留分侵害額請求書の例

遺留分侵害額請求書

埼玉県○○市1番町2番
大宮　花美　殿

被相続人神田二郎の平成30年1月1日付自筆証書遺言書の遺言内容は私の遺留分を侵害しております。
したがって、私は遺留分侵害額の請求を貴殿に対して行います。

令和7年2月1日

東京都○○区中央2丁目100番
神田　良子

タイトルは「遺留分侵害額請求書」とする。

通知する相手の氏名、住所を記載する。

どの遺言書か特定できるよう記載する。この例は自筆証書だが、公正証書なら「公正証書遺言（○○法務局所属 公証人 ○○○○作成 平成○○年第○○○号）」等を記載する。

具体的な侵害内容（金額、割合等）を記載しても良い。

内容証明郵便で送る場合は、文字数・行数の制限、訂正方法の制限や、他に書類を同封できないなどのルールがあります。あらかじめ郵便局で確認してから用意しましょう。

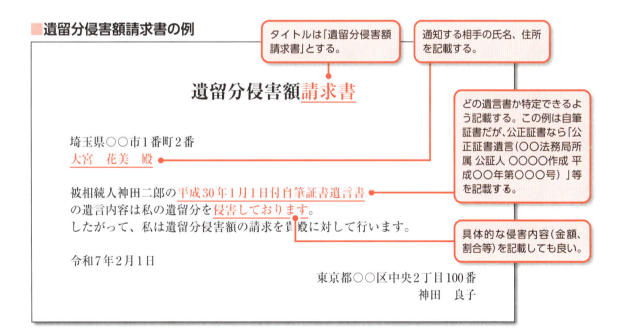

未成年者が遺産を相続するにはどうするの？

ポイント！

家庭裁判所で手続きしますが、郵送でもできるうえ、それほど難しくはありませんよ。

いつまでに	すみやかに
どんな場合	未成年者の相続人がいる場合
手続きする人	親権者または利害関係人
手続き先	子どもの住所地の家庭裁判所

未成年者が相続するには代理人が必要

相続に年齢制限はありません。赤ん坊も相続人になれます。ただし、未成年者が法律行為をする場合、代理人が必要な場合もあり、**未成年者が相続する場合も代理人が必要**です。

通常、未成年者の代理人は親です。しかし、相続の場合は親と未成年者の利害関係がぶつかってしまうことがあります（利益相反という）。たとえば、父親が死亡して母親と未成年者の子が相続人になった場合、母親が未成年者の子を代理すると、遺産を独り占めしてしまうこともあるかもしれません。

このように、**利益相反になる場合は未成年者に特別代理人の選任が必要**です。特別代理人は、未成年者を代理して、未成年者のために遺産分割協議をします。なお、法定相続分どおりに相続するのであれば利益相反にならないのではないか？　とも考えられますが、その場合でも特別代理人は必要です。

特別代理人になるために特別な資格は不要です。**未成年者のために適切な手続きができ、なおかつ利益相反行為に利害関係がない人であれば就任可能**です。

こんなとき どうする？

利益相反にあたる例ってたとえば？

❶夫が死亡し、相続人になる妻と未成年者の子どもが遺産分割協議をする場合。

❷１人の親が複数の未成年者の法定代理人として遺産分割協議をする場合。

❸相続人である母（または父）が未成年者についてのみ相続放棄の申述をする場合。

なお、未成年の子どもが複数いれば、その人数分、特別代理人が必要です。

必要なもの

- ☑特別代理人選任申立書
- ☑未成年者の戸籍謄本
- ☑親権者または未成年後見人の戸籍謄本
- ☑特別代理人候補者の住民票または戸籍附票
- ☑利益相反に関する資料（遺産分割協議書案等）
- ☑収入印紙800円（子1人につき）、連絡用切手代

特別代理人選任申立書　記入例

受付印

特 別 代 理 人 選 任 申 立 書

（この欄に収入印紙 800 円分を貼ってください。）

（貼った印紙に押印しないでください。）

収 入 印 紙	円
予納郵便切手	円

準口頭　｜　関連事件番号　平成・令和　　年（家　　）第　　　　号

家庭裁判所 御中　令和 6 年 12 月 15 日	申立人の 記名押印	田中和美　印

添付書類（同じ書類は1通で足ります。審理のために必要な場合は，追加書類の提出をお願いすることがあります。）
- ☑ 未成年者の戸籍謄本（全部事項証明書）
- ☑ 親権者又は未成年後見人の戸籍謄本（全部事項証明書）
- ☑ 特別代理人候補者の住民票又は戸籍附票
- ☑ 利益相反に関する資料（遺産分割協議書案，契約書案等）
- □（利害関係人からの申立ての場合）利害関係を証する資料
- □

申立人	住所	〒201－○○○○　電話 070（○○○○）×××× 東京都○市1丁目2番3-101号（　　方）			
	フリガナ 氏名	田中《タナカ》和美《カズミ》	(昭和)平成 令和 60年 5月 1日生（39歳）	職業	会社員
	フリガナ 氏名		昭和 平成 令和　年　月　日生（　歳）	職業	
	未成年者との関係	※ 1 父母　2 父　(3) 母　4 後見人　5 利害関係人			
未成年者	本籍（国籍）	東京 (都) 道 府 県 ○市1丁目100番地			
	住所	〒　－　電話（　） 申立人の住所と同じ（　　方）			
	フリガナ 氏名	田中《タナカ》健一《ケンイチ》	(平成) 令和 29年 2月 1日生（7歳）		
	職業又は在校名	○○小学校			

（注）　太枠の中だけ記入してください。　※の部分は，当てはまる番

申立人の住所と同じ場合はこのように記入する。別の場合は具体的に記入する。

申立ての際に、具体的な遺産分割案を添付します。特別代理人が選任されると、遺産分割協議書に特別代理人として署名・捺印することができます。

申　立　て　の　理　由

利益相反する者	利益相反行為の内容
※ (1) 親権者と未成年者との間で利益が相反する。 2 同一親権に服する他の子と未成年者との間で利益が相反する。 3 後見人と未成年者との間で利益が相反する。 4 その他（　　）	※ (1) 被相続人亡 田中慎一 の遺産を分割するため 2 被相続人亡　　の相続を放棄するため 3 身分関係存否確定の調停・訴訟の申立てをするため 4 未成年者の所有する物件に 1 抵当権 2 根抵当権 を設定するため 5 その他（　　） （その詳細） 申立人の夫、未成年の父である被相続人亡慎一の遺産につき、遺産分割協議をするため

特別代理人候補者	住所	〒201－○○○○　電話 090（○○○○）×××× 東京都○市本町1丁目2番3号（　　方）			
	フリガナ 氏名	吉田《ヨシダ》一《ハジメ》	(昭和) 平成 58年 7月 9日生（41歳）	職業	会社員
	未成年者との関係	母方の叔父			

（注）　太枠の中だけ記入してください。　※の部分については，当てはまる番号を○で囲み，利益相反する者欄の4及び利益相反行為の内容欄の5を選んだ場合には，（　）内に具体的に記入してください。

理由を簡潔に記入する。この例では遺産分割協議のためとしているが、未成年者が相続放棄する場合もある。その場合は相続放棄について簡潔に記入する。

特別代理人について、住民票のとおりに住所・氏名を記入する。

未成年者と利益が相反せず、未成年者のために手続きできる人なら誰でも良い。未成年者の祖父母や申立人の友人なども候補者になれる。家庭裁判所がふさわしいかどうかを判断する。

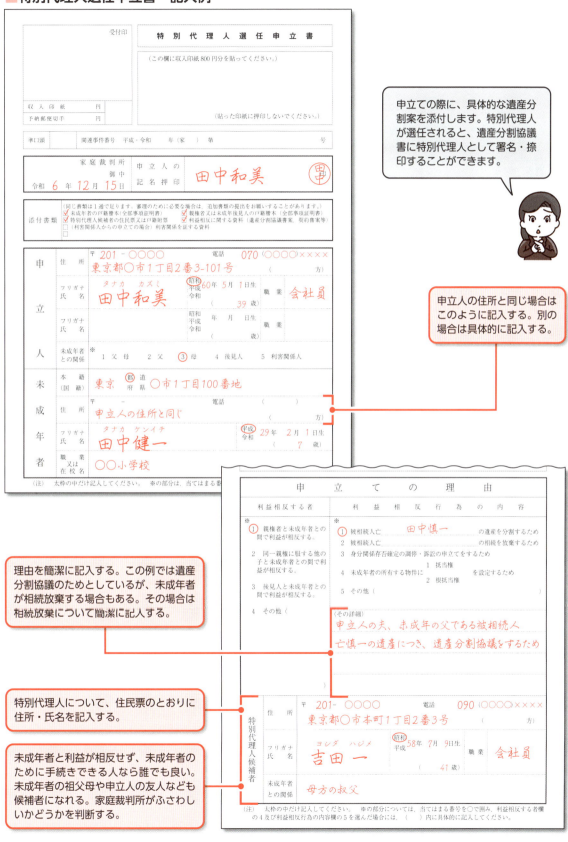

認知症の人が遺産を相続するためには？

ポイント！

成年後見制度の概略を知りたい場合は家庭裁判所のホームページ、相談したい場合はお近くの法テラスがおすすめです。

いつまでに	すみやかに
どんな場合	認知症の相続人がいる場合
手続きする人	配偶者、4親等内の親族など
手続き先	本人（サポートされる人）の住所地の家庭裁判所

成年後見人が代わりに手続きする

認知症等により判断能力を欠く相続人は、遺産分割協議に参加できません。代わりに遺産分割協議をしてくれる成年後見人等（補助人、保佐人）が必要です。

成年後見人等とは、判断能力を欠く成人を保護し、本人のために行動してくれる人のことです。保護される人のことを成年被後見人等※、この制度を**成年後見制度**といいます。

成年被後見人等は、自分の意思を表現することが難しく、他の相続人にいいようにされてしまうこともあるので、成年後見人等が代わって遺産分割協議をすることが必要なのです。成年後見人等は、相続だけでなく生活のほとんどの部分で誰かの手助けが必要です。**成年後見人等は相続手続きを代理するだけでなく、日常生活においても必要な契約や被後見人等の財産管理を行う必要があります。**

つまり、「相続のためだけに就任する」「相続が終わったら後見人等をやめる」ということは原則としてできません。また、成年後見人等はその職務にふさわしいかどうか、**家庭裁判所に申立てをして判断されます。**

こんなとき どうする？

成年後見人等になるには？

家庭裁判所に申立てをし、認められて選任されると成年後見人等になることができます。本人（サポートされる人を本人といいます）の財産状況や事業状況によっては、弁護士等の専門家が選任されることもあります。選任の際だけでなく、毎年報告書を家庭裁判所に提出するなど、成年後見人等の職務は簡単ではありません。まずは制度をよく知ることから始めましょう。

必要なもの ※おもなもの

- 後見・保佐・補助開始申立書
- 申立事情説明書
- 親族関係図、親族の意見書
- 遺産目録、本人の財産目録、収支予定表
- 後見人候補者事情説明書
- 主治医の診断書等
- 本人と後見人候補者の戸籍、住民票
- 本人の登記されていないことの証明書
- 手数料収入印紙（800円＋登記手数料2600円）、連絡用切手代

※成年被後見人、被保佐人、被補助人。以下同じ。

第6章

遺産を相続した人の名義変更手続き

あるある Q&A 21

名義変更の手続きは窓口が別々でたいへん…!

期限のあるもの、生活に直結するものを優先しましょう

遺産を相続したら、基本的には故人の名義から相続した人の名義に変更することが必要です。銀行口座は名義変更ではなく、解約することも多いですが、いずれにしても手続きが必要です。

名義を変更しないと、相続した遺産を売ったり貸したりすることが困難になるだけでなく、税金も正しく支払えないおそれがあります。とくに不動産や自動車は注意が必要です。

これらの名義変更は、手続きの窓口がそれぞれ異なります。死亡届や年金などの行政手続きは、ある程度まとめて手続きできましたが、遺産の名義変更は手間も時間もかかることを覚悟しておきましょう。

まず、期限があるものと生活に直結するものの手続きを優先し、残りも目標期限を設定して済ませるとよいでしょう。

ここがPoint!

- 必要な手続きの種類を確認する ➡ P.138
- 銀行や証券の口座、自動車などの名義変更を行う ➡ P.140〜147
- 専門家に頼むときのポイントを知る ➡ P.160

\あるある/ Q&A 22
戸籍はいったい何回手続きで使うことになるの？

何回も使うので、取得に便利な新制度を活用しましょう

遺産の名義変更は、それぞれの手続き先で同じような書類を求められます。そのため、**最初に必要な書類を全部確認して、それからまとめて揃えるようにすると余計な手間が省けるでしょう。**

また、手続き後に戸籍などの書類を返してもらえるのかどうかを確認しておくこともおすすめします。返ってこない場合は取得の手間だけでなく、その分の取得費用もかさみます。

戸籍が必要な手続きがたくさんある場合、**「法定相続情報一覧図の写し」**を活用すると、費用を大きく抑えられます。一度作っておけば、相続税の申告など幅広く利用できるので、最初に用意しておけると良いですね。

戸籍を集める際は、**「広域交付」**が便利です。原則として1回で、故人の戸籍がすべて集まります。

ここがPoint!

- 手続きでよく使われる書類を確認する ➡ P.138
- 戸籍の広域交付を利用する ➡ P.49
- 法定相続情報一覧図の写しを利用する ➡ P.158

\あるある/ Q&A 23

不動産の相続登記、絶対にしないといけないの？

不動産の相続登記を怠るとペナルティがあります

不動産を相続したら、相続した人の名義に変更する「相続登記」が2024年4月に義務化されました。**相続または遺産分割確定から3年以内という期限があります。**

2024年4月以前に相続があった場合も、相続登記の義務は変わりません。この場合、2024年4月から3年以内に相続登記が必要です。

期限内に何もせず放置してしまうと、10万円の過料を支払わなければならない場合もあります。

親の代、祖父母の代から名義変更をしないままになっているために、遺産分割の関係者が大勢いてまとまらないなど、3年以内の相続登記が困難な場合もあります。**その場合、期限内に「相続人申告登記」を行えば、過料を免れます。**いずれにしても、放置しておくことはできないと心得てください。

ここがPoint!

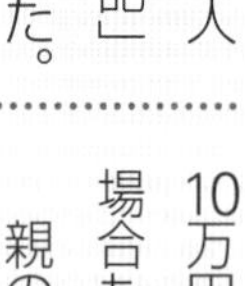

●不動産の名義変更の手続きを知る ➡ P.148～151

●不動産を相続する人を確定できない場合の手続きを知る ➡ P.152

あるある Q&A 24

残っている住宅ローンを支払えるか心配だ…

住宅ローンを支払わなくてもいいかもしれません

一家の大黒柱が亡くなれば、残された家族は生活に不安を抱えてしまうでしょう。そうした不安を解消するひとつの方法が生命保険です。

不動産をローンで購入する際、多くの人は団体信用生命保険（以下「団信」）という保険に入ります。不動産は大きな買いものです。ローンを組んだ人が亡くなれば、返済していくことができなくなるかもしれません。

団信に入っていると、生命保険金でローンが完済されて遺族に負担が残りません。遺族にとって、とても助かるしくみです。

ただし、団信も生命保険である以上、遺族が請求しなければ支払われないのが原則です。必要な書類を揃えてすみやかに請求しましょう。そして、ローンを完済したら登記手続きも必要です。

ここがPoint!

- 団信について、遺族がすべき手続きを知る → P.154
- ローンを完済したときの手続きを知る → P.156
- 黙っていたら、保険金をもらいそびれる!? → P.94

遺産を受け継ぐときに必要なことを把握する

ポイント!
長期間放置すると、必要書類が揃わなくなって余計な手間がかかることもあります。遺産分割が済んだらすみやかに手続きするのがおすすめです。

いつまでに ▶ **相続登記は3年以内**

どんな場合 ▶ **相続した遺産の名義変更等**

手続きする人 ▶ **相続人**

期限を守らないとペナルティがあるものも

相続した遺産を自分のものにするには、解約や名義変更の手続きが必要な場合が多いです。いったん取得した遺産の名義変更などには、いつまでにやらなければならないという期限はほぼありません。とはいえ、いつまでも放置するわけにもいかないし、売ったり貸したりする場合には原則として名義変更等が済んでいる必要があるので、落ち着いた頃に進めていくのがおすすめです。

ただし、**不動産の名義変更については、2024年4月から相続した人に名義変更する登記が義務化されました。**これを**相続登記**といいます。そして、相続登記には不動産を相続した日または遺産分割成立の日から3年以内に行わなければならないという期限があります。これを**正当な理由なく怠ると、10万円以下の過料（ペナルティ）が課される場合もあります。**

この章では、よくある手続きについて案内していきます。名義変更等の手続きでは必要な書類が共通することが多いので、まとめて用意するなど工夫して手間を減らしましょう。

こんなとき どうする?

よく使う書類はまとめて請求する

名義変更等の手続きでは、下記の書類を要求されることが多いです。まずすべての手続きについて必要書類を確認し、それからまとめて請求すると二度手間が防げます。

□被相続人の死亡の記載がある戸籍	□相続人の戸籍
□被相続人の出生から死亡までの戸籍	□相続人の住民票
□被相続人の住民票の除票	□相続人の印鑑証明書

おもな手続きの例

□銀行口座の解約・名義変更

手続き先 各種金融機関

ポイント 口座を解約して払い戻しを受けるか、名義変更して口座を持ち続けることができる。

□ゆうちょ銀行口座の解約

手続き先 ゆうちょ銀行

ポイント 「相続確認表」という、ゆうちょ銀行独特の様式がある。記入すべき内容が細かいので、手元に必要書類を用意してから書くのがおすすめ。

□自動車の名義変更

手続き先 運輸支局、軽自動車検査協会

ポイント 一般的に必要になる戸籍等の他に、普通車の場合は相続する人があらかじめ車庫証明を取っておく必要がある（被相続人と同居の場合は不要なことも）。

□株や投資信託などの有価証券の引継ぎ

手続き先 各種証券会社

ポイント 株や投資信託は相続人の証券口座に移されるため、口座がない場合は作る必要がある。

□不動産の名義変更

手続き先 不動産所在地の登記所

ポイント 原則として不動産を相続したとき、または遺産分割成立から３年以内に手続きする必要がある。

原本還付で書類の手数料を節約する（原本還付の例）

戸籍関係は、相続の手続きでしばしば使用するもの。複数の手続きのためにそれぞれ用意すると手数料がかさむので、原本を返してもらえる場合は返してもらおう（返してもらえない書類もあるので事前に確認を）。

『「原本還付」の手続きをしてください』といわれたら右記のような準備をすること。

住民票

原本還付してほしい書類のコピーを取り、末尾にこのように記入し、原本とともに提出する。
※相続登記の場合は捺印も必要（認印でOK）

原本の写しに相違ありません
令和7年1月10日　夏目　花子　㊞

故人の銀行口座を解約するには？

ポイント！
誰が相続するか話がまとまっていないと手続きが煩雑になります。遺言書がない場合は遺産分割協議書を作ってから手続きするのがスムーズです。

いつまでに	すみやかに
どんな場合	故人の銀行口座を相続する場合
手続きする人	相続人
手続き先	最寄りの銀行窓口

遺産分割の状況に応じた書類が必要

口座の持ち主の死亡を銀行に伝えると、その口座は凍結されてお金が動かせなくなります。**相続人が口座を解約して払戻金を受け取るには、遺産分割協議書や遺言書、戸籍等の書類を用意する必要があります。**遺産分割協議書があるのか、遺言書があるのかによって用意する書類が異なります。遺産分割で争っている場合、家庭裁判所で調停や裁判が必要なこともあります。その場合、調停調書や審判書が必要になります。

銀行の窓口や相続専用窓口に連絡すると、必要な手続きや書類を案内してもらえますが、前述したように誰でも同じ手続きになるわけではないので注意しましょう。

また、**念のためその銀行にあるすべての口座を照会してもらい、残高証明書を発行してもらうと良い**でしょう。**相続人が把握していなかった口座が出てくることもあります。**これらの手続きのためには、相続人であることを証明する書類（戸籍等）が必要で時間もかかります。あらかじめ銀行に問い合わせて、スムーズに進められるようにしましょう。

必要なもの

※金融機関ごとに異なる。一般的に必要なもの。

●遺言書がある場合
- ☑遺言書、自筆証書の場合は検認調書または検認済証明書のコピー
- ☑被相続人の死亡が確認できる戸籍謄本
- ☑相続する人（または遺言執行者）の印鑑証明書

●遺産分割協議書がある場合
- ☑遺産分割協議書
- ☑被相続人の出生から死亡までの戸籍謄本
- ☑相続人全員の戸籍謄本
- ☑相続人全員の印鑑証明書

※その他、共通して金融機関指定の届出書等が必要。

銀行等に連絡する際に整理しておきたいこと

❶遺言書があるかどうか
❷遺言書がない場合、遺産分割協議書があるかどうか
❸❶も❷もない場合、家庭裁判所の調停調書、審判書があるかどうか
❹被相続人の氏名
❺被相続人の口座番号、支店名（キャッシュカード、通帳があるか）
❻被相続人と連絡する人の続柄
❼手続きに必要な書類の送付先住所、連絡先

※解約ではなく、名義変更を希望する場合は別途書類が必要になることがあるのであらかじめその旨伝える。

■残高証明依頼書　記入例

残高証明依頼書（相続用）　MB

西暦 20 24年 10月 1日

株式会社 ○○ 銀行

被相続人名義の残高証明書を、
下記の要領で発行するよう依頼
します。

お亡くなりになった方（被相続人） 夏目太郎

☑相続人　□受遺者　□遺言執行者　□遺産整理受任者

□その他（　　　　　　　　　　）

おところ 〒 101 － ○○○○

東京都○○区神田○町 1-2

おなまえ

夏目 一郎　（印：夏目）

ご実印

お電話番号 （ 090 ）○○○○－××××

次の１または２に必要事項をご記入ください。また、３に証明日をご記入ください。

1．すべての取引を証明する場合

☑すべての取引	各 1 通	お取引店 （ 中央 支店）（　　支店）（　　支店）

とくに指定する取引がなければ「すべての取引」を選ぶ。

2．指定した取引を証明する場合

お取引種類	通数	お取引店
□円預金	通	（　　支店）（　　支店）（　　支店）
□外貨預金	通	（　　支店）（　　支店）（　　支店）
□投資信託	通	（　　支店）（　　支店）（　　支店）
□債券保護預り	通	（　　支店）（　　支店）（　　支店）
□円貸出金	通	（　　支店）（　　支店）（　　支店）
□	通	（　　支店）（　　支店）（　　支店）

3．証明日

西暦 2024 年 5 月 10 日　現在

指定した証明日付の残高証明が発行される。死亡日の証明が必要であれば死亡日を記入する。

4．手数料のお支払い　□下記口座からの振替　□現金　□小切手・払戻請求書　□その他（　　　）

手数料等引落指定口座	店名	店番号	科目	口座番号	おなまえ
証明書発行手数料および証明			当座		

■残高証明書　例

残 高 証 明 書

相続人　夏目一郎様

株式会社○○銀行
中央支店

被相続人夏目太郎様名義の下記預金につきまして令和6年5月10日現在の残高を証明いたします。

指定した日付の残高がわかる。

預金の種類	口座番号	金 額	適 用
定期預金	○○○○○○	50,000,000	
普通預金	○○○○○○	15,000,000	

残高におかしい箇所がないか確認する。

金融機関によっては、口座が凍結されても通帳記帳はできる場合や、窓口に通帳を持参すると記帳してくれるところもあります。残高証明には時間と手数料がかかるので、記帳ができる場合は記帳するのが良いでしょう。

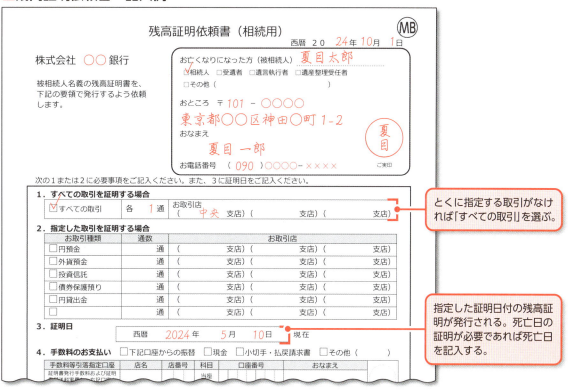

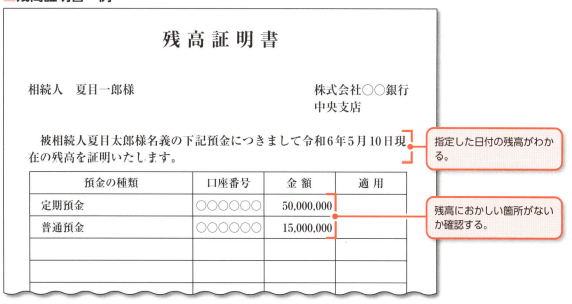

故人がゆうちょ銀行に口座を持っていたときは？

ポイント!

残高が100万円以下の場合は、より簡単な手続きで迅速な払戻しが可能です。詳しくは窓口で確認しましょう。

いつまでに	すみやかに
どんな場合	故人のゆうちょ口座を相続する場合
手続きする人	相続人
手続き先	ゆうちょ銀行窓口

相続確認表を作ることからスタート

ゆうちょ銀行の口座を解約するためには、**「相続確認表」というゆうちょ銀行独特の指定様式を作る必要があります。**相続確認表には、全相続人について記載する必要があるので、手元に資料を用意して書き始めるとスムーズです。様式は窓口で受け取れる他、ゆうちょ銀行のホームページからダウンロードできます。

相続確認表を提出すると、ゆうちょ銀行から必要書類の案内が郵送されてきます。相続の状況により異なりますが、一般的には被相続人と相続人の戸籍や、手続きする相続人の本人確認書類などが必要になります。**相続確認表と必要書類はゆうちょ銀行窓口に提出します。**払戻しを受ける相続人を「代表相続人」といい、手続きは原則として代表相続人が行います。

なお、一部の手続きはインターネット上でも行えます。詳しくはゆうちょ銀行のホームページで確認してください。**すべての手続きが完了して1～2週間程度で代表相続人の口座に払戻しされます。**

必要なもの

☑ **相続確認表**

※その他、140ページと同様の書類が必要になる。詳細はゆうちょ銀行からの案内を確認すること。

こんなとき どうする？

仮払制度とは？

遺産分割前の相続預金の払戻し制度のことです。被相続人の口座が凍結されたあと、なかなか遺産分割の話し合いがまとまらずにいつまでもお金をおろせない。そうなってしまうと困ります。この制度では、相続預金（被相続人の預金）のうち一定額までは、遺産分割協議が確定していなくても、各相続人が金融機関から（ゆうちょ銀行に限りません）払戻しを受けられます。

家庭裁判所の審判を要する手続きと、家庭裁判所の審判が不要な手続きがあります。不要な手続きの場合、各相続人は次の金額まで払戻しを受けられます。

相続開始時の預貯金×1／3×払戻しを受ける相続人の法定相続分

ただし、同一の金融機関からの払戻しは150万円が上限です。

相続確認表　記入例

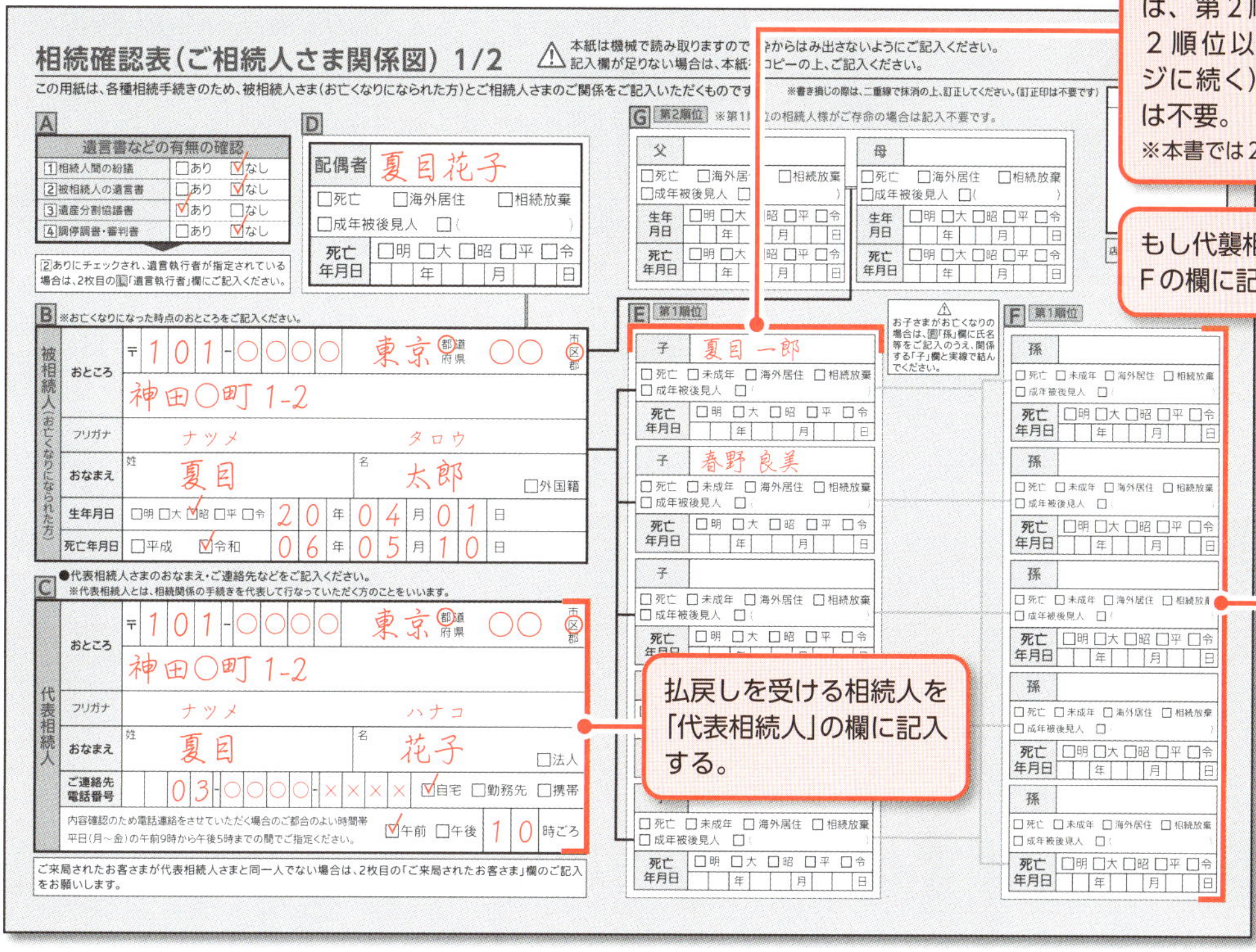

相続確認表（ご相続人さま関係図） 1/2

本紙は機械で読み取りますので枠からはみ出さないようにご記入ください。
記入欄が足りない場合は、本紙のコピーの上、ご記入ください。

この用紙は、各種相続手続きのため、被相続人さま（お亡くなりになられた方）とご相続人さまのご関係をご記入いただくものです。

※書き損じの際は、二重線で抹消の上、訂正してください。（訂正印は不要です）

A 遺言書などの有無の確認

1 相続人間の紛議	□あり	☑なし
2 被相続人の遺言書	□あり	☑なし
3 遺産分割協議書	☑あり	□なし
4 調停調書・審判書	□あり	☑なし

2ありにチェックされ、遺言執行者が指定されている場合は、2枚目のL「遺言執行者」欄にご記入ください。

D 配偶者　夏目花子
□死亡　□海外居住　□相続放棄
□成年被後見人　□（　）
死亡年月日　□明 □大 □昭 □平 □令　年　月　日

B ※お亡くなりになった時点のおところをご記入ください。

被相続人（お亡くなりになられた方）

おところ	〒101-○○○○ 東京都 ○○区 神田○町1-2
フリガナ	ナツメ　タロウ
おなまえ	姓 夏目　名 太郎　□外国籍
生年月日	□明 □大 ☑昭 □平 □令 20年04月01日
死亡年月日	□平成 ☑令和 06年05月10日

C ●代表相続人さまのおなまえ・ご連絡先などをご記入ください。
※代表相続人とは、相続関係の手続きを代表して行なっていただく方のことをいいます。

代表相続人

おところ	〒101-○○○○ 東京都 ○○区 神田○町1-2
フリガナ	ナツメ　ハナコ
おなまえ	姓 夏目　名 花子　□法人
ご連絡先電話番号	03-○○○○-×××× ☑自宅 □勤務先 □携帯
内容確認のため電話連絡をさせていただく場合のご都合のよい時間帯 平日（月～金）の午前9時から午後5時までの間でご指定ください。	☑午前 □午後 10時ごろ

ご来局されたお客さまが代表相続人さまと同一人でない場合は、2枚目の「ご来局されたお客さま」欄のご記入をお願いします。

G 第2順位 ※第1順位の相続人様がご存命の場合は記入不要です。

父
□死亡　□海外居住　□相続放棄
□成年被後見人　□（　）
生年月日　□明 □大 □昭 □平 □令　年　月　日
死亡年月日　□明 □大 □昭 □平 □令　年　月　日

母
□死亡　□海外居住　□相続放棄
□成年被後見人　□（　）
生年月日　□明 □大 □昭 □平 □令　年　月　日
死亡年月日　□明 □大 □昭 □平 □令　年　月　日

E 第1順位

子　夏目 一郎
□死亡　□未成年　□海外居住　□相続放棄
□成年被後見人　□（　）
死亡年月日　□明 □大 □昭 □平 □令　年　月　日

子　春野 良美
□死亡　□未成年　□海外居住　□相続放棄
□成年被後見人　□（　）
死亡年月日　□明 □大 □昭 □平 □令　年　月　日

子
□死亡　□未成年　□海外居住　□相続放棄
□成年被後見人　□（　）
死亡年月日　□明 □大 □昭 □平 □令　年　月　日

お子さまがお亡くなりの場合は、F「孫」欄に氏名等をご記入のうえ、関係する「子」欄と実線で結んでください。

F 第1順位

孫
□死亡　□未成年　□海外居住　□相続放棄
□成年被後見人　□（　）
死亡年月日　□明 □大 □昭 □平 □令　年　月　日

相続貯金等記入票　記入例

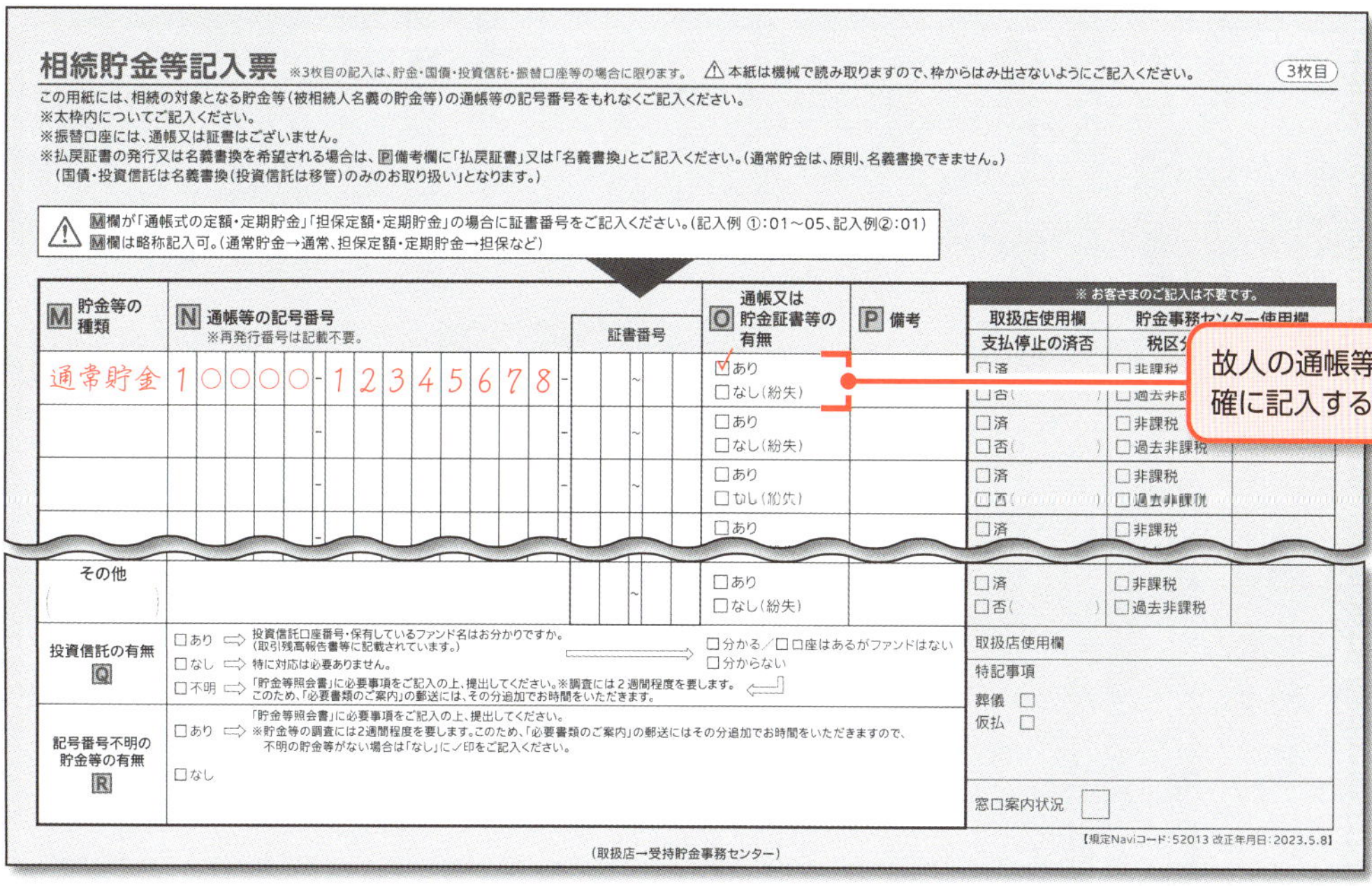

相続貯金等記入票　※3枚目の記入は、貯金・国債・投資信託・振替口座等の場合に限ります。　本紙は機械で読み取りますので、枠からはみ出さないようにご記入ください。　（3枚目）

この用紙には、相続の対象となる貯金等（被相続人名義の貯金等）の通帳等の記号番号をもれなくご記入ください。
※太枠内についてご記入ください。
※振替口座には、通帳又は証書はございません。
※払戻証書の発行又は名義書換を希望される場合は、P備考欄に「払戻証書」又は「名義書換」とご記入ください。（通常貯金は、原則、名義書換できません。）
（国債・投資信託は名義書換（投資信託は移管）のみのお取り扱い」となります。）

M欄が「通帳式の定額・定期貯金」「担保定額・定期貯金」の場合に証書番号をご記入ください。（記入例 ①：01～05、記入例②：01）
M欄は略称記入可。（通常貯金→通常、担保定額・定期貯金→担保など）

M 貯金等の種類	N 通帳等の記号番号 ※再発行番号は記載不要。	証書番号	O 通帳又は貯金証書等の有無	P 備考	取扱店使用欄 支払停止の済否（※お客さまのご記入は不要です。）	貯金事務センター使用欄 税区分
通常貯金	1○○○○-12345678-	～	☑あり □なし（紛失）		□済 □否（　）	□非課税 □過去非課税
	- -	～	□あり □なし（紛失）		□済 □否（　）	□非課税 □過去非課税
	- -	～	□あり □なし（紛失）		□済 □否（　）	□非課税 □過去非課税
	- -		□あり		□済	□非課税
その他（　）		～	□あり □なし（紛失）		□済 □否（　）	□非課税 □過去非課税

投資信託の有無 Q	□あり ⇨ 投資信託口座番号・保有しているファンド名はお分かりですか。（取引残高報告書等に記載されています。） ⇨ □分かる／□口座はあるがファンドはない □分からない □なし ⇨ 特に対応は必要ありません。 □不明 ⇨ 「貯金等照会書」に必要事項をご記入の上、提出してください。※調査には2週間程度を要します。このため、「必要書類のご案内」の郵送には、その分追加でお時間をいただきます。	取扱店使用欄
記号番号不明の貯金等の有無 R	□あり ⇨ 「貯金等照会書」に必要事項をご記入の上、提出してください。※貯金等の調査には2週間程度を要します。このため、「必要書類のご案内」の郵送にはその分追加でお時間をいただきますので、不明の貯金等がない場合は「なし」に✓印をご記入ください。 □なし	特記事項 葬儀 □ 仮払 □ 窓口案内状況 □

【規定Naviコード：52013 改正年月日：2023.5.8】
（取扱店→受持貯金事務センター）

相続確認表は、ダウンロードすると「預貯金等照会書（相続用）」も一緒についてきます。不明な口座がない場合は照会書の記入は不要です。
相続確認表をもとに、用意する書類等が案内されるので正確に記入するよう心がけましょう。

株や投資信託を相続したときは？

ポイント！

いったん相続人の証券口座に移してから売却します。もちろん、売却せずに持ち続けることもできます。

いつまでに すみやかに

どんな場合 株などを相続する場合

手続きする人 相続人

手続き先 各証券会社

相続するには証券口座が必要

株式や投資信託等の有価証券を相続するには、被相続人の証券口座から相続人の証券口座に株式等を移す必要があります。もし**相続人が証券口座を持っていなければ、相続のために開設する必要があります。被相続人の証券口座で株式等を売却し、現金で受け取るということはできない**のです。

株式等を相続するためには、まず被相続人が口座を持っていた証券会社等に連絡してください。必要書類等の案内が送られてくるので、書類を用意して証券会社に提出すると相続人の口座に株等が振り替えられます。

どこの証券会社に口座があるのかわからない場合は、**証券保管振替機構（ほふり）に「登録済加入者情報の開示請求」という照会をすると、被相続人が口座を開設していた証券会社がわかります。**保有証券や残高など具体的なことは、照会後に改めて該当の証券会社に問い合わせる必要があります。ネットで株等の取引をする人が増えているので、照会を利用すると遺族も気づいていない口座が出てくるかもしれません。

こんなとき どうする？

少しでも手続きを早くしたいとき

遺産分割協議書で手続きする場合、証券会社もたくさんの戸籍を読んで確認する必要があります。常に専門家がいるわけではないので、確認に時間がかかることも。そこで、戸籍の代わりに法定相続情報一覧図の写しを添付するのがおすすめです（多くの証券会社では戸籍の添付に代わり認めていますが、事前に確認してください）。

法定相続情報一覧図の写しは、一度法務局のチェックを経ているので確認がスムーズに進むからです（詳しくは158ページ）。

必要なもの

※証券会社ごとに異なる。左記は一般的なもの。

- ☑証券会社指定の届出書

（遺言書がある場合）

- ☑遺言書
- ☑検認調書または検認済証明書（自筆証書遺言の場合）
- ☑被相続人の死亡が確認できる戸籍

（遺産分割協議書がある場合）

- ☑遺産分割協議書
- ☑被相続人の出生から死亡までの全戸籍
- ☑相続人全員の戸籍
- ☑相続人全員の印鑑証明書

相続資産受取依頼書　記入例

相続資産受取依頼書 兼 特定口座用上場株式等移管依頼書

○○○○証券株式会社

下記被相続人が貴社に預託中の有価証券・金銭等の財産について以下のとおり相続することとなりましたので、受取人としての貴社の留意事項に同意のうえ、相続書類に従って受取りを依頼します。
本取扱いについて、私共(私)以外の者が権利を主張した場合には私共(私)において引受け、万一貴社に損害が生じた場合には、すべて私共(私)において一切の責めを負い、貴社には些かもご迷惑をおかけしません。

また、租税特別措置法施行令第25条の10の2第16項または同第17項の規定に基づき、下記特定相続株式等に係る上場株式等を保護預り口座に移管することを依頼します。

ご記入日　西暦 2024年 12月 1日　必須

1　被相続人の方(お亡くなりになったお客さま)のご氏名・ご住所等について　必須

ご住所	(死亡時における当社お届出住所) 東京都○○区神田○○町1-2		
ご氏名	夏目 太郎	ご逝去日	西暦 2024年 5月 10日

2　ご相続の方法について　必須

ご相続方法	☐ 遺言書に基づき相続	☐ 裁判所の審判・調停等に基づき相続
	☑ 遺産分割協議書に基づき相続	☐ 遺言書や遺産分割協議書はない
	☐ その他(　　)	

3　相続の手続代理人について

手続代理人・委任状の有無	☑ なし	ⒶⒷⒸ欄のご記入・ご捺印は不要です	☐ あり	ⒶⒷⒸ欄をご記入・ご捺印ください
Ⓐ手続代理人の種類	☐ 遺言執行者	☐ 限定承認代理人	Ⓒ印鑑証明印(実印)ま	
	☐ 遺産整理受任者	☐ 相続財産管理人		
	☐ 遺言執行者代理人	☐ その他(　　)		
(フリガナ)				

5　相続人と当社相続資産の明細について

移管希望日　☐ 可能な限り早い日　☐ 西暦　年　月　日　※ご希望に沿えない場合があります

	相続人①	相続人②	相続人③	相続人④
(フリガナ)	ナツメ　ハナコ	ナツメ　イチロウ	ハルノ　ヨシミ	
ご氏名	夏目 花子	夏目 一郎	春野 良美	
生年月日	西暦 1947年 6月 1日 印鑑証明印(実印)：印	西暦 1979年 10月 1日 印鑑証明印(実印)：印	西暦 1972年 7月 1日 印鑑証明印(実印)：印	西暦 年 月 日 印鑑証明印(実印)
当社証券口座の有無	☑ なし ☐ あり➡ お客さまの口座番号	☐ なし ☑ あり➡ お客さまの口座番号 ○○○○○○○○○○	☑ なし ☐ あり➡ お客さまの口座番号	お客さまの口座番号
当社相続資産の受取人	当社相続資産の受取人である ➡ ☐	当社相続資産の受取人である ➡ ☑	当社相続資産の受取人である ➡ ☑	当社相続資産の受取人である ➡ ☐
銘柄名	相続人①の数量	相続人②の数量	相続人③の数量	相続人④の数量
1　○○産業	—	1,000株	—	
2　○○興業	—	—	1,000株	
3				

遺言書がある場合、遺産分割協議書がある場合など、ケースによって添付する必要書類が異なるので実情に合わせて選択する。

遺言書があり、遺言執行者が指定されている場合などはこの欄に必要事項を記入する。

相続人が複数人いて、証券等を相続する相続人も複数の場合はこのように誰が何をどれだけ相続するかを記載する。事前に銘柄名や数量を確認して正確に書くこと。

証券等を受け取る相続人がその証券会社の口座を持っていない場合は、口座を開設する必要がある。

依頼書とともに提出する遺言書や遺産分割協議書などの原本を返してほしい場合は、申し出ると返してもらえることが多いです。手続きする際に確認してみましょう。

自動車の名義を変更するには？

ポイント！
運輸支局も軽自動車検査協会も、窓口は平日しか開いていません。自身で手続きするのが難しいときは代理人や行政書士に頼みましょう。

いつまでに	すみやかに
どんな場合	自動車を相続する場合
手続きする人	相続人
手続き先	車庫を管轄する運輸支局（普通車）、同軽自動車検査協会（軽自動車）

乗り続けるにも廃車するにも名義変更が必要

自動車（普通車）を相続したら、相続人の名義にするための「**移転登録**」という手続きが必要です。廃車する場合にも、原則としてこの手続きが必要です。**相続して乗り続ける場合には、車庫（駐車場）を用意して事前に自動車保管場所証明書（いわゆる車庫証明）を取ることも必要**です。車庫証明は駐車場の場所を管轄する警察署で申請します。被相続人の車庫を相続人が引き続き使用するケースでは、車庫証明が不要になる場合もあります。

ローンが残っている場合など、自動車の所有者と使用者が異なる場合もあります。その場合、移転登録ではなく「**変更登録**」という手続きが必要です。なお、**ローンが残っている場合は相続人が一括で支払うのが通例**なので、まずは所有者であるディーラーなどに連絡しましょう。

単独で相続する場合と、複数人で相続する場合では必要な書類が異なります。まずどのように相続するのかを決めてから、具体的な手続きを管轄の運輸支局に確認するのが良いでしょう。

必要なもの

（普通車を遺産分割協議により単独で相続する場合）

- ☑遺産分割協議書（自動車の価格が100万円以下の場合は遺産分割協議成立申立書でも可）
- ☑申請書（運輸支局窓口でもらう）
- ☑車検証
- ☑被相続人の出生から死亡までの戸籍と全相続人の戸籍、または法定相続情報一覧図の写し
- ☑相続人の印鑑証明書、実印
- ☑ナンバープレート（管轄やナンバーが変わる場合）
- ☑手数料（500円の検査登録印紙）

こんなとき どうする？

自動車の相続はここに注意！

自動車の相続は、書類を出したら終わりではありません。下記に挙げた項目に注意すべきことがあります。

- □ナンバープレートの交換が必要な場合もある。
- □保険（自賠責保険、任意保険）の相続手続きも必要。
- □自動車に関する税金の届出も必要。
- □普通車は手続き前に、軽自動車は手続き後に保管場所の届出が必要。

軽自動車を相続したときは

軽自動車を相続したときも、普通車と同様に名義変更手続きが必要です。ただし、窓口も手続き内容も普通車とは異なります。**軽自動車の場合は、相続した人の車庫の場所を管轄する軽自動車検査協会が窓口になります。**

軽自動車の場合、車庫証明に代えて保管場所（車庫）の届出が必要です。名義変更のあとに車庫の住所を管轄する警察署に届け出ます。ただし、**一部の地域では届出は不要。**大まかにいうと、**都市部では届出が必要**です。具体的には全国軽自動車協会連合会のサイトで届出が必要かどうか確認できます。

必要なもの

- ☑申請書（窓口でもらう）
- ☑車検証
- ☑被相続人の死亡の記載がある戸籍、相続人（新所有者）と被相続人の続柄がわかる戸籍、または法定相続情報一覧図の写し
- ☑相続人（新所有者）の印鑑証明書、または住民票
- ☑ナンバープレート（管轄やナンバーが変わる場合）

普通自動車相続に必要な手続きの流れ

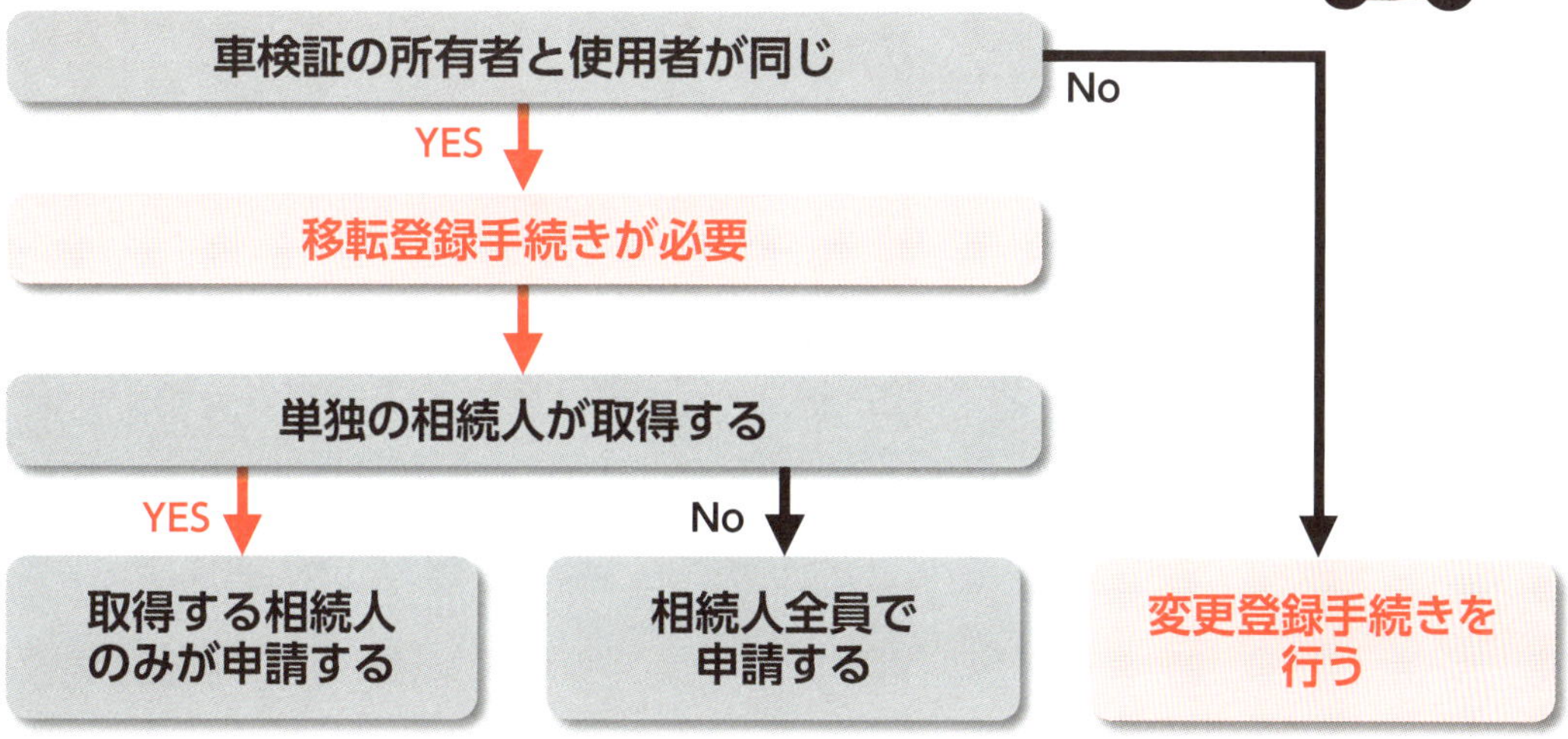
車検証の所有者と使用者が同じ
YES
移転登録手続きが必要
単独の相続人が取得する
YES
取得する相続人のみが申請する
No
相続人全員で申請する
No
変更登録手続きを行う

複数の相続人が共同で相続する場合、手続きに来られない相続人は他の相続人に委任することもできる。その場合は実印を押した委任状が必要。

車検証（自動車検査証）の見方

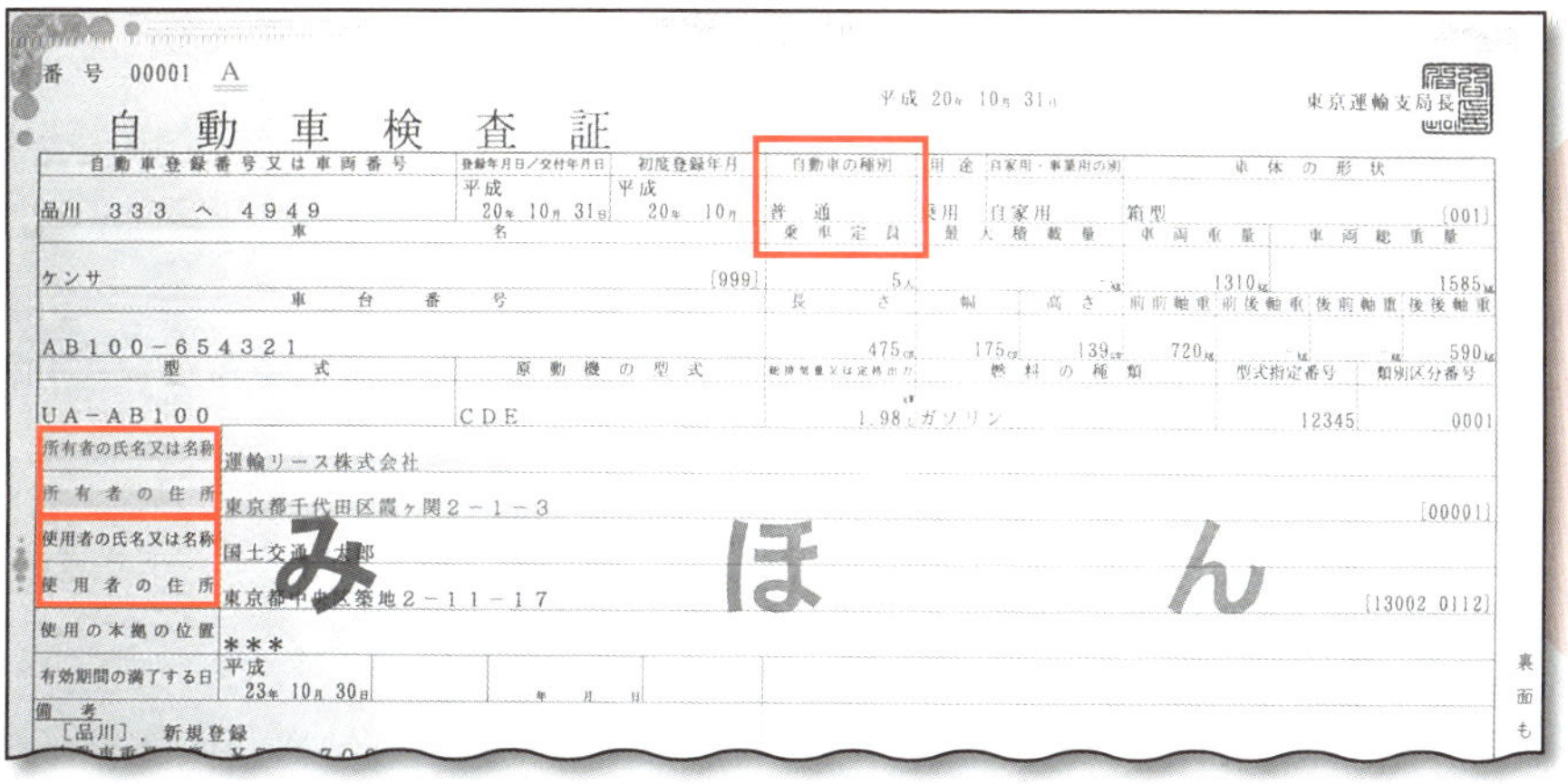
番号 00001 A
自動車検査証
平成20年10月31日
東京運輸支局長
自動車登録番号又は車両番号
品川 333 へ 4949
登録年月日／交付年月日 平成20年10月31日
初度登録年月 平成20年10月
自動車の種別 普通
用途 乗用
自家用・事業用の別 自家用
車体の形状 箱型 [001]
車名 ケンサ [999]
乗車定員 5人
最大積載量
車両重量 1310kg
車両総重量 1585kg
車台番号 AB100－654321
長さ 475cm
幅 175cm
高さ 139cm
前前軸重 720kg
後後軸重 590kg
型式 UA－AB100
原動機の型式 CDE
総排気量又は定格出力 1.98L
燃料の種類 ガソリン
型式指定番号 12345
類別区分番号 0001
所有者の氏名又は名称 運輸リース株式会社
所有者の住所 東京都千代田区霞ヶ関2－1－3 [00001]
使用者の氏名又は名称 国土交通
使用者の住所 東京都　築地2－11－17 [13002 0112]
使用の本拠の位置 ＊＊＊
有効期間の満了する日 平成23年10月30日
備考
[品川]、新規登録
裏面も
みほん

出典：国土交通省サイトより一部抜粋（https://wwwtb.mlit.go.jp/hokkaido/content/000176963.pdf）

普通自動車と軽自動車の種別、所有者と使用者の情報を車検証で確認する。
なお、2023年から始まった電子車検証には所有者情報が記載されていないため、別途アプリで読み取って情報を確認する必要がある。

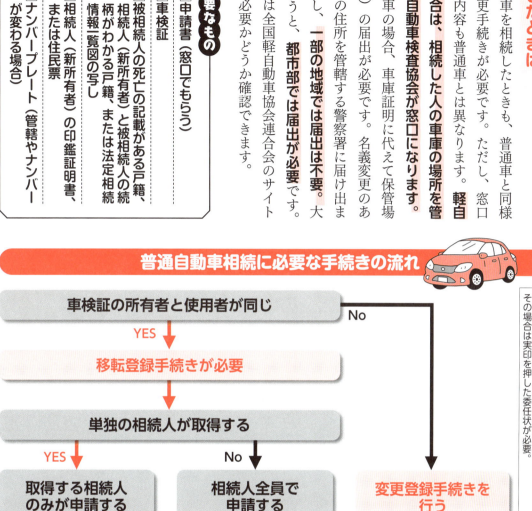

不動産の名義を変更するには？

ポイント！

登記申請は申請書が独特なうえ、添付書類も多くて複雑です。困ったら司法書士に相談することをおすすめします

いつまでに	3年以内
どんな場合	不動産を相続する場合
手続きする人	相続人
手続き先	不動産所在地を管轄する法務局、登記所

名義変更が義務化されたので注意が必要

これまで、相続した不動産を相続人の名義に変更するかどうかは自由でした。そのため長い間名義変更がされず、所有者が誰だかわからなくなっている不動産が多いことが問題になっていました。そこで、2024年4月から相続した不動産の名義変更（以下「相続登記」という）が義務化されました。

相続登記は、不動産を相続したときから3年以内（2024年4月以前に相続開始の場合は、2024年4月から3年以内）、または**遺産分割協議が成立したときから3年以内に行わなければなりません。**正当な理由なくこれを怠ると、10万円以下の過料というペナルティが課されることがあります。

相続登記をするには、事前に地番等を確認するなどの準備が必要です。そして、窓口に行けば申請書をもらえるわけでも、申請書に所定事項を記入するわけでもないので、難しく感じる人も多いです。申請は郵送でも行えますが、窓口に行って不足書類がないか、登録免許税（手数料）の金額が正しいか程度は確認してから提出するのが良いでしょう。

必要なもの
☑ 149ページ参照

準備の6つのステップ

登記申請書はしっかり準備してから作成しないと、途中で行き詰まったり何度もやり直すなど手間がかかる。次の順番で準備してから作成に取りかかろう。

1. 地番や家屋番号を確認する
2. 課税価格を確認する
3. 必要な添付書類を揃える
4. 添付書類のコピーを用意する
5. 申請書などを作成する
6. 申請する

※各ステップの詳細は149ページ～。

ステップ1 地番や家屋番号を確認する

地番とは、土地に割り振られた登記上の所在地。住所とは異なるが「不動産の住所」とイメージするのがわかりやすいかも。登記や固定資産税を課税する際などに使われる。家屋番号も同様に、建物を特定するための番号。これも登記などの際に使われる。地番、家屋番号がわからないと登記ができない。これらを調べるには、

❶権利証　❷登記簿謄本

❸固定資産税納税通知書

で確認できる。

不動産番号等がわかると登記申請がスムーズにできるので、❷の登記簿謄本を取得するのがおすすめ。登記簿謄本は、正確には「登記事項証明書」というが、習慣として登記簿謄本といわれることが多い。最寄りの法務局、登記所で取得できる。地番は、不動産を管轄する法務局に電話して照会することができるので、謄本を請求する前に確認しておこう。

ステップ2 課税価格を確認する

登記申請書に「課税価格」を記載する欄がある。課税価格とは、登録免許税を計算するもとになる価格で、固定資産評価額のことをいう。毎年市区町村（23区の場合は都税事務所）から通知される納税通知書に同封されている「固定資産課税明細書」の中の「価格」または「評価額」と記載されているのが課税価格に該当する。

明細書がない、紛失した場合は、「固定資産評価証明書」を取得する（詳しくはステップ3）。

ステップ3 必要な添付書類を揃える

申請書に添付する書類を用意する。「登記原因証明情報」（申請書に記載）によって、集めるべき書類が異なるので、まずは自身の登記原因証明情報がどれなのかをしっかり意識すること。

❶登記原因証明情報

遺産分割協議書や遺言書のこと。本書では、以下、遺産分割協議書によって登記する場合の添付書類を案内する。なお、代襲相続や数次相続（複数の相続が同時・近接して起こっている状態）の場合はさらに添付書類が必要。法務省のホームページで要確認。

❷被相続人の出生から死亡までの全戸籍

請求先：48ページ参照

❸被相続人の住民票の除票または戸籍の附票

請求先：48ページ参照

❹全相続人の現戸籍

請求先：48ページ参照

※被相続人の死亡日よりあとに発行されたものが必要。

❺不動産を取得する相続人の住民票

❻全相続人の印鑑証明書

有効期限の制限はない（❷～❼の書類も同様）

❼固定資産評価証明書

請求先：市区町村役場（23区は都税事務所）

※登記申請する年度のものが必要。相続人が取得する際には、被相続人との続柄がわかる戸籍等の資料が必要。

ステップ4 添付書類のコピーを用意する

ステップ3の❶～❼は、原本還付手続きをすることで返却してもらうことができる。さまざまな相続手続きで同じ書類を使いまわすことが多いので、返却してもらえると書類収集の手間も費用も省ける。また、遺言書や遺産分割協議書は相続人が原本を保管することが望ましいので、最低でもこれらは原本還付することがおすすめ。

139ページでも説明したが、原本還付のためには、まず書類のコピーを取る。ただし、相続関係説明図（150ページ）を提出する場合は、ステップ3の❷❹戸籍類はコピー不要。

コピーを取ったら、次のようにコピーに記載、押印する。相続人が複数いる場合でも、誰か1人が記名・押印すれば事足りる。なお、申請時にはコピーだけでなく原本も必ず提出すること。

【①1枚の場合】

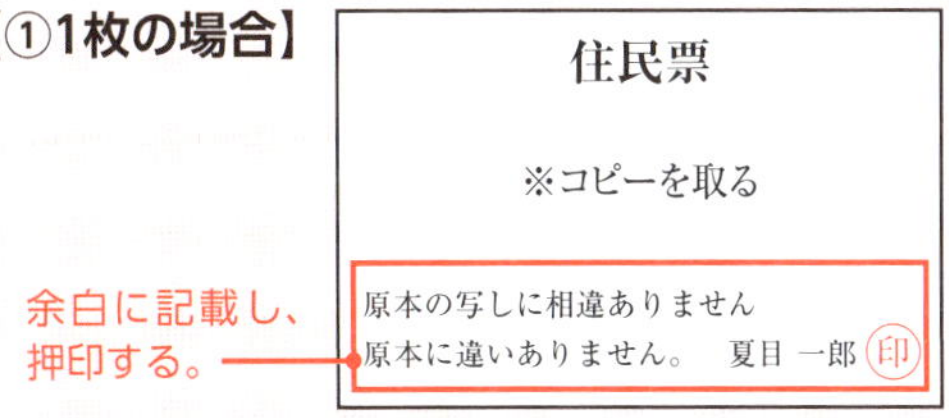
住民票
※コピーを取る
余白に記載し、押印する。
原本の写しに相違ありません
原本に違いありません。　夏目 一郎 印

【②複数枚の場合】

- コピーした全ページをステープラー留めする。
- 最初のページのコピーに①と同じように記載・押印する。
- 全ページの綴じ目に契印（割印）する。

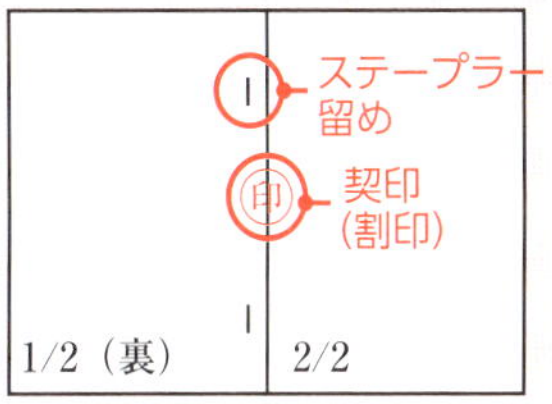
ステープラー留め
契印
(割印)
印
1/2（裏）
2/2

ステップ5 申請書などを作成する

❶登記申請書（151ページ）※必ず必要な書類

登記の申請書は、窓口に行ったら様式をもらえてそれに記入する、というものではない。法務省のホームページにひな型があるので参考にして作ってみよう。ここで、法定相続分での申請なのか、遺産分割協議書があるのか、遺言書があるのかなどによって見るべきひな型が異なるので、まずそれをはっきりさせておこう。

※法務省のホームページ
https://houmukyoku.moj.go.jp/homu/minji79.html

❷相続関係説明図（下図）

※戸籍を返却してもらいたいときに必要な書類

簡単な家系図のようなもの。これを提出すると戸籍の原本を返してもらえるので、他にも相続手続きを予定している人は作るのがおすすめ。

ステップ6 申請する

❶登記申請書に登録免許税分の収入印紙を貼付する別紙（白紙）をステープラー留めして契印する。登記申請書が複数枚になる場合も、同様に契印する。

❷申請書と添付書類をひとまとめにして、クリップなどで留めて申請する。このとき、原本還付のためのコピーだけでなく原本も添付されているか確認すること。

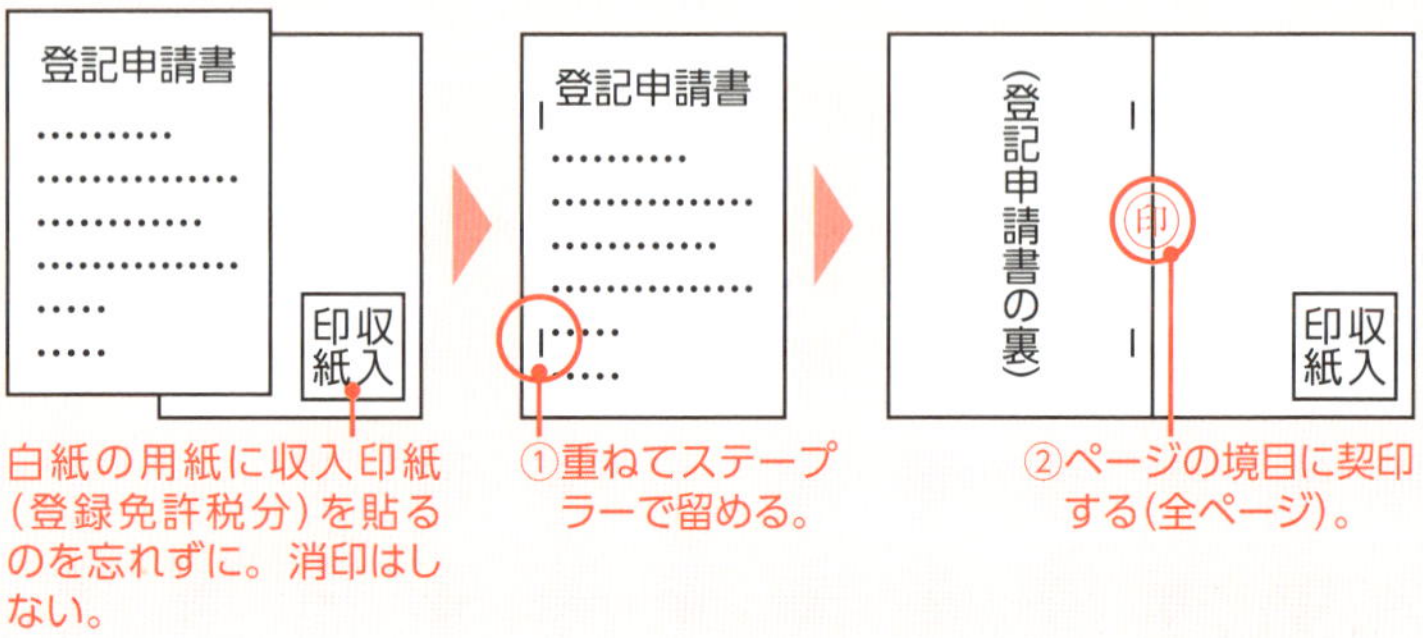

登記申請書
収入印紙
白紙の用紙に収入印紙（登録免許税分）を貼るのを忘れずに。消印はしない。
登記申請書
①重ねてステープラーで留める。
（登記申請書の裏）
印
収入印紙
②ページの境目に契印する（全ページ）。

相続関係説明図　作成例

この図を作って提出すると、戸籍類の原本を返してもらえる（原本還付という）。原本還付が不要であれば作る必要はない。また、図を提出せずに戸籍類の原本還付を受けたい場合は、戸籍類について149ページの原本還付手続きをする。ただし、戸籍（とくに古い戸籍）はページ数が多く、コピーの手間がかかるので要注意。

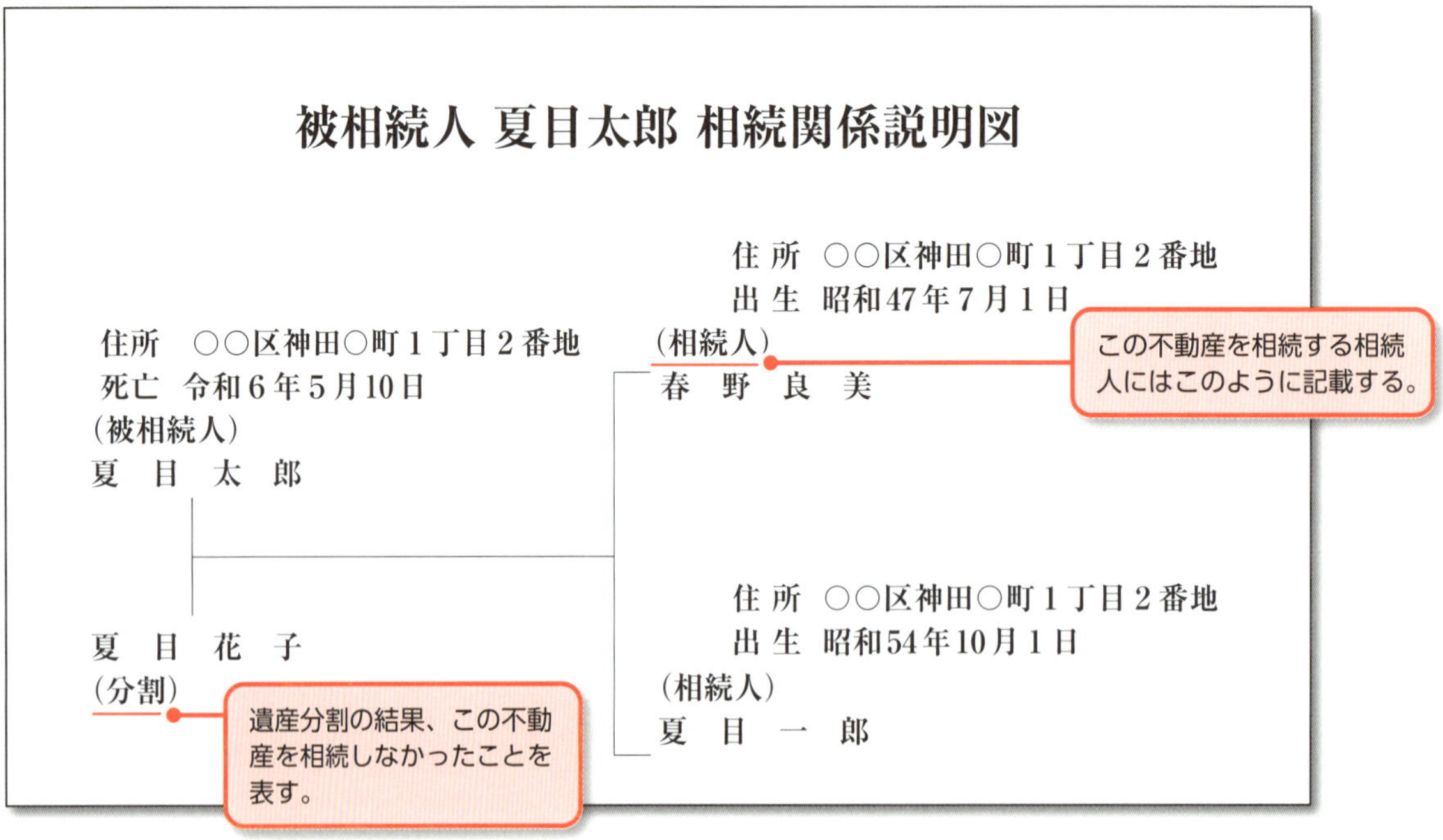

被相続人 夏目太郎 相続関係説明図
住所　○○区神田○町１丁目２番地
死亡　令和６年５月10日
（被相続人）
夏　目　太　郎
住 所　○○区神田○町１丁目２番地
出 生　昭和47年７月１日
（相続人）
春　野　良　美
この不動産を相続する相続人にはこのように記載する。
夏　目　花　子
（分割）
遺産分割の結果、この不動産を相続しなかったことを表す。
住 所　○○区神田○町１丁目２番地
出 生　昭和54年10月１日
（相続人）
夏　目　一　郎

不動産登記申請書　記入例

法務省のホームページからワード、一太郎、PDFのひな型がダウンロードできるが、編集しやすいワードファイルを選ぶのがおすすめ。記入例では、相続する人ごとに異なる内容を記載すべき部分が赤字になっているので参考になるはず。

法務省HP／https://houmukyoku.moj.go.jp/homu/minji79.html

ここには受付シールが貼られるので何も記載しない。
※余白を詰めないように注意する。

149ページのステップ2およびステップ3参照。

登　記　申　請　書

登記の目的　所有権移転

原　因　令和 6年 5月 10日相続

遺産分割協議成立の日ではなく、相続開始（死亡日）を記載する。

相　続　人　（被相続人　夏目太郎）

○○区神田○町1丁目2番地
（住民票コード12345678901）
（申請人）　持分2分の1　夏目 一郎 印
○○区神田○町1丁目2番地
（申請人）　持分2分の1　春野 良美 印

住民票コード（住民票コード記載と指定して住民票を取るとわかる）を記載すると、住民票の添付が不要になる。不明な場合はこの記載自体しなくて良い。

認印で良い。

連絡先の電話番号 090－ 0000 －××××

添付情報
登記原因証明情報　住所証明情報

相続する人全員の住民票のこと。住民票にマイナンバーは記載しないように注意。

□登記識別情報の通知を希望しません。

チェックを入れない。登記識別情報とは、登記済証（権利証）に代わる書類。

令和 7年 7月 1日申請　東京 法 務 局

課税価格　金 8,000万円

登録免許税　金 320,000円

課税価格の4/1000。

不動産の表示
不動産番号　1234567890123
所　在　○○区神田○町1丁目
地　番　2番
地　目　宅地
地　積　160.20平方メートル

権利証または不動産登記簿を見ながら正確に記載する。

不動産番号　0987654321012
所　在　○○区神田○町1丁目2番地
家屋番号　2番
種　類　居宅
構　造　木造かわらぶき2階建
床 面 積　1階　90.00平方メートル
　　　　　2階　70.35平方メートル

不動産番号（不動産登記簿に記載）を記載した場合は、土地の所在、地番、地目、地積の記載を省略して良い。

契印

申請書が複数ページになる場合は、このように契印（割印）する。相続人のうち1名が契印すれば良い。

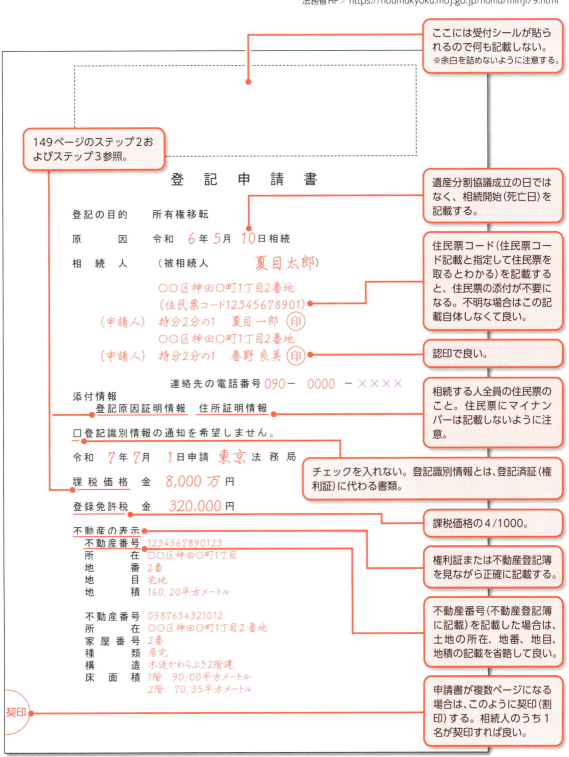

誰が不動産を相続するか確定していないときに必要な手続きは？

ポイント！

不動産を相続する人が具体的に決まらない場合の、とりあえずの手続きだと思っておきましょう。

いつまでに	3年以内
どんな場合	不動産を相続する人が決まらない場合
手続きする人	相続人
手続き先	不動産所在地を管轄する法務局、登記所

「相続人申告登記」でペナルティを回避する

２０２４年４月から、相続した不動産の名義変更（相続登記）が義務化されました。正当な理由なくこの手続きを怠ると、10万円以下の過料というペナルティが課されることがあります。

しかし、誰が不動産を相続するか決まっていなければ登記することは難しいでしょう。とりあえず法定相続分で登記をするという方法もありますが、**相続登記の義務化とあわせて制定された「相続人申告登記」を期限内にすればペナルティを免れます。**

相続人申告登記は、各相続人が単独で行うことができます。登録免許税（手数料）はかかりません。相続人申告登記を行うと、申告した相続人の住所・氏名が登記簿に記録されます。持ち分は登記されません。不動産を売ったり抵当権を設定したい（担保にしたい）場合は、別途相続登記をする必要があります。

申請は、窓口申請、郵送、オンラインの3つの方法があります。各相続人が手続きするのが基本ですが、複数の相続人が連名で申請することもできます。

相続登記と相続人申告登記の違い

	相続登記	相続人申告登記
権利の登記である	○	×（権利を主張するには相続登記が必要）
登録免許税	課税価格×４／1000	無料
自身の分だけ手続きできる？※	遺産分割協議書や遺言書があれば可能	各相続人が単独で手続きできる
必要書類	多い	少ない

※たとえば、「遺産分割協議がまとまらないのでとりあえず法定相続分で登記しておこう」という場合、相続人のうちの１人が単独で登記申請することができるが、自身の持ち分だけ相続登記をすることはできない。必ず他の相続人の持ち分まで登記しなければならない。

■相続人申出書　作成例

受付シールを貼るスペースなので何も書かない。余白を詰めないように注意。

住民票に記載しているとおり正確に記載する。

相　続　人　申　出　書

申出の目的　　相続人申告

夏目太郎 の相続人

相続開始年月日 令和6年5月10日

（申出人）東京都〇〇区神田〇町1丁目2番地
夏目　一郎
（氏名ふりがな なつめ いちろう）
（生年月日　昭和54年10月1日）
連絡先の電話番号 090－〇〇〇〇－××××

添付情報
申出人が登記名義人の相続人であることを証する情報
住所証明情報

令和6年11月1日申出　東京 法務局

不動産の表示
不動産番号 234567890123
所　　在 〇〇区神田〇町1丁目
地　　番 2番

不動産番号 0987654321012
所　　在 〇〇区神田〇町1丁目2番地
家屋番号 2番

被相続人と申出人の続柄等がわかる戸籍。詳しくは「必要なもの」参照。相続関係説明図（150ページ）を提出すると、戸籍の原本を返してもらえる。

住民票のこと。ただし、申出人の氏名のふりがなと生年月日を記載した場合は添付不要。

不動産登記簿謄本に書かれているとおりに正確に記載する。

必要なもの
（被相続人の子が申告する場合）
- ☑被相続人の死亡の記載がある戸籍
- ☑申出人が被相続人の子であることがわかる戸籍
- ☑被相続人の死亡した日以後に発行された申出人の戸籍

※1通の証明書で右記すべてを満たす場合はまとめて1通で良い。

- ☑相続人申出書

※相続人によって異なるので注意。

被相続人の子が申し出をする場合の作成例です。法務省のホームページに申出書のひな型が掲載されています。さまざまなケースのひな型があるので、自身に合ったものの記入例を参考にして作成してみましょう。
●法務省HP
https://www.moj.go.jp/MINJI/minji05_00602.html#mokuji3

住宅ローンがある不動産を相続するときは？

ポイント！

残された家族の生活を支える大切な制度です。確実に手続きしてください。

いつまでに	3年以内
どんな場合	故人が住宅ローンを組んで完済していない場合
手続きする人	遺族など
手続き先	ローン契約している金融機関

ローン返済の心配をなくすための手続きをする

自宅不動産を購入するために住宅ローンを組む際には、多くの場合「**団体信用生命保険**」に入っています。一般的には**団信（だんしん）**と呼ばれる保険です。

ローン契約者が亡くなったり、所定の高度障害状態等になると、以降のローンは団信で完済されます。

ですから、団信に入っていればローン契約者が亡くなったあと遺族はローンを支払い続ける必要がなくなります。

団信は、ローン会社（金融機関等）が保険契約者兼受取人なので、ローン契約者が亡くなった等の場合は、まず金融機関等に連絡してください。必要な手続きを案内してもらえます。

団信も生命保険のひとつなので、死亡から3年が経過すると時効にかかり、保険金が支払われないこともあります。必ずすみやかに手続きしましょう。

団信でローンを完済すると、不動産に設定されていた抵当権を外すことができます（156ページ）。

必要なもの

- ☑ 団信弁済届
- ☑ 死亡を証明する書類（死亡診断書のコピー、生命保険会社指定の死亡証明書など）
- ☑ 被保険者の住民票の除票

こんなとき どうする？

疎遠だった親戚の自宅を相続した

生前の生活実態がよくわからないまま相続すると、住宅ローンについても詳細がわからないことがあります。まず通帳などで定期的に引き落とされていないかを確認し、それでも不明な場合は登記簿謄本を取得してください。

抵当権が設定されていれば謄本の「乙区」に記録があります。債権者（金融機関など）と債務者（ローンを組んだ人）の情報が記載されているので、該当の金融機関に連絡して手続きを進めてください。

団信弁済届　記入例

帳票団7-1

死亡用

届出日	令和6年12月10日

団信弁済届

○○○○○○○○○○○○　御中

債務弁済充当（委託）約款に基づき、下記【団信弁済の届出にあたっての確認事項】及び「団信弁済パンフレット」の内容を了承の上、届出をします。

届出内容	
死亡日	令和6年　11月　20日

被保険者とは故人のこと。

団信加入者（被保険者）			
フリガナ	ヤマダ　タロウ	性別	☑男　☐女
氏名	山田 太郎	生年月日	☑昭和　☐平成 50年　7月　9日
フリガナ	マルマルクチュウオウ1－2－B－301		
住所	〒 123 — ○○○○ ○○区中央1丁目1番2号Bマンション301		

届出者			
フリガナ	ヤマダ　ヨシエ	団信加入者との関係	☑1配偶者 ☐2親族（　　） ☐3その他 （　　）
氏名	山田 良江		
フリガナ	マルマルクチュウオウ1－2－B－301		
住所	〒 123 — ○○○○ ○○区中央1丁目1番2号Bマンション301		
電話番号	（080）—（○○○○）—（××××）	※日中ご連絡がとれる電話番号をご記入ください。	

【団信弁済の届出にあたっての確認事項】

- ●今般ご提出いただいた個人情報については、「団信弁済パンフレット」に記載の「個人情報の取扱いについて」によりお取扱いいたします。
- ●必要に応じて生命保険会社(または生命保険会社の委託会社)より、直接ご家族・主治医等に照会や確認を行うことがあります。あらかじめご了承ください。
- ●債務の完済が決定するまで、機構等へのご返済は、これまでどおり相続人さまにおいて継続してください。審査の結果、債務の完済が決定した場合、死亡日(保険事故日)以後にお支払いただいた返済金等は、後日別途相続人さまに返金いたします。
- ●債務弁済が行われた後に、他の届出内容でご請求はできませんので、ご注意ください。

(注) 保険引受が全共連の場合は、保険を共済と読み替えてください。

この欄には記入しない。

【金融機関記入欄】　(注) 併せ貸しの有無をご確認ください。	
金融機関名	
被保険者番号 (または顧客番号)	
備考欄	(注)団信弁済返戻金の返金先を償還金口座以外とする場合は、「振込口座(変更)届(死亡用)」(帳票共9-3)をご提出いただくようお願いいたします。

令和5年10月

ローン契約している金融機関に連絡すると、必要書類等の案内があるので指示に従って用意してください。必要書類を提出してから保険会社の審査があります。早く安心するためにも、すみやかに手続きすることが望ましいです。

住宅ローンの返済が終わったときは？

ポイント！

金融機関が指定する司法書士に手続きを代理してもらうことも多いです。まずは見積もりをもらって検討しましょう。

- **いつまでに** すみやかに
- **どんな場合** 住宅ローンを完済した場合
- **手続きする人** 不動産の相続人
- **手続き先** 不動産所在地を管轄する法務局・登記所

ローンを払い終わったら抵当権の抹消登記をする

ローンを組んで不動産を購入すると、ローンを全額返済するまでお金を貸している金融機関等がその不動産に抵当権を設定します。抵当権とは、もしローンの返済が滞ったり返済できなくなったりしたら、不動産を売却して優先的に弁済を受けられる権利です。

団信（154ページ）でローンを返済したら、抵当権を抹消する登記を行いましょう。抵当権抹消登記は、債権者（金融機関）と債務者（不動産を取得した相続人等）が協力して行わなければなりません。**通常は、ローンを完済すると金融機関から必要書類が送られてくるので、相続人等が登記申請します。**

登記は複雑で繊細な手続きです。そのうえ一生に一度も手続きしない人も多いので、不慣れで何度も訂正や出し直しになることもあります。ですから、最初から専門家である司法書士に代理してもらうことが望ましいです。

なお、相続開始後に抵当権が消滅した場合は（団信で返済した場合も該当）、まず名義を相続人等に変更してから（もしくは同時に）、抵当権抹消登記、となります。

必要なもの

- ☑ 登記申請書（抵当権抹消）
- ☑ 解除証書または弁済証書
- ☑ 抵当権者の登記識別情報または登記済証（権利書）
- ☑ 金融機関等からの委任状
- ☑ 会社法人等番号（金融機関の登記簿など）

こんなとき どうする？

必要書類の多くは金融機関が用意

抵当権抹消登記は、権利者（ローンを完済した所有者）と、義務者（金融機関等）が協力して行う登記です。登記に必要な書類の多くは金融機関が発行し、送られてきます。受け取った書類をなくさないよう、すみやかに登記申請することをおすすめします。

また、権利者の登記されている情報（住所や氏名等）に変更があれば、抵当権抹消登記の前（もしくは同時）に変更しておく必要があります。手続きが複雑になりそうなときは、司法書士に頼むのが確実です。

登記申請書（抵当権抹消） 作成例

抵当権者（金融機関等）からもらって添付する。

抵当権解除証書など。通常は金融機関から発行される。

「不動産の表示」欄に順位番号を記載する。順位番号は登記簿謄本で確認する。

受付番号を記載するスペースなのでここには何も記載しない。

ローンを完済して抵当権を抹消する例。

抵当権が解除された（ローンを完済した）日付を書く。

登　記　申　請　書

登記の目的　抵当権抹消（順位番号後記のとおり）

原　　因　令和 6 年 12月 1 日 解除

権　利　者　東京都〇〇区中央一丁目１番２号Ｂマンション301
山田 良江

義　務　者　東京都〇〇区本町二丁目３番地
株式会社〇〇銀行（会社法人等番号1234－56－789012）
代表取締役　〇〇〇〇

添付情報
登記識別情報　登記原因証明情報
会社法人等番号　代理権限証明情報

登記識別情報を提供することができない理由
☐不通知　☐失効　☐失念　☐管理支障　☐取引円滑障害　☐その他（

令和 6 年 12月 15日申請 〇〇 法務局（又は地方法務局）〇〇支局（又は出

申請人兼義務者代理人 東京都〇〇区中央一丁目１番２号Ｂマンション301
山田 良江 ㊞

連絡先の電話番号 00－ 0000 － 0000

登録免許税　金 2,000 円

不動産の表示
不動産番号 1234567890123
所　　在 〇〇区中央一丁目
地　　番 2番
地　　目 宅地
地　　積 89.00 平方メートル
（順位番号　3 番）

不動産番号 0987654321012
所　　在 〇〇区中央一丁目2番地
家屋番号 3番
種　　類 居宅
構　　造 木造かわらぶき平家建
床　面　積 60.00 平方メートル
（順位番号　3 番）

契印

現在の所有者の住所および氏名を記載する。所有者の住所氏名が登記されている内容と異なる（変更した）場合は、事前（もしくは同時）に変更登記が必要。

通常、金融機関から委任状が送られてくる。

登記識別情報を紛失した場合などは、ここにチェックを入れる。

認印で良い。

申請書が2ページ以上にわたる場合は、契印（割印）する。

登記簿を添付する場合は「登記事項証明書」と記載する。

不動産番号を記載した場合は、土地の所在、地番、地目および地積（建物の所在、家屋番号、種類、構造および床面積）の記載を省略することができる。

登録免許税は、不動産1個につき1,000円。この例では土地1個、建物1個の場合なので2,000円になる。

参考：法務省ホームページ一部変更　https://houmukyoku.moj.go.jp/homu/minji79.html#16

さまざまな手続きで活躍する「法定相続情報一覧図」

ポイント！

銀行口座の名義変更、相続税の申告、相続登記、遺言書の検認、自動車の名義変更など多くの相続手続きで利用できます。

いつまでに	期限はない
どんな場合	相続手続きの手間を減らしたい場合
手続きする人	相続人
手続き先	法務局、登記所

一度作ればさまざまな相続手続きで使用できる

相続手続きには、被相続人の出生から死亡までの全戸籍と、相続人全員の現戸籍が必要になることが多いです。手続きのたびにこれらを用意するのは手間も費用もかかります。そこで原本還付といって、手続きが終わったら戸籍を返してもらえる制度もあります。

法定相続情報一覧図は、いちど戸籍を集めて法務局で所定の手続きをすると、法務局が証明した「法定相続情報一覧図の写し」（以下、「一覧図の写し」という）**を交付してもらえる制度**です。一覧図の写しは、戸籍等に漏れがないかを法務局が確認したうえで発行するので、**さまざまな相続手続きで戸籍等の代わりに利用できます。**しかも、一覧図の写しは無料で必要なだけ交付してもらえます。

さらに、法務局の確認を経ているということで、相続手続きがスピーディに進むことも期待できます。審査するほうも、たくさんの戸籍を読んで確認するより、一覧図の写しを確認するほうが時間がかからないからです。名義変更がたくさんある場合は、ぜひ活用しましょう。

必要なもの

- ☑申出書
- ☑法定相続情報一覧図
- ☑被相続人の出生から死亡までの全戸籍
- ☑被相続人の住民票の除票
- ☑相続人全員の戸籍（被相続人死亡日以降のもの）
- ☑申出人の本人確認資料（顔写真付き身分証明書）
- ☑全相続人の住民票（法定相続情報に住所を記載する場合のみ。記載するかどうかは任意）

こんなとき どうする？

法定相続情報一覧に住所を記載するメリット

法定相続情報一覧図に、相続人の住所を記載するかどうかは任意です。ただし、記載すると次のようなメリットがあります。

相続手続きにおいて、相続人の住所を証明する書類（住民票等）が必要な場合でも、住民票等の添付が不要になる場合があります。たとえば、相続登記や検認で住民票の添付が不要になります。

■法定相続情報一覧図の保管及び交付の申出書　記入例

別記第１号様式

法定相続情報一覧図の保管及び交付の申出書

（補完年月日　令和　　年　　月　　日）

申出年月日	令和　6年　8月　1日	法定相続情報番号	-　-
被相続人の表示	氏　　名 夏目 太郎 最後の住所 東京都〇〇区神田〇町１丁目２番地 生年月日 昭和20年　4月　1日 死亡年月日 令和6　年　5月　10日		
申出人の表示	住所 東京都〇〇区神田〇町１丁目２番地 氏名 春野 良美 連絡先　090－××××－〇〇〇〇 被相続人との続柄　（　長女　）		
代理人の表示	住所（事務所） 氏名 連絡先　－　－ 申出人との関係　□法定代理人　□委任による代理人		
利用目的	☑不動産登記　☑預貯金の払戻し　☑相続税の申告 ☑年金等手続 □その他（　　）		
必要な写しの通数・交付方法	7 通　（　□窓口で受取　☑郵送　） ※郵送の場合、送付先は申出人（又は代理人）の表示欄にある住所（事務所）となる。		
被相続人名義の不動産の有無	☑有 □無	（有の場合、不動産所在事項又は不動産番号を以下に記載する。） 1234567890123 0987654321012	

相続人が複数いる場合でも、単独で申し出ができる。

代理人に手続きを任せる際にはこの欄に記載し、関係がわかる書類（たとえば委任による代理人である場合には委任状）を添付する。

利用目的のために必要な通数を無料で交付してもらえる。郵送を希望する場合は返信用封筒が必要。

法定相続情報一覧図の例

被相続人 夏目太郎 法定相続情報

最後の住所
東京都〇〇区神田〇町１丁目２番地
最後の本籍
東京都〇〇区神田角町２丁目３番地
出生 昭和20年４月１日
死亡 令和６年５月10日
（被相続人）
夏目　太郎

住所　東京都〇〇区神田〇町１丁目２番地
出生　昭和22年６月１日
（妻）
夏目　花子

住所　東京都〇〇区神田〇町１丁目２番地
出生　昭和47年７月１日生
（長女）
春野　良美　（申出人）

住所　東京都〇〇区神田〇町１丁目２番地
出生　昭和54年10月１日
（長男）
夏目　一郎

以下余白

作成日：令和６年８月１日
作成者：住所　東京都〇〇区神田〇町１丁目２番地
　　　　氏名　春野　良美

相続税の申告に利用する場合は、続柄を戸籍の記載のとおりに記載する（〇長男　×子）。

法務省のホームページにさまざまなケースの記載例と様式があります。当てはまるケースの様式を利用して自身の法定相続一覧図を作ってみましょう。被相続人の本籍地、被相続人の最後の住所地、申出人の住所地、被相続人名義の不動産の所在地、のいずれかを管轄する法務局・登記所で手続きできます。

法務省HP　https://houmukyoku.moj.go.jp/homu/page7_000015.html

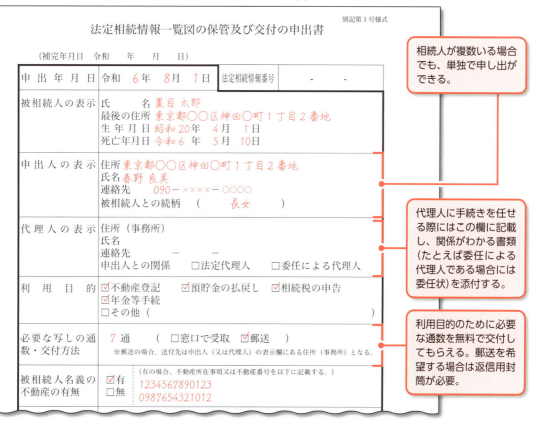

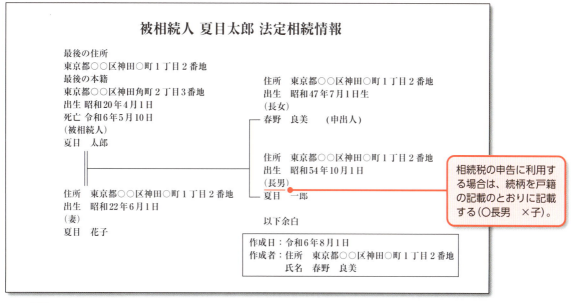

COLUMN

どの専門家に頼めばいい？

家族が亡くなったあとの手続き、とくに相続手続きは一生のうちに何度も経験することではないので、難しく感じることもあると思います。そんなときは思い切って専門家に相談したり、手続きをまかせることも検討しましょう。弁護士、司法書士、税理士、行政書士などさまざまな専門家がいるので、誰に何を頼むべきか迷ったら下記を参考にしてください。

【弁護士】争いごとや裁判に関する専門家

- 相続争いがあるとき、遺産分割の話し合いがまとまらないとき
- 裁判所での調停や審判を検討しているとき

【司法書士】登記の専門家

- 不動産の名義を変更したいとき
- 相続しないときなど（相続放棄や限定承認）の書類作成を頼みたいとき

【税理士】税務の専門家

- 相続税の申告を頼みたいとき

【行政書士】行政手続きの専門家

- 遺産分割協議書を作成してほしいとき（争いがない場合）
- 相続した自動車の名義を変更したいとき

【社会保険労務士】社会保険の専門家

- 年金、労災関係の手続きをしてほしいとき

相続手続きはどれか１人の専門家だけで完結することはまれです。たとえば、相続税の申告と、不動産の名義変更、相続した自動車の名義変更のケースで考えてみましょう。

この場合、税理士、司法書士、行政書士の力が必要です。「相続専門」を売りにしている専門家であればネットワークを持っていて、窓口になってさまざまな専門家を手配してくれることが多いです。ですから、専門家を探す際には、専門家のネットワークを持っているかどうかを目安にすると手間が省けます。

また、実際に頼む前に複数の見積もりを取って比較検討することも大事です。その際、見積金額の総額で判断するのではなく、

□**どこまで頼めるのか**

□**実費はどの程度かかるのか**

□**依頼したら完了までどれくらいの時間がかかるのか**

という点を確認してください。〝安いと思ったら見積もりに実費が記載されていなかった〟〝自分でやらなければならないことが多くて結局たいへんだった〟と後悔しないためにも大事な確認です。

そして、実際に担当者に会って話しをすることも大事です。相続手続きはとてもプライベートな手続きなので、信頼できると思える専門家を選ぶためです。

第7章

相続税に関する手続き

＼あるある／
Q&A 25

相続する家や土地などはどう計算すればいい?

法律によって、計算のルールが決まっています

相続税を計算するためには、遺産がいくらなのかを洗い出さなければなりません。現金・預金など、はっきりと金額がわかるものは問題ないのですが、不動産や家財道具などはいったいいくらと考えれば良いのでしょうか。

不動産や家財道具は、購入したときの金額と亡くなったときの金額が大きく異なることがあります。**そこで、現金・預金を除いたほとんどの遺産については、いくらなのかを計算するルールがあります。**

このルールを知らないと、相続税の計算を正しく行えないだけでなく、大きな損をすることもあります。不動産は金額が大きいので、とくに注意が必要です。

自分だけで計算するのが難しいと感じたら、税理士に頼むことも検討しましょう。税理士に手数料を支払っても、トータルでは得をする場合も多いものです。

ここがPoint!

●遺産を評価するためのルールを知る ➡ P.170

●不動産の評価額を大きく減らせる特例がある ➡ P.172

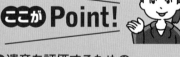

あるある Q&A 26

我が家は相続税を払う？　払わない？

9割の人は相続税がかからずに済んでいます

相続と聞くと、相続税を心配する人が多いでしょう。ただし、実際に相続税を納めるのは、全相続人のうち1割程度の人です。

ほとんどの相続人が相続税を納めなくて良いのには理由があります。**基礎控除で課税対象となる遺産額を減らしたり、一定の相続人が住み続けることを条件に自宅不動産の評価額を大幅に減らしたり、という相続税のルールがあるからです。**

ただし、相続税の計算方法は複雑で、節税につながる特例も多いので、ひとつずつ段階を追って相続税が課税されるかどうかを確認していきましょう。最初のステップとして、遺産から基礎控除を引いた段階で非課税となるのであれば、そのあとの確認ステップは全部省いてしまってかまいません。非課税にならなかった人だけ、次のステップに進んで確認してみてください。

ここがPoint!

- 課税までのステップを確認する → P.167
- 相続税をざっくりと計算する → P.168
- 相続税の正確な計算方法を知る → P.174～179

＼あるある／ Q&A 27

申告書がたくさんあってよくわからない！

まずは自分が作成する必要のある書類を確認しましょう

相続税の申告書が必要なときは、税務署の窓口でもらうか、国税庁のホームページからダウンロードすることができます。申告書一式を用意してみると、「これを全部書くの!?」と、その枚数の多さに驚くかもしれません。

でも、安心してください。全部書く必要はありません。申告書一式のうち多くは遺産の明細書・計算書なので、該当しないものまで書かなくて良いからです。

必ず作成する書類と、該当する場合に作る書類があるので、最初にそれを確認しましょう。

また、相続税にはさまざまな特例や控除があります。そうした特例や控除を利用すると、最終的に納税が不要になることもあります。**その場合、納税は不要ですが、申告は必要なので注意してください。**

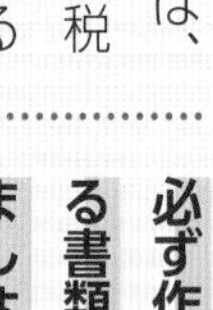

ここがPoint!

- 申告が必要かどうかを知る ➡ P.167
- 自分が作る必要のある申告書を確認する ➡ P.180
- 申告書の作成手順を知る ➡ P.182〜187

＼あるある／ Q&A 28

相続税の申告が間に合わない!?

間に合わない理由に応じて、対策をとりましょう

相続税の申告書を作る機会は、人生に何度もあるものではありません。税理士などの専門家を除けば、どこに何を書けば良いのかわからないのが当たり前でしょう。

しかし、申告には期限があるので、わからないからといって放置するわけにはいきません。放置して期限をすぎてしまえば、無申告ということで余計な税金を課されたり、利用できるはずの特例などが利用できずに損をしてしまったりするかもしれません。

遺産分割協議がまとまらないなど明確な理由があり、解決の見込みがある場合と、知識不足などの理由で書類が作れない場合とではとるべき対策が異なります。**前者の場合は、その旨の届出を行いましょう。後者の場合は、税理士に頼むのが良いでしょう。**どちらも決断が遅れないように注意してください。

ここが Point!

- 申告が間に合わない場合の届出を知る → P.188
- 申告を間違えたときは「修正申告」をする → P.190
- 相続税の納付書を自分で作成する → P.192

相続税の申告・納税が必要か確認する

ポイント!

10か月あると思っても、実際は時間が足りないくらいです。遺産分割の話し合いの頃から意識して取り組むのがおすすめです。

- いつまでに ▶ 10か月以内
- どんな場合 ▶ 遺産を相続した場合
- 手続きする人 ▶ 相続人、受遺者

相続人自身が確認して申告しなければならない

普段わたしたちは、固定資産税や自動車税など、役所から納付書が送られてきて納税することに慣れています。相続税も同じだろうと考えがちですが、実は違います。**相続税は、相続人自身が税額を計算し、申告・納税が必要かどうかを判断して手続きしなければなりません。**

相続税の申告・納税期限は相続開始から10か月です。10か月を超えるとペナルティとして延滞税などが課されます。また、過少に申告したり財産を隠したりすると、**最大で40%もの加算税が課されます。**

ただし、すべての相続人に申告・納税義務があるわけではありません。**全国平均だと申告・納税が必要な相続人は1割程度**です。相続税がかからなければ、原則として申告も納税も不要なのです。

第7章では、そもそも相続税がかかるのかどうか、申告が必要なのかどうかということも含めて解説します。まずは全体の流れを把握しましょう。計算が複雑になる場合は、税理士に相談することをおすすめします。

遺産分割が決まっていないと正確な申告ができない

相続税は、各相続人が実際に相続する遺産の割合で納税します。そのため、遺産分割の内容が確定していないと、正確な申告・納税をすることができません。

また、「**小規模宅地等の特例**」（172ページ）は、適用される相続人の要件が決まっているため、これも遺産分割が確定していないと利用することができません。

小規模宅地等の特例が適用できると自宅の土地の評価額（170ページ）が80%も減額されるので大きな差があります。

それから、「**税額控除**」（174ページ）も同様に、遺産分割が確定していないと利用できません。

このように、**相続税の申告・納税の前にまず遺産分割を確定させる必要があります。**ただし、期限に間に合わないおそれがあるときは、いったん未分割の状態で仮の申告・納税をして後日過不足を精算することになります（188ページ）。

期限を過ぎてしまうと加算税のおそれがあるので、仮の申告をしておきましょう。

申告・納税までの流れ

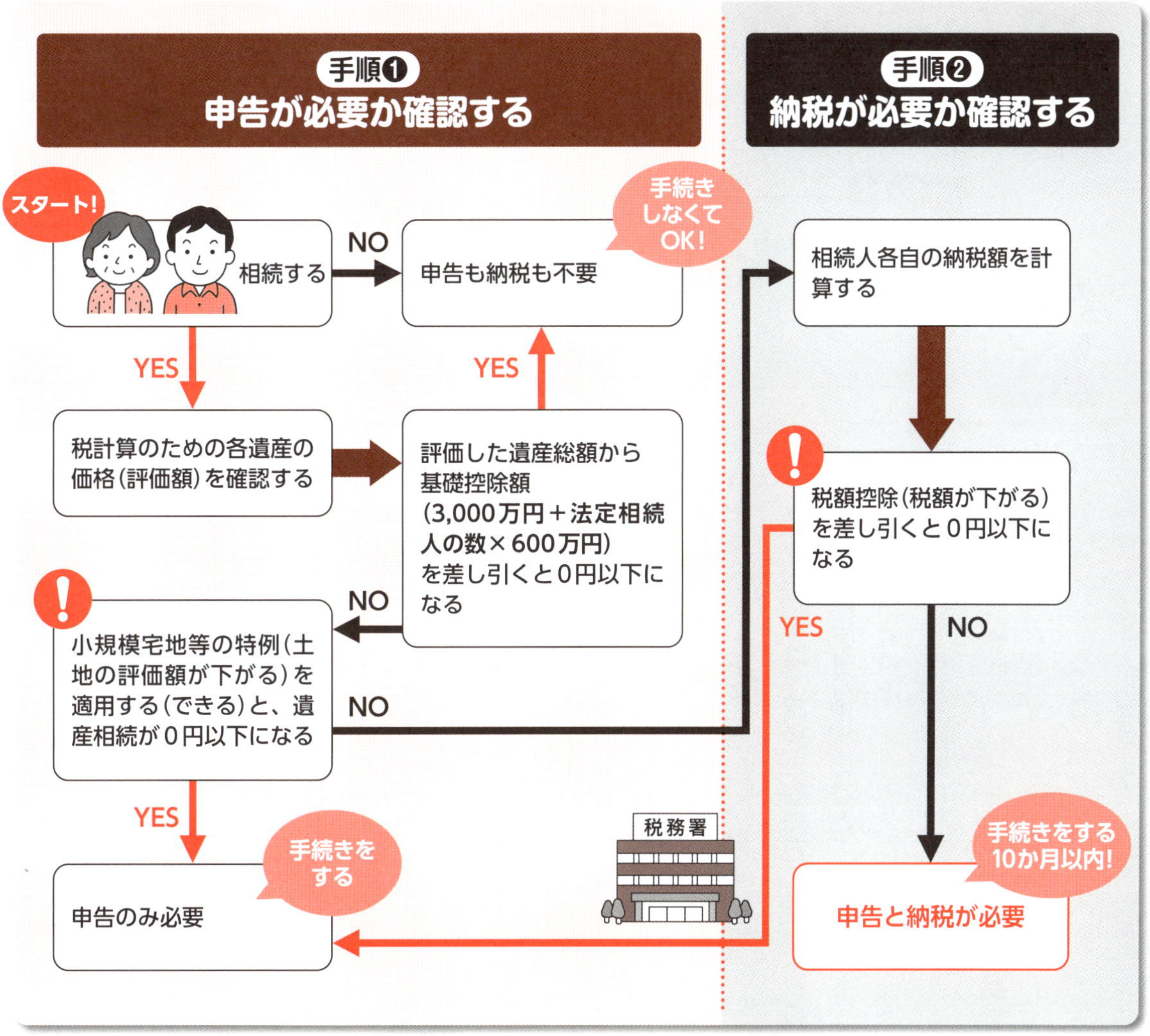

相続税に関するペナルティは?

❶無申告加算税／正当な理由なく期限までに申告しなかった場合に課される税金です。5～30%の範囲で、相続税額や納付タイミングによってそれぞれの税率で課されます。

❷延滞税／期限までに相続税を納付しなかった場合に課される税金です。※

本来は（ ）内を原則としていますが、しばらくの間はより低額な別基準が適用されます（年によって変動します）。

- 納期限の翌日から2か月以内
  …年3.4%（原則は年7.3%）
- 納期限の翌日から2か月超
  …年9.7%（原則は年14.6%）

❸過少申告加算税／本来納めるべき税額より少なく納めた場合に、その差額に課される税金です。差額と納付タイミングによってそれぞれの税率（5～25%）で課されます。

❹重加算税／意図的に財産を隠すなど、悪質な場合に課される税金です。

- 無申告の場合……40%
- 過少申告の場合……35%

※令和6年度

相続税を大まかに把握するポイントは？

ポイント！

1次相続では相続税がかからなかったのに、2次相続で予想外に課税された！　ということもあります。

いつまでに	**10か月以内**
どんな場合	**遺産を相続した場合**
手続きする人	**相続人、受遺者**

簡易早見表で大まかに税額を確認する

細かい計算が苦手という人は、まず170～175ページを読んで遺産総額を把握し、169ページの簡易早見表で相続税額の目安を確認してみましょう。**遺産総額は、遺産を評価しないとわかりません。**ここが大きくずれると相続税額も大きく変わってくるので、評価はしっかり計算するのがおすすめです。

簡易早見表は、法定相続分で遺産分割した場合の目安です。ですから、本当に納税すべき税額は、簡易早見表の総額の目安に実際の相続分を掛ける必要があります。

2次相続では税額が大きく上がることもある

2次相続とは、両親ともに亡くなって子のみが相続人になる相続のことです。早見表①では、配偶者控除（179ページ）が使えるので配偶者には基本的に相続税がかかりません。そのため、1次相続だけで考えると配偶者が全部を相続することが相続税対策にもなります。

ただし、2次相続ではこの配偶者控除が使えないため、一般的に相続税が1次相続より多くなります。1次相続で配偶者がすべての遺産を相続したり、大半の遺産を相続している場合は2次相続での影響が大きいです。

相続税の計算から申告・納税の流れ

- **ステップ1** 課税される遺産を評価する → P.170～173
- **ステップ2** 評価した遺産の総額を計算する → P.174
- **ステップ3** 相続税の総額を計算する → P.176
- **ステップ4** 相続人各自の相続税額を計算する → P.178
- **ステップ5** 各種控除を差し引いて納税額を計算する → P.178
- **ステップ6** 申告書を作成する → P.180～187
- **ステップ7** 納税する → P.192

相続税の簡易早見表① 配偶者と子が相続する場合（1次相続）

相続人＼遺産総額	5,000万円	7,000万円	1億円	1億5,000万円
●配偶者と子1人の場合				
配偶者	0円	0円	0円	0円
子A	40万円	160万円	385万円	920万円
総額の目安	80万円	320万円	770万円	1,840万円
●配偶者と子2人の場合				
配偶者	0円	0円	0円	0円
子A	5万円	56万円	157.5万円	373.7万円
子B	5万円	56万円	157.5万円	373.7万円
総額の目安	20万円	225万円	630万円	1,495万円
●配偶者と子3人の場合				
配偶者	0円	0円	0円	0円
子A	0万円	26.6万円	87.4万円	221.6万円
子B	0万円	26.6万円	87.4万円	221.6万円
子C	0万円	26.6万円	87.4万円	221.6万円
総額の目安	0万円	159.8万円	524.8万円	1,330万円

相続税の簡易早見表② 子のみが相続する場合（2次相続）

相続人＼遺産総額	5,000万円	7,000万円	1億円	1億5,000万円
●子1人の場合				
子A	160万円	480万円	1,220万円	2,860万円
総額の目安	160万円	480万円	1,220万円	2,860万円
●子2人の場合				
子A	40万円	160万円	385万円	920万円
子B	40万円	160万円	385万円	920万円
総額の目安	80万円	320万円	770万円	1,840万円
●子3人の場合				
子A	6.6万円	73.3万円	209.9万円	480万円
子B	6.6万円	73.3万円	209.9万円	480万円
子C	6.6万円	73.3万円	209.9万円	480万円
総額の目安	19.8万円	219.9万円	629.7万円	1,440万円

※①②とも遺産総額は基礎控除（3,000万円×法定相続人数×600万円）の控除前の金額。 ※①②とも「総額の目安」には、配偶者にも課税されるとした場合の相続税額を含む（配偶者控除により実際は配偶者負担分は0円）。 ※①②とも1,000円未満切り捨てで計算。

実際の相続分に応じた相続税額の計算例 〈配偶者、子2人の場合〉

計算例　遺産総額1億円（上記簡易早見表①の相続税の「総額の目安」：630万円）

前　提　配偶者7,000万円、子A3,000万円、子B 0円を実際に取得した場合

●配偶者の相続額：$630\text{万円} \times \dfrac{7{,}000\text{万円}}{1\text{億円}} = 441\text{万円}$　※配偶者控除により、実際の納税額は0円

●子　Aの相続額：$630\text{万円} \times \dfrac{3{,}000\text{万円}}{1\text{億円}} = 189\text{万円}$

○子　Bの相続額：$630\text{万円} \times \dfrac{0\text{万円}}{1\text{億円}} = 0\text{万円}$

この場合 ➡配偶者は申告のみ必要。 ➡子Aは申告・納税ともに必要。 ➡子Bは申告も納税も不要。

遺産を「評価する」とは？

ポイント！

課税の基礎になるので、評価方法はルールが決まっています。

いつまでに 10か月以内

どんな場合 遺産を相続した場合

手続きする人 相続人、受贈者

おもな遺産の評価方法

遺産	評価方法
土地	死亡時の路線価、または倍率方式で計算
預貯金	死亡時のそのままの残高
現金	死亡時のそのままの残高
投資信託等	その証券を信託銀行等が、死亡日に買い取るとした場合の買い取り価格
車	死亡日の中古買い取り価格
家財道具一式	死亡日の中古買い取り価格※
趣味・思い出の品	0円（中古市場でも価格がつかないもの）
建物	死亡時の固定資産税評価額
上場株式	取引所が公開する価格のうち ❶死亡日の最終価格／❷死亡月最終価格の平均額 ❸死亡の前月最終価格の平均額 ❹死亡の前々月最終価格の平均額 ❶〜❹のうちのもっとも安い価格
金、プラチナ等	死亡日の売買実例価額
絵画・美術品	死亡日の中古買い取り価格か、専門家の鑑定価格
ゴルフ、リゾート会員権等	取引相場のあるものは原則として、死亡日の取引価格の70％相当で計算
電話加入権	家財道具一式に含めてよい

●課税されないおもな遺産

❶墓地、墓石　❷仏壇ほか祭祀道具　❸香典

ただし、骨とう的価値があるなど投資の対象となるものや、商品として所有しているもの、課税を逃れようとして純金の祭祀道具を買った！というような場合は非課税になりません。

●借金・ローン

死亡時の残高および未払利息

※ただし、ひとつ5万円以下（相続開始時の価格）の家財道具は、すべてまとめて「一式で10万円」というように評価してかまわない。

その不動産はいったい「いくら」なのか？

遺産には、預貯金のようにはっきりと「いくら」なのかがわかるものと、不動産や有価証券（株式など）、貴金属などの価格が変動するものがあります。**これら価格が変動する遺産を「課税対象としていくらか」を決めるのが「評価」です。**そして、その評価には一定のルールがあります。

相続税を計算する前に、まず遺産を評価してその総額を計算する必要があります。遺産を評価するときは、不動産とその他で分けて考えるとスムーズです。

土地の評価方法は2通りある

不動産にも評価のルールがあります。建物は固定資産税評価額がそのまま評価額になります。

土地の評価は少し複雑で、路線価方式と、倍率方式があります。路線価とは、国税庁が定めた土地の値段のことです。公表されている「**路線価図**」という地図形式のもので確認できます。路線価が設定されていない地域は、倍率方式で評価します。

路線価方式の例

400㎡（奥行40m、間口10m）の宅地、路線価（215,000）の場合の路線価図

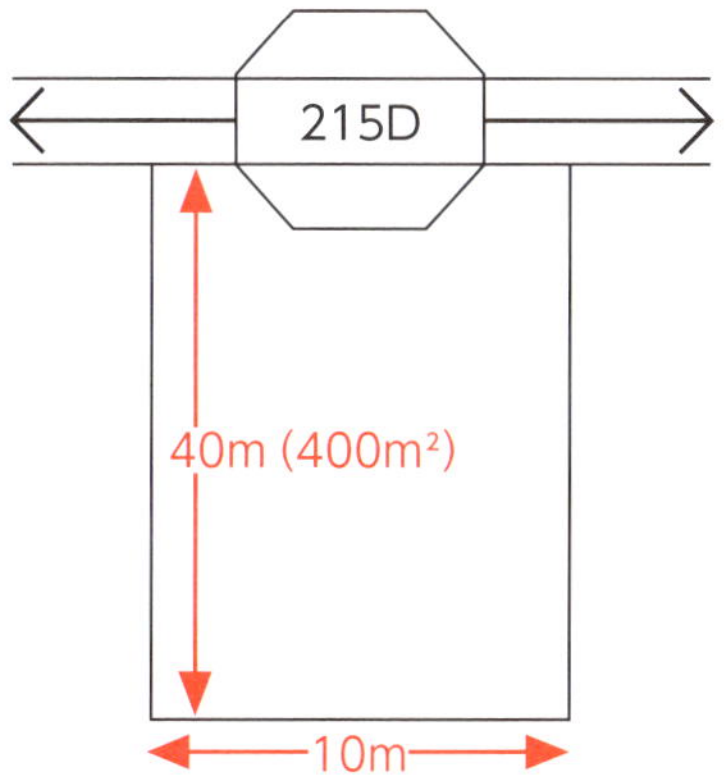

【路線価図の基本的な見方】

- [215D]の215が路線価。数字は1㎡あたりの路線価（単位：1,000円）を表示。
- [215D]のDは借地権割合（アルファベットごとに%で表示される）を表す。所有している土地の場合は、借地権割合を考慮する必要はない。
- [215D]を囲む枠の形（記号）は、補正率表を参照するときの地区区分を表す。

※「地区区分」と「補正率表」は、国税庁のHPで確認を。

【左図の例の1㎡あたりの路線価】

215×1,000円＝215,000円

計算例 **上記の路線価図に加えて、補正率が0.92だった場合**

215,000（路線価）×0.92（土地の形状による調整）×400㎡（面積）
＝79,120,000円（土地の評価額）

倍率方式の例

令和〇年分 倍 率 表

自宅の土地などは、「宅地」の欄を見る。「1.1」などが倍率。もしこの欄に「路線」とあれば路線価方式になるので要注意。

音順	町（丁目）又は大字名	適用地域名	借地権割合	固定資産税評価額に乗ずる倍率等 宅地	田	畑	山林	原野	牧場	池沼
			%	倍	倍	倍	倍	倍	倍	倍
あ	青山	市街化区域	―	路線	比準	比準	比準	比準		
		市街化調整区域	50	1.1	―	中23	中11	―		
	青山1～8丁目	全域	―	路線	比準	比準	比準	比準		

計算例 **倍率が1.1、固定資産税評価額2,000万円の宅地の場合**

2,000万円（固定資産評価額）×1.1（倍率）＝2,200万円（土地の評価額）

自宅不動産に対して どんな節税対策がある？

ポイント!
土地の要件、相続する人の要件をそれぞれ満たす必要があります。不安な場合は税理士に相談しましょう。

いつまでに 10か月以内

どんな場合 自宅不動産を相続した場合

手続きする人 相続人

自宅不動産は評価額を大きく減らすことが可能

「評価額を減らす」とは、相続税の課税対象になる価格を減らすことで、実際に遺産の価値が減るわけではありません。そして、**評価額を減らすことができれば、相続税額も減ります。** 評価額を減らしたことで、相続税がかからなくなることもあります。

とくに影響が大きいのが不動産の評価減です。もともと評価額が大きいので、減らすことができれば影響も大きいのです。

自宅不動産は、一定の遺族が住み続ける場合に大きく評価額を減らすことができます。 また、**被相続人の事業用の土地も同様に、評価額を減らせる場合があります。** これらを「**小規模宅地等の特例**」といいます。

いずれも最大で80％も評価額を減らせるので、これを逃す手はありません。相続人自身が特例を適用して評価し、必要な場合は申告する必要があります。知らずに相続税を多く払ってしまわないよう、ぜひ確認してください。配偶者が自宅不動産を相続する場合は基本的に特例が適用できます。その他の相続人の場合はしっかりと要件を確認してください。

相続する人のおもな要件として、その宅地等を相続税の申告期限まで所有していること、および被相続人の事業を相続税の申告期限まで引き継いで営んでいることなどがあります。

宅地に対する減額の割合

相続開始の直前における宅地等の利用区分			限度面積	減額される割合
被相続人等の居住の用に供されていた宅地等			330㎡以下	80%
被相続人等の事業の用に供されていた宅地等	貸付事業以外の事業用の宅地等		400㎡以下	80%
	貸付事業用の宅地等	一定の法人に貸し付けられ、その法人の事業（貸付事業を除く）用の宅地等（①の場合は特定同族会社などの要件あり）	①400㎡以下※	80%※
			②200㎡以下	50%
		一定の法人に貸し付けられ、その法人の貸付事業用の宅地等	200㎡	50%
		被相続人等の貸付事業用の宅地等	200㎡	50%

※被相続人とその親族が50％を超える持ち株を所有する会社の事業に用いていた宅地であった場合。

自宅不動産に特例を適用する要件の例

1 自宅として住んでいること

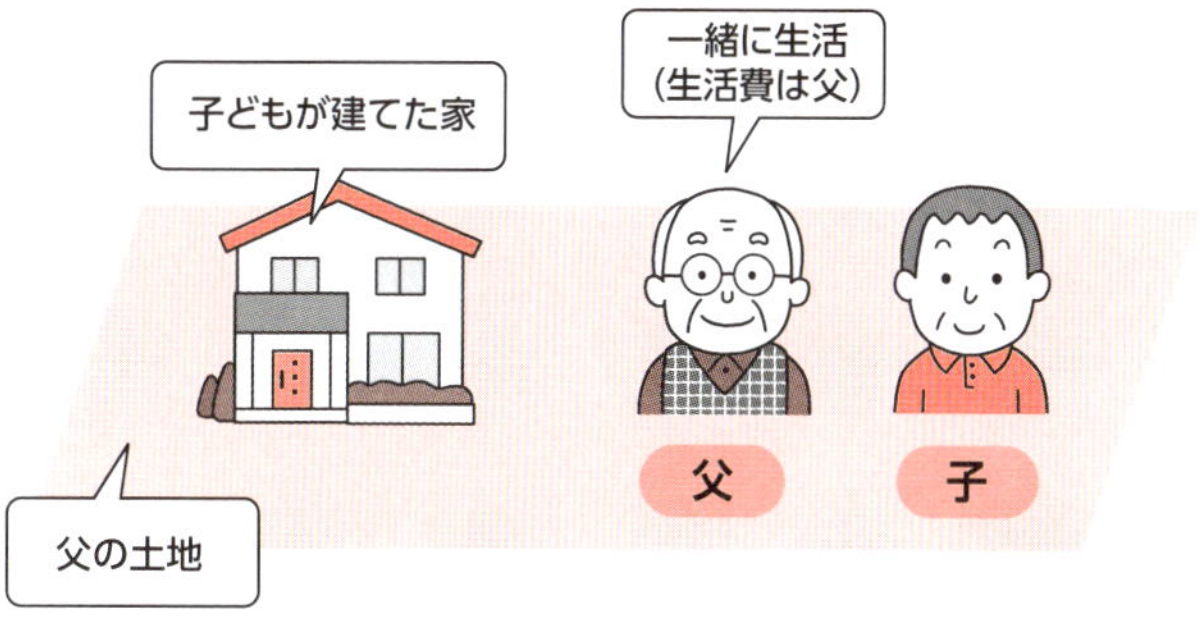

（1）被相続人が相続開始直前まで自宅として住んでいた宅地である

（2）被相続人と生計をひとつにしていた親族が住んでいた宅地である

自宅として住んでいる宅地であることが必要。別荘などは対象外。

2 取得人に対しての要件

要件
とくになし。

（1）配偶者

要件
相続開始から相続税の申告期限まで引き続き住んだうえで、その宅地等を所有している。

（2）同居している親族

（3）別居している親族

要件
下記の（a）～（f）すべてに該当している必要がある。
（a）被相続人に配偶者、または同居している親族がいない。
（b）被相続人の親族である。
（c）相続開始前3年以内に日本国内にある、自分か自分の配偶者の持ち家に居住したことがない。
（d）相続開始から相続税の申告期限まで、その宅地等を所有している。
（e）相続開始前3年以内に、その者の3親等以内の親族、またはその者と特別な関係のある法人が所有する国内にある家屋に居住したことがない。
（f）相続開始時において、居住していた家屋を過去に所有していたことがない。

①土地の要件（次のいずれか）
・被相続人が相続開始直前まで自宅として住んでいた宅地
・被相続人と生計をひとつにしていた親族が住んでいた宅地
②相続でその土地を取得する人の要件
の2段階に分けて考えます。最大330㎡までが対象になります。

4,000万円の減額効果がある！

計算例 **自宅不動産に特例を適用する場合**
宅地の評価額：5,000万円の場合　5,000万円×（1－0.8）＝1,000万円

課税される遺産の総額を計算するには？

ポイント！

相続税の計算は、段階を踏んで考えるので少し遠回りをしていると感じるかもしれません。どの手順も丁寧に考えることが大事です。

いつまでに 10か月以内

どんな場合 遺産を相続した場合

手続きする人 相続人、受遺者

評価した遺産に足すもの、遺産から引くもの

いきなり各自の相続税額は計算できません。実際に支払う相続税を計算するには、まず遺産を評価して（170ページ）**いったんすべて合計して遺産総額を計算します。**

この際、**借金やローン等のマイナスがあれば、総額から差し引きます。**ただし、住宅ローンがあっても団信（154ページ）で返済できる場合は、差し引くことはできません。遺産ではないものの、遺産総額に加えるべきものと遺産総額から差し引くものとがあります。

足すものは、**①みなし相続財産　②所定の贈与財産**、です。引くものは、**①基礎控除　②生命保険金・死亡退職金の非課税分　③相続人が負担した債務・葬儀費用**、の3つです。

これらを総合したものが「**課税総額**」です。課税総額が0円以下であれば、相続税の申告も納税も必要ありません。多くの場合、基礎控除を差し引くと0円以下になります。

ただし、小規模宅地等の特例を適用した結果0円以下になった場合は、申告書の提出だけは必要です。

遺産総額から差し引くもの

1 基礎控除

すべての相続人が恩恵を受けられる控除。3,000万円+法定相続人数×600万円

2 生命保険・死亡退職金の非課税分

［生命保険］生命保険金の受取人が相続人の場合に控除される。法定相続人数×500万円

［死亡退職金］相続人が受け取った場合に控除される。法定相続人数×500万円

3 相続人が負担した葬儀費用

遺体の搬送、お通夜、お葬式、お布施等を相続人が負担したときはその金額を控除できる。ただし、香典返しや初七日法要など、葬儀と直接関係ない費用は対象外。

遺産総額に加えるもの

1 みなし相続財産

生命保険金と死亡退職金のこと。いずれも指定された人が受け取るため相続財産ではないが、相続税の計算上はみなし相続財産となる。

対象となるのは、

- 被相続人が保険契約者兼被保険者で、相続人または受遺者が受取人である生命保険金
- 被相続人の死後3年以内に確定し、相続人が受け取った死亡退職金

これらには控除（174ページ）があるので、全額がみなし相続財産になるわけではありません。

2 所定の贈与財産

●暦年贈与された財産

贈与された財産は被相続人の財産ではなくなるはずだが、被相続人の死亡前7年以内（2025年までは3年以内、順次拡大して2031年以降は7年以内）に贈与された財産は下記のように遺産として戻される。

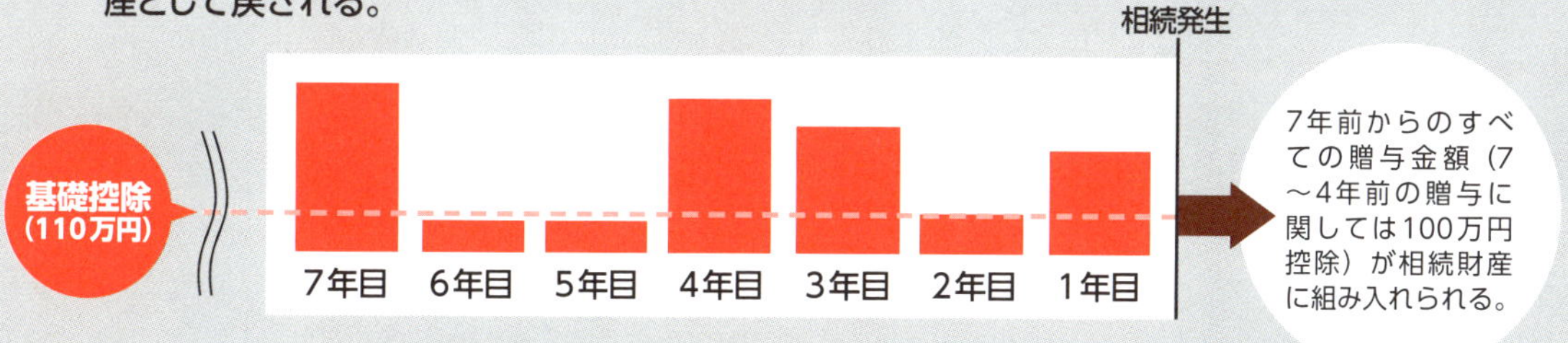
相続発生
基礎控除
（110万円）
7年目
6年目
5年目
4年目
3年目
2年目
1年目
7年前からのすべての贈与金額（7〜4年前の贈与に関しては100万円控除）が相続財産に組み入れられる。

ただし、この期間に支払った贈与税があれば相続税から差し引くことができます（179ページ）。

●相続時精算課税制度を利用した贈与財産

相続時精算課税制度とは、相続時に贈与の税も含めて税金を精算して支払う制度。そのため相続時精算課税制度を利用して贈与された財産は、贈与の時期の制限なしに相続財産に戻される。

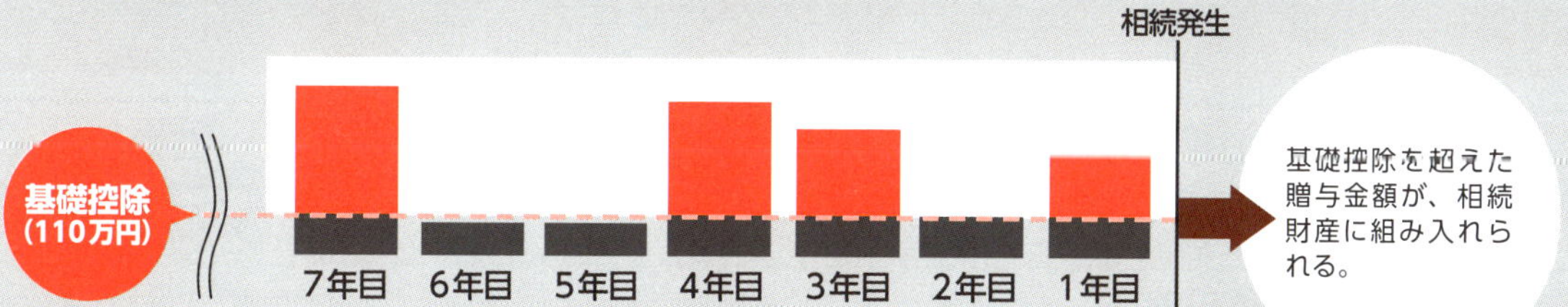
相続発生
基礎控除
（110万円）
7年目
6年目
5年目
4年目
3年目
2年目
1年目
基礎控除を超えた贈与金額が、相続財産に組み入れられる。

ただし、基礎控除以下の贈与財産は対象外です。

計算例

①相続人は配偶者と子２人の全３名で、配偶者が生命保険金2,000万円を受け取った。

2,000万円－（3×500万）＝500万円 ➡これが遺産総額に足される

②被相続人が亡くなる２年前に子に1,000万円を相続時精算課税精度で贈与した。

1,000万円－基礎控除（110万円）＝890万円 ➡これが遺産総額に足される

相続税の総額を計算するには？

ポイント!

ここでの計算を間違えると、各自が納税すべき税金額も間違えてしまいます。慎重に計算してください。

いつまでに 原則10か月以内

どんな場合 遺産を相続した場合

手続きする人 相続人、受遺者

各自の相続税額を計算する前にまずは総額を計算する

相続税は、各自の相続税をいきなり計算することができません。まず相続税の総額を計算し、それから各自の相続税額を計算します。

相続税の総額は、課税総額（174ページ）を、法定相続分（111ページ）で取得したと仮定して計算します。**相続税は、取得した遺産の額に応じて税率が変わります。**少し複雑な計算になりますが、ここからは具体例をもとに説明していきます。

なお、この計算上では、相続放棄した相続人も相続人として扱います。たとえば、相続人が配偶者と子A・Bの3人の場合で、子Bが相続放棄をしても、相続税の計算上では相続人として扱われるので、法定相続分は配偶者2分の1、子A4分の1、子B4分の1になります。ただし、相続放棄した相続人は相続税を払う必要はありません。その分は、放棄した相続人の分の遺産を取得した相続人が負担します。

結局、最終的には実際の取得割合に応じて相続税を負担することになりますが、その計算は178ページで解説します。

相続税の速算表

基礎控除後の課税財産	税率	控除額
1,000万円以下	10%	―
1,000万円超～3,000万円以下	15%	50万円
3,000万円超～5,000万円以下	20%	200万円
5,000万円超～1億円以下	30%	700万円
1億円超～2億円以下	40%	1,700万円
2億円超～3億円以下	45%	2,700万円
3億円超～6億円以下	50%	4,200万円
6億円超	55%	7,200万円

相続税総額の具体的な計算例

前提

[法定相続人]
配偶者　子A　子B　(合計3人)
[遺産総額]
7,800万円
[課税総額]
3,000万円
(7,800万円－基礎控除4,800万円)

[法定相続分]

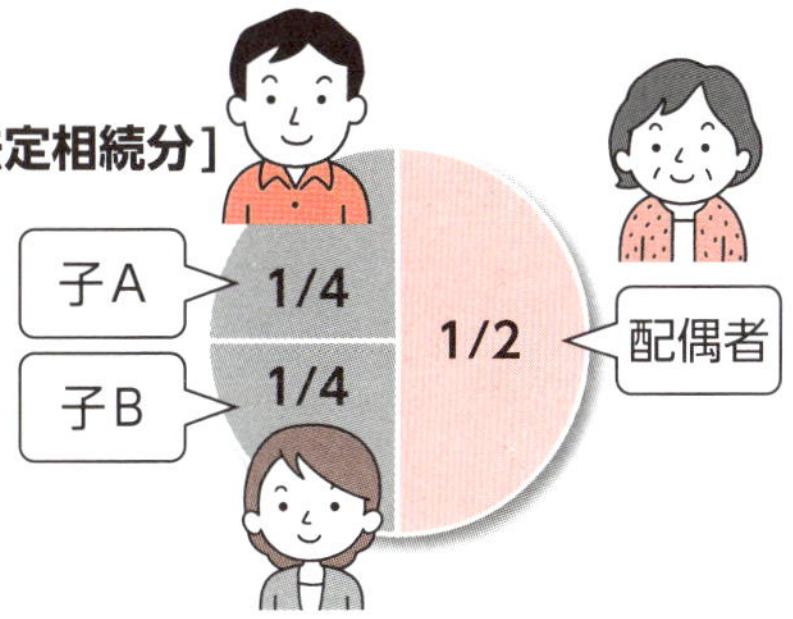
子A
1/4
子B
1/4
1/2
配偶者

以降、この例をもとに計算手順を一緒に見ていきましょう。

手順1　**課税総額を相続人各自が法定相続割合で取得したとして計算する。**
課税総額×各自の法定相続分＝取得金額

計算例　**配偶者**：3,000万円×1/2=1,500万円
子　A：3,000万円×1/4=750万円
子　B：3,000万円×1/4=750万円

手順2　**右下にある「相続税の速算表」をもとに 手順1 で計算した各自の金額に対する税率を掛け、速算表の控除額を引く。**
各自の取得金額×速算表の税率－速算表の控除額＝各自の相続税(仮)

計算例　**配偶者**：1,500万円×15%－50万円＝175万円※1
子　A：750万円×10%※2=75万円
子　B：750万円×10%※2=75万円

※1　税額控除は、ここでは考慮しなくてよい。
※2　取得金額が1,000万円以下の場合、控除額はない(右下表参照)。

手順3　手順2 **で計算した税額を合計する。**
各自の相続税(仮)をすべて合計＝ 相続税額の総額

計算例　175万円(配偶者)＋75万円(子A)　＋75万円(子B)＝ **325万円**

こんなとき
どうする?

なぜ総額を計算するの?

納税額が公平になるようにするためです。
たとえば、計算例のケースで子の1人が相続放棄し、その分を他の子が取得した場合で考えてみましょう。
いきなり実際の取得分で相続税額を計算すると、

> 配偶者：1,500万円×15%—50万円=175万円
> 子：1,500万円×15%—50万円=175万円
> になり、計算例より総額が25万円多くなります。
> そして子の納税額も、計算例(75万円×2名分=150万円)より多くなります。

課税総額が同じなら、最終的に納める税額も公平になるように考えられている、ということなのです。

各自の相続税を計算するには？

ポイント！

いよいよ各自の相続税額を計算します。税額控除を忘れないように注意してください。

いつまでに	原則10か月以内
どんな場合	遺産を相続した場合
手続きする人	相続人、受遺者

実際に取得する遺産の額に応じて納税する

177ページで計算した相続税の総額に、各自が実際に取得する遺産の割合を掛けると、各自の相続税額が計算できます。このとき注意したいのが、遺産分割協議が確定していないと「実際に取得する割合」も決めることができないということです。

もし、**10か月の期限内に遺産分割協議が確定しない場合は、仮の申告を行い、後日遺産分割協議が確定したら精算することもできます**（188ページ）。何の手立てもせずに期限を過ぎてしまうと、無申告加算税などのペナルティを課されることもあります。

適用できるのに忘れると大きな損になる税額控除

税額控除とは、各自の納税額からさらに差し引ける金額のことです。誰でも利用できるものではなく、条件に該当する場合に利用できます。配偶者の場合は配偶者控除があるので、多くの場合、相続税は課されません。

税額控除を利用した結果、相続税が0円以下になることもあります。その場合、**納税は不要ですが申告のみ必要**です。

こんなとき どうする？

相続税の2割加算って何??

被相続人の配偶者、親、子（子の代襲者である場合の孫）以外の相続人と受遺者、つまり被相続人の配偶者および一親等の血族以外の相続人・受遺者は、相続税額が2割加算されます。

各自の相続税額×1.2

がその人の相続税額になります。

養子にした場合の孫も、2割加算の対象です。

［2割加算になる例］

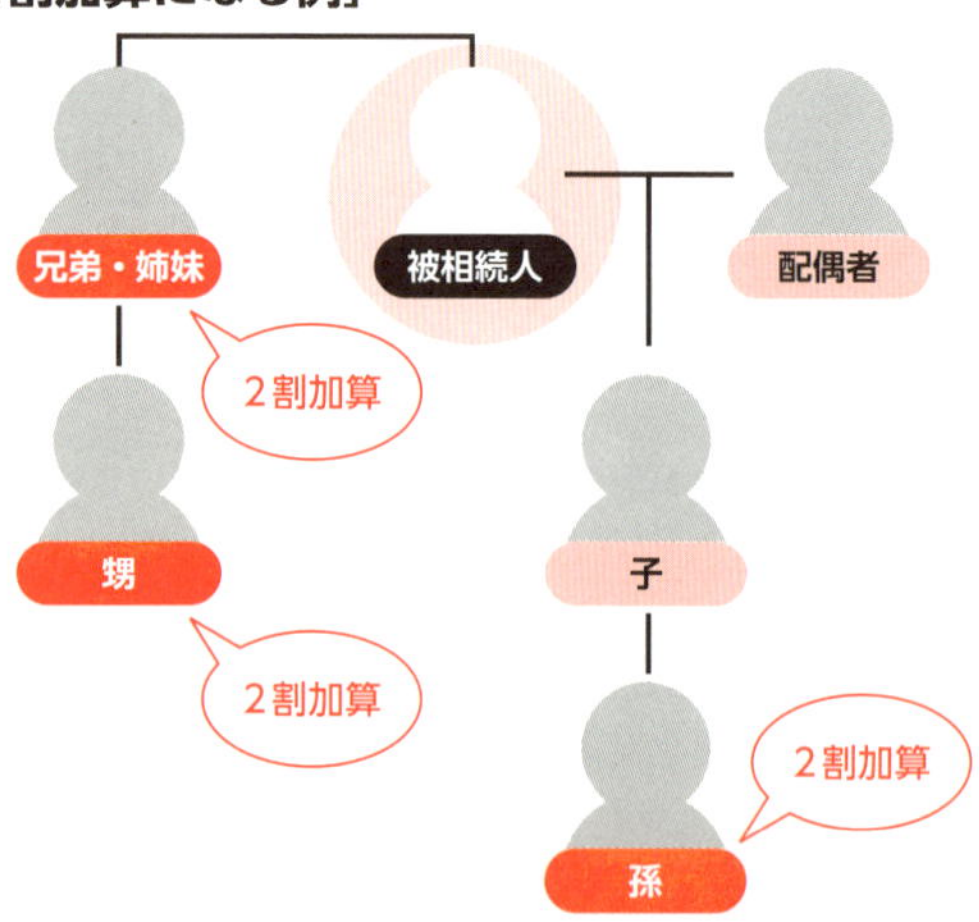

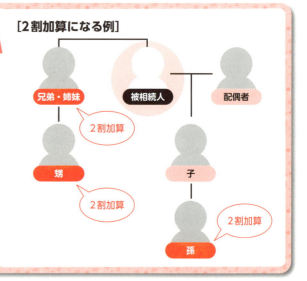

おもな税額控除

配偶者控除（税額軽減）	配偶者の相続する割合が法定相続分まで、もしくは1億6,000万円までのどちらか高いほうまでが非課税になる。
贈与税額控除	相続開始前7年以内（175ページ）に被相続人から贈与を受けた財産がある場合には、贈与を受けた相続人の各自の相続税額に、贈与分の財産の贈与時の価格を加算する。すでに贈与税を払っている場合は、その税額は納税額から控除される。
未成年者控除	法定相続人に未成年者がいる場合は、未成年者が18歳に達するまでの年数1年につき、10万円が控除される。
障害者控除	法定相続人に障がい者がいる場合は、対象者の年齢が満85歳になるまでの年数1年につき10万円（特別障がい者については20万円）が控除される。
相次相続控除	相次相続とは、相次いで相続が起きること。10年以内に2回以上の相続が続いた場合には、前回の相続にかかった相続税の一定割合が今回の相続税額から控除される。
外国税額控除	相続により取得した国外の財産については、外国で相続税に相当するものが課税されている場合、その額を国内の相続税額から控除される。
相続時精算課税制度の贈与税額の控除	相続時精算課税制度（175ページ）を適用していた場合には、相続時精算課税制度における贈与税額が相続税額から控除される。

※未成年者控除と障害者控除についてのみ、相続税額から引ききれないときは、その未成年者または障がい者を扶養する親族である相続人の相続税額から控除することができる。

各自の相続税額計算例

※177ページ手順3から続く。

手順4　**相続税の総額に、各自の実際の取得割合を掛ける。**

$$\text{相続税の総額} \times \frac{\text{実際の取得分}}{\text{遺産総額}} = \boxed{\text{各自の相続税額}}$$

計算例　相続税の総額は325万円。実際には、配偶者が5,460万円、子Aが2,340万円を相続し、子Bは遺産を相続しなかった。

$$\textbf{配偶者}：325\text{万円} \times \frac{5{,}460\text{万円}}{7{,}800\text{万円}} = 227.5\text{万円}$$

$$\textbf{子　A}：325\text{万円} \times \frac{2{,}340\text{万円}}{7{,}800\text{万円}} = 97.5\text{万円}$$

$$\textbf{子　B}：325\text{万円} \times \frac{0\text{円}}{7{,}800\text{万円}} = 0\text{円}$$

※2割加算の対象者がいれば、ここで加算する。

手順5　**各自の相続税額から該当する税額控除を差し引く。**

各自の相続税額－各自が該当する税額控除＝**各自の実際の納税額**

計算例　**配偶者 相続税額227.5万円** ➡
- 配偶者控除が適用される。
- 実際の納税額は0円（申告が必要、納税は不要）。

子　A　相続税額97.5万円
（控除対象の贈与税を4万円納税済みだった例） ➡
- 贈与税控除が適用される。

相続税額97.5万円－4万円＝93.5万円が実際の納税額となる（申告と納税が必要）。

子　B　相続税額0円
（遺産を取得しない例） ➡ 納税額も0円（申告、納税ともに不要）。

自分に必要な相続税の申告書は？

ポイント！

順を追って升目を埋めていくと、最終的に申告書が完成するイメージです。

いつまでに	10か月以内
どんな場合	相続税が課税される場合
手続きする人	相続税を課税される、または配偶者控除や小規模宅地等の特例を適用した相続人、受遺者
手続き先	被相続人の死亡地を管轄する税務署

申告書の数は15種類以上。全部を作る必要はない

相続税がかかる場合、相続人自身が申告書を作って申告・納税します。税務署から何か書類が送られてきてそのとおりに納税すれば良い、というわけではないので注意してください。

申告書は全部で第1表から15表まであります。これをすべて作成する必要はなく、この中から**自身に該当するもののみ作成します。**ですから、まずは何を作成すべきなのかを確認しましょう。ただし、**第1表、第2表、第11表、第15表は必ず作成しなければならない書類**です。どれがどんな書類なのか、次ページ以降で確認してください。

また、「第1表」というと最初に作成するイメージがありますが、実は一番最後に作るべき書類です。自身が作るべき書類がわかったら、182ページで効率良く作成する順番を確認してください。

申告書は、税務署の窓口に行くともらえます。国税庁のホームページからダウンロードすることもできます。手引きを一緒にもらって、わからないことを調べましょう。

必要なもの

- ☑ 申告書
- ☑ 添付書類は181ページ参照

こんなときどうする？

申告書様式はここに注意！

申告書をダウンロードするときには、いくつかある様式のうちから正しいものを選ぶよう注意してください。申告のときではなく、死亡時に適法であった申告書を選ぶ必要があります。

窓口で申告書をもらう際には、「○年○月○日に相続開始です」と伝えれば間違いないでしょう。

また、申告書は複写式で、申告した人の手元に控えが残るようになっています。ダウンロードしたものは複写になっていないため、必ずコピーを取るようにしてください。税務署から問い合わせがあった際に、控えがないとわかりません。

おもな申告書一覧

□ 第1表	全員が提出する申告書（他のすべての書類のまとめ）
□ 第1表（続）	財産を取得した相続人が複数いるときに提出する書類
□ 第1表の付表2	還付される税額がある場合（175ページの相続時精算課税制度適用者がいる場合など）に提出する書類
□ 第2表	相続税の総額を計算する書類
□ 第4表	相続・遺贈によって遺産を取得した人のうち、配偶者および一親等の血族（親、子、子を代襲する孫）以外の人（2割加算される人）と、贈与税額控除を受ける人が提出する書類
□ 第5表	配偶者控除（179ページ）を適用するときに提出する書類
□ 第6表	未成年者控除（179ページ）・障害者控除（179ページ）を適用するときに提出する書類
□ 第7表	今回の相続の10年前以内にも被相続人が相続税を支払っているとき（相次相続控除）に提出する書類
□ 第9表	生命保険金などを受け取ったときに提出する書類
□ 第10表	死亡退職金などを受け取ったときに提出する書類
□ 第11表	遺産の明細書
□ 第11の2表	相続時精算課税制度（175ページ）を利用して贈与された財産があるときに作成する書類
□ 第11・11の2表の付表1	小規模宅地等の特例（172ページ）の適用を受けるときに提出する書類
□ 第13表	債務や葬式費用があるときに提出する書類
□ 第14表	相続開始前7年以内（175ページ）に贈与された財産があるときに提出する書類
□ 第15表	第11～14表のまとめ（財産の種類別合計表）

おもな添付書類

申告内容によって添付書類は異なる。ここでは一般的に必要な添付書類を案内しておく。

❶被相続人の出生から死亡までの全戸籍
（全相続人が明らかになる戸籍で相続開始から10日以降に作成されたもの）
❷遺言書のコピーまたは遺産分割協議書のコピー
❸相続人全員の戸籍
❹（相続時精算課税適用者がいる場合）被相続人の戸籍の附表（相続開始以降に作成されたもの）
❺相続財産に関する明細・評価書など
❻本人確認書類、マイナンバー確認書類（マイナンバーカードなど）

※❶❸❹はコピー可　※❶❸の代わりに法定相続情報一覧図の写しでも可

相続税の申告書の作成手順は？

ポイント！

とにかく準備が大事です。いきなり申告書を書き始めても、あっという間に行き詰まるでしょう。

いつまでに	10か月以内
どんな場合	相続税が課税される場合
手続きする人	相続税を課税される、または配偶者控除や小規模宅地等の特例を適用した相続人、受遺者
手続き先	被相続人の死亡地を管轄する税務署

スムーズな作成手順を整理してから取りかかろう！

申告書を作成する際は、その作成手順を整理してから取りかかりましょう。申告書は**第1表から作成するわけではありません。第1表はすべての書類のまとめ**です。ですから、**他の書類を作成してから最終的に転記します。**どんな書類を作る必要があるのかは、181ページで確認してください。

それから、各表を作成するには、それぞれに必要な資料があります。それらも整理して用意しておかないと、何度も中断して効率が悪いでしょう。大まかには、

❶**みなし相続財産**について整理する（174ページ）
❷**小規模宅地等の特例を適用する遺産**についてまとめる（172ページ）
❸取得した遺産のうち、**課税されるものをまとめる**（174ページ）
❹**課税総額に対する相続税総額を計算**する（176ページ）
❺**各自の相続税額を計算**する（178ページ）

という準備が必要です。

必要なもの

- ☑申告書
- ☑添付書類は181ページ参照

こんなとき どうする？

申告は相続人全員で行うものなの？

相続税の申告は、相続人全員が連名で行うことも、相続人ごとに行うこともできます。連名で作る場合は、ひとつの申告書にそれぞれ署名等すればよいので手間が省けます。

ただし、他の相続人と遺産分割の折り合いがつかないなど事情があるときは、自分の分だけ申告することもできます。正確に遺産の分割割合が決まっていない場合は、後日精算が必要になることがあります。

一般的な申告書作成の手順

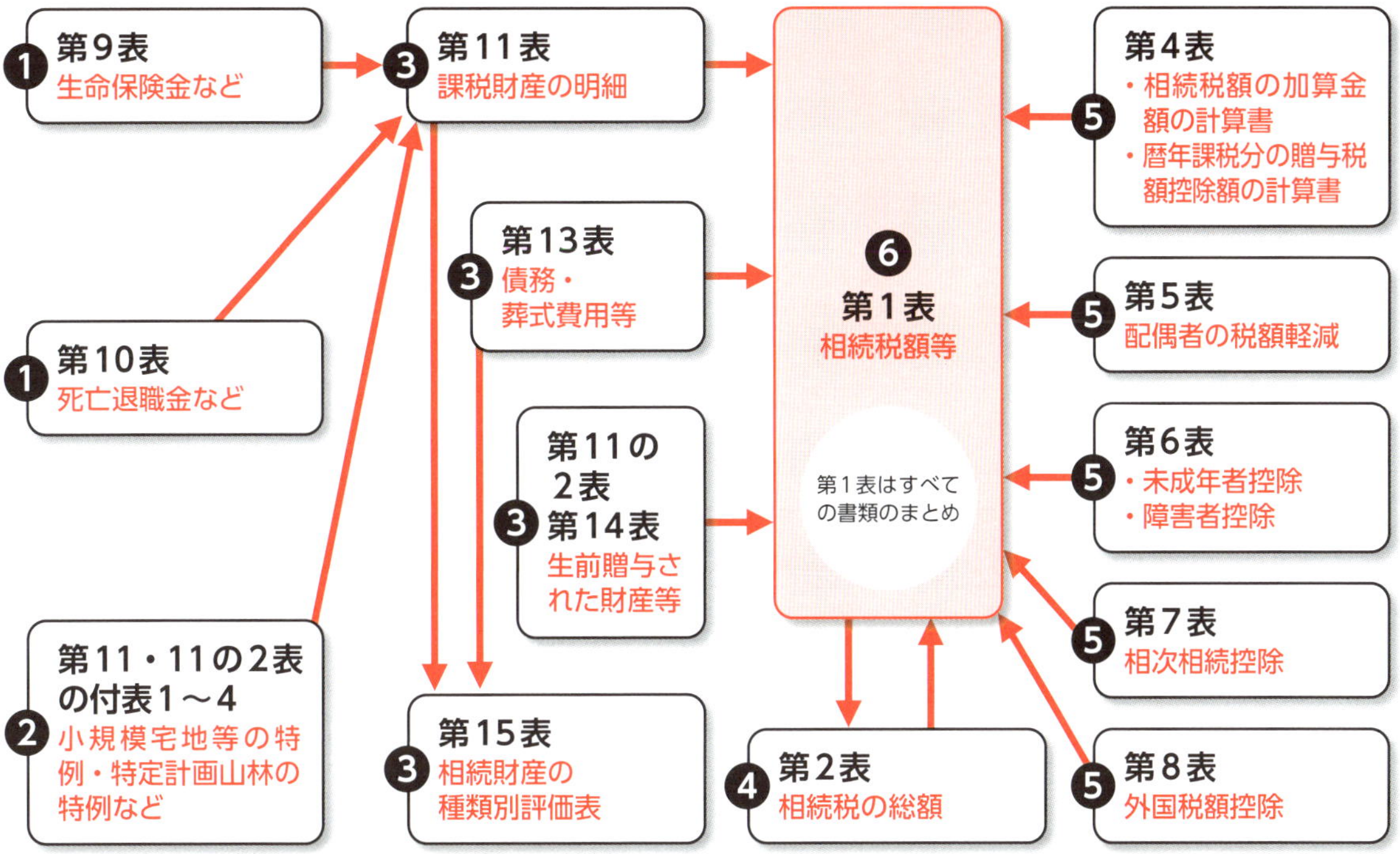

丸付き数字の順番で整理していくのが理想的です。

申告書作成の注意点

申告書を作る際の注意点を覚えておこう。

❶筆記用具は、基本的に黒のボールペンを使用すること。いわゆる「消えるボールペン」や鉛筆は不可。

❷国税庁のホームページの手引きなどに従って、正しい数字の記載方法を確認してから書こう。紛らわしい、読めない数字は不備のもと。

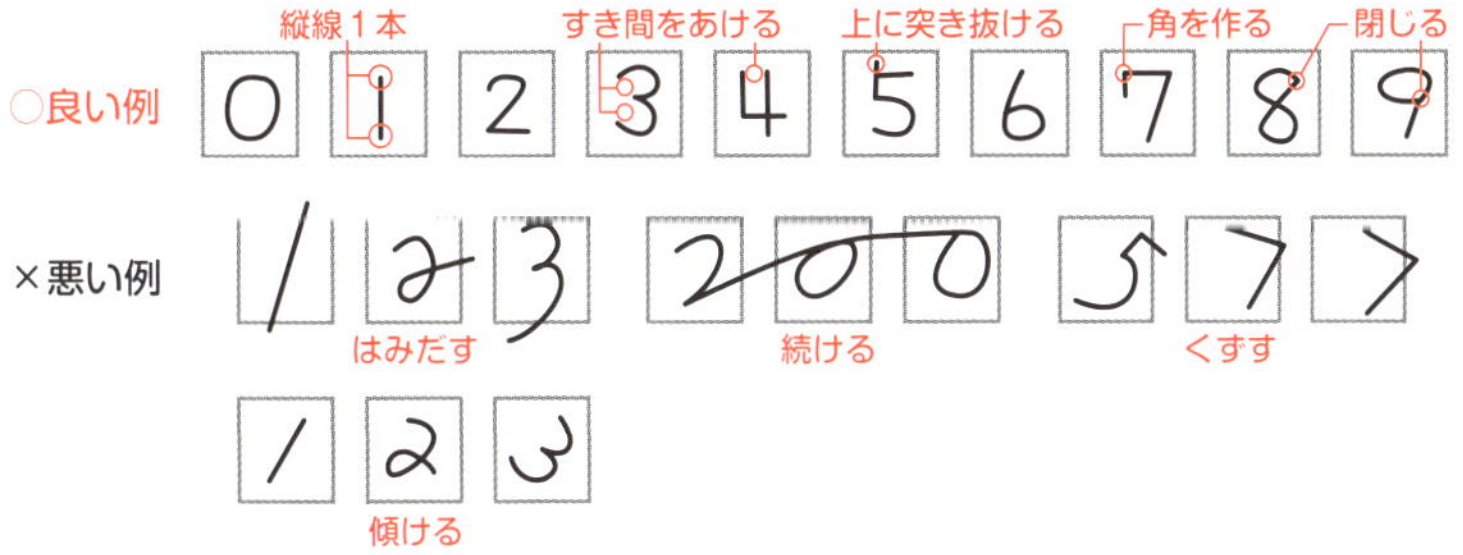

❸訂正する場合は、間違えた部分を二重線で消す。線で消した上または下に正しい内容を記載。そして、訂正した部分だということがわかるよう、元の部分と訂正部分を矢印で結ぶ。

❹二重線を引くときは、定規を使うのがおすすめ。記入欄はそれほど大きくないので、適当に線を引くと他の欄にかかってしまい、わかりにくくなることがあるため。その際、訂正印は不要。

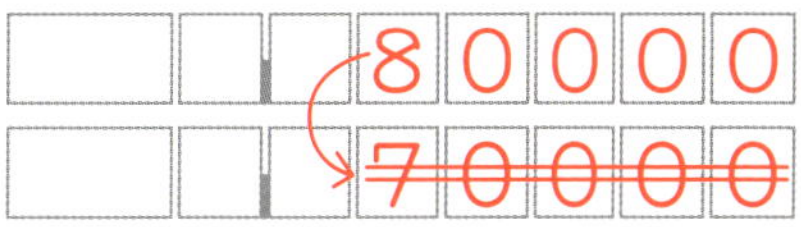

※国税庁の手引きより抜粋。

おもな相続税の申告書の書き方を確認しよう

第11表の様式がガラリと変わりました。第11表で各相続人に番号（項番）を振りますが、付表にも記入する番号なので誰が何番なのかきちんと整理してくださいね。

相続税の申告書は、ひとつずつ丁寧に作っていく必要があります。前提となる知識がないと無駄に多く税金を払ってしまうこともあるので、ぜひ税理士を頼ってください。

第11表の付表1および付表3（相続税がかかる財産の明細書） 記入例

付表1

相続税がかかる財産の明細書

（土地・家屋等用）

被相続人の氏名　中野 太郎

第11表の付表1（令和6年1月分以降用）

この明細書は、相続税がかかる財産（相続時精算課税適用財産を除きます。）のうち、土地（土地の上に存する権利を含みます。）又は家屋等の明細を記入します。

項番	細目：利用区分／特例	国外／備考	所在場所（上段：（左）都道府県、（右）市区町村　中段：大字・丁目　下段：地番又は家屋番号）		面積（㎡）／固定資産税評価額（円）／価額（円）	単価（円）又は倍数／持分割合	分割が確定した財産：財産を取得した人の番号	取得財産の価額（円）
	家屋等		東京都	○○区	90.0		1	6,000,000
1	家屋		1番町		6,000,000	/		
			2-3					
	宅地		東京都	○○区	120.0	90,000	1	10,800,000
2	自用地（居住地）		1番町			/		
	1		2		10,800,000			

財産の分だけ番号を振る。

家屋の場合は固定資産税評価額、土地の場合は評価額（路線価方式または倍率方式で計算（171ページ））を記入する。

小規模宅地等の特例を利用する場合は「1」と記入し、第11・11の2表の付表1も作成する。

付表3

相続税がかかる財産の明細書

（現金・預貯金等用）

被相続人の氏名　中野 太郎

第11表の付表3（令和…

この明細書は、相続税がかかる財産（相続時精算課税適用財産を除きます。）のうち、現金又は預貯金等の明細を記入します。

項番	口座種別等／口座番号／備考	国外	所在場所等（上段：金融機関等の名称　中段：支店等の名称　下段：その他（所在地等））	数量／価額（円）	単価（円）	分割が確定した財産：財産を取得した人の番号	取得財産の価額（円）
	普通預金		○○銀行			1	3,000,000
1	0000000		○支店				
				3,000,000			
	普通預金		△△銀行			2	5,000,000
2	0000000		○支店				
				5,000,000			

第11表の項番（1：中野良子　2：中野一郎　3：中野二葉）を確認し、この財産を取得した人の項番を記入する。財産を取得した人が2人以上いる場合は、それぞれ記入し、それぞれの取得金額も記入する。

最初に各財産の明細書を作ります。明細書を作ったら、相続人ごとの取得財産の一覧（第15表）と相続人ごとの取得金額の一覧（第11表）に転記してまとめます。

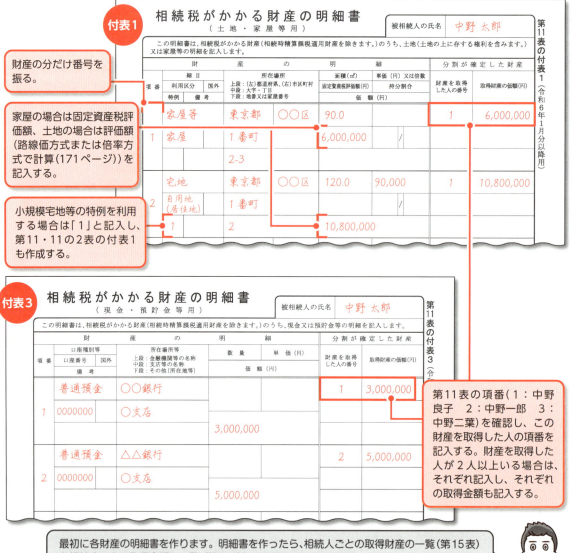

2024年1月以降の相続から申告書が大幅に変更！

相続税の申告書は、相続が始まった日（死亡日）によって様式が異なります。もっとも新しいのは2024年4月以降の相続の様式です。この様式は、それまでの様式と大きく異なる部分があります。

第11表は、取得した財産の一覧表です。これまでは、不動産も預貯金も有価証券も1枚の用紙にまとめて記載することができました。これが大きく変わり、それぞれ第11表の付表として分かれています。一例をあげると、**不動産が「第11表の付表1」、株式などの有価証券が「第11表の付表2」、現預金が「第11表の付表3」に分かれています。**それぞれ記載したのちに、合計金額を第11表に転記します。

184～187ページまで、多くの人に該当する申告書の作成例とその解説を掲載しています。182ページの申告書作成の手順を思い出しながら、それぞれの申告書がどう関連しているのか確認してみてください。

なお、作成の手引きは国税庁のホームページで公開されています。

第11表（相続税がかかる財産の合計表）　記入例

相続税がかかる財産の合計表
（相続時精算課税適用財産を除きます。）

被相続人の氏名　中野 太郎

第11表（令和6年1月分以降用）

この表は、遺産の分割状況及び各人の取得財産の価額の合計額等を記入します。
なお、相続税がかかる財産（相続時精算課税適用財産を除きます。以下同じです。）の明細については、財産の種類に応じて第11表の付表1から付表4に記入してください。
（注）財産を取得した人が10名を超える場合には、この合計表を追加して記入してください。

1　遺産の分割状況及び財産取得者の一覧
遺産の分割状況及び相続税がかかる財産を取得した人全ての氏名を記入します。

遺産の分割状況		分割の日	全部分割				一部分割			
			元号	年	月	日	元号	年	月	日
1: 全部分割 2: 一部分割 3: 全部未分割	1		令和	6	12	1				

財産取得者の一覧

項番	財産を取得した人の氏名	項番	財産を取得した人の氏名
1	中野 良子		
2	中野 一郎		
3	中野 二葉		

（注）1「遺産の分割状況」欄は、遺産の分割状況に応じた番号を記入します。
2「分割の日」欄は、遺産の全部又は一部について分割がされている場合には、その分割の日を記入します。

2　取得財産の価額の合計表

財産を取得した人の番号	① 分割財産の価額（円）	② 未分割財産の価額（円）	③ 取得財産の価額（円）（①＋②）
1	27,900,000	0	27,900,000
2	5,500,000	0	5,500,000
3	27,000,000	0	27,000,000

この項番は、付表（明細）にも記入する。

「分割」とは、遺産分割協議がまとまった（誰がその財産を取得するのか決まった）という意味。

第15表から取得した財産の合計額を転記する。

この第11表は、相続人ごとの取得財産一覧です。各自が納付すべき相続税額を計算するときのもとになります。第15表を作成してから転記するとスムーズです。

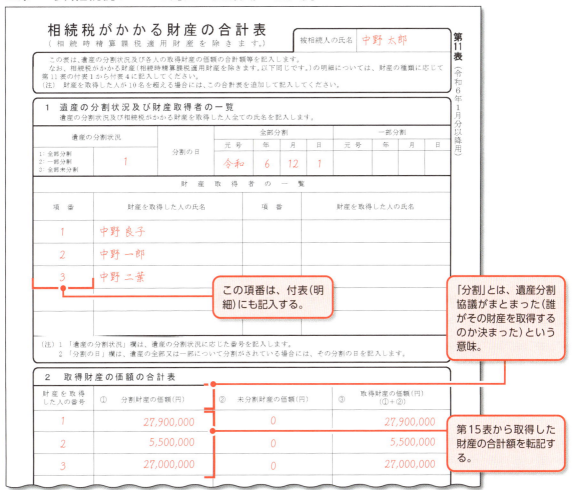

第15表（相続財産の種類別価額表）　記入例

相続財産の種類別価額表（この表は、第11表の付表1から第14表までの記載に基づいて記入します。）

FD3　39

（単位は円）

種類	細目	番号	各人の合計（被相続人 中野 太郎）	（氏名）中野 良子
※	整理番号		被相続人	
土地（土地の上に存する権利を含みます。）	田	①		
	畑	②		
	宅地	③	10800000	10800000
	山林	④		
	その他の土地	⑤		
	計	⑥	10800000	10800000
	⑥のうち配偶者居住権に基づく敷地利用権	⑦		
	⑥のうち特例農地等　通常価額	⑧		
	⑥のうち特例農地等　農業投資価格による価額	⑨		
家屋等		⑩	6000000	6000000
	⑩のうち配偶者居住権	⑪		
事業（農業）用財産	機械、器具、農耕具、その他の減価償却資産	⑫		
	商品、製品、半製品、原材料、農産物等	⑬		
	……によったもの			
有価証券	⑰及び⑱以外の株式及び出資	⑲	2000000	
	公債及び社債	⑳		
	証券投資信託、貸付信託の受益証券	㉑		
	計	㉒	2000000	
現金、預貯金等		㉓	33500000	3000000
家庭用財産		㉔	1000000	1000000
その他の財産	生命保険金等	㉕	5000000	5000000
	退職手当金等	㉖	3000000	3000000
	立木	㉗		
	その他	㉘		
	計	㉙	8000000	8000000
合計（⑥＋⑩＋⑯＋㉒＋㉓＋㉔＋㉙）		㉚	60400000	27900000
相続時精算課税適用財産の価額		㉛	27000000	
不動産等の価額（⑥＋⑩＋⑫＋⑰＋⑱＋㉗）		㉜	16800000	16800000
債務等	債務	㉝	5000000	5000000
	葬式費用	㉞	2300000	2300000
	合計（㉝＋㉞）	㉟	7300000	7300000
差引純資産価額（㉚＋㉛－㉟）（赤字のときは0）		㊱	80100000	20600000
純資産価額に加算される暦年課税分の贈与財産価額		㊲	3000000	
課税価格（㊱＋㊲）（1,000円未満切捨て）		㊳	83100000	20600000

※税務署整理欄　申告区分　年分　名簿番号　申告年月日　グループ番号

第15表（令6.7）　（資4－20－16－1－A4統一）

第15表（令和6年1月分以降用）

第11表の付表やその他生命保険金の明細などから、遺産の種類ごとにすべて転記する。

遺産の種類ごとの総計となる。

遺産の総合計となる。

相続人ごとに取得した財産の金額を記入する。

第11表の付表から、取得した財産の金額を転記する。

第11表の2「取得財産の価額の合計表」に記入した各相続人の取得財産の価額と一致する。

マイナスの遺産を差し引き、最終的に残った（取得した）財産額。各自が実際に納付すべき相続税額の計算のもとになる。

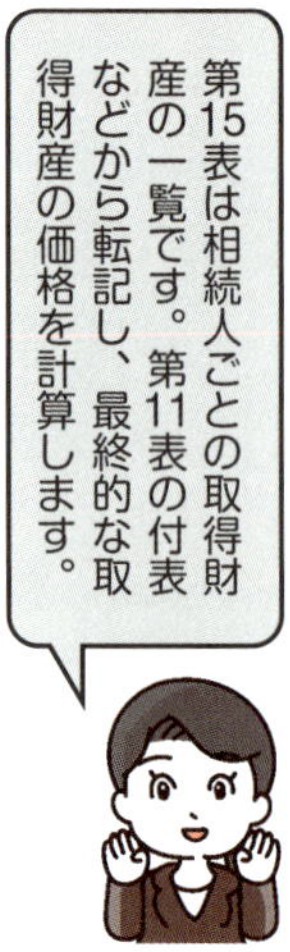

第2表（相続税の総額の計算書）　記入例

相続税の総額の計算書　被相続人　中野 太郎

この表は、第1表及び第3表の「相続税の総額」の計算のために使用します。

なお、被相続人から相続、遺贈や相続時精算課税に係る贈与によって財産を取得した人のうちに農業相続人がいない場合は、この表のⓗ欄及びⓗ欄並びに⑨欄から⑪欄までは記入する必要がありません。

① 課税価格の合計額		② 遺産に係る基礎控除額	③ 課税遺産総額	
㋑（第1表⑥Ⓐ）	83,100,000円	3,000万円＋（600万円×Ⓡ（Ⓐの法定相続人の数）3人）＝ ㋩ 4,800万円	㊁（㋑－㋩）	35,100,000円
㋭（第3表⑥Ⓐ）	,000	Ⓡの人数及び㋩の金額を第1表Ⓑへ転記します。	㋬（㋭－㋩）	,000

④ 法定相続人（（注）1参照）氏名	被相続人との続柄	⑤ 左の法定相続人に応じた法定相続分	第1表の「相続税の総額⑦」の計算　⑥ 法定相続分に応ずる取得金額（㊁×⑤）（1,000円未満切捨て）	⑦ 相続税の総額の基となる税額（下の「速算表」で計算します。）	第3表の「相続税の総額⑦」の計算　⑨ 法定相続分に応ずる取得金額（㋬×⑤）（1,000円未満切捨て）	⑩ 相続税の総額の基となる税額（下の「速算表」で計算します。）
中野 良子	妻	0.5	17,550,000円	2,132,500円	,000円	円
中野 一郎	長男	0.25	8,775,000	877,500	,000	
中野 二葉	長女	0.25	8,775,000	877,500	,000	
			,000		,000	
法定相続人の数	Ⓐ 3人	合計 1	⑧ 相続税の総額（⑦の合計額）（100円未満切捨て）	3,887,500	⑪ 相続税の総額（⑩の合計額）（100円未満切捨て）	00

第2表（令和5年1月分以降用）

第15表の㊳から転記する。第1表の⑥と一致する。

法定相続分（この場合は配偶者2分の1、子は各4分の1）。

相続税の総額。

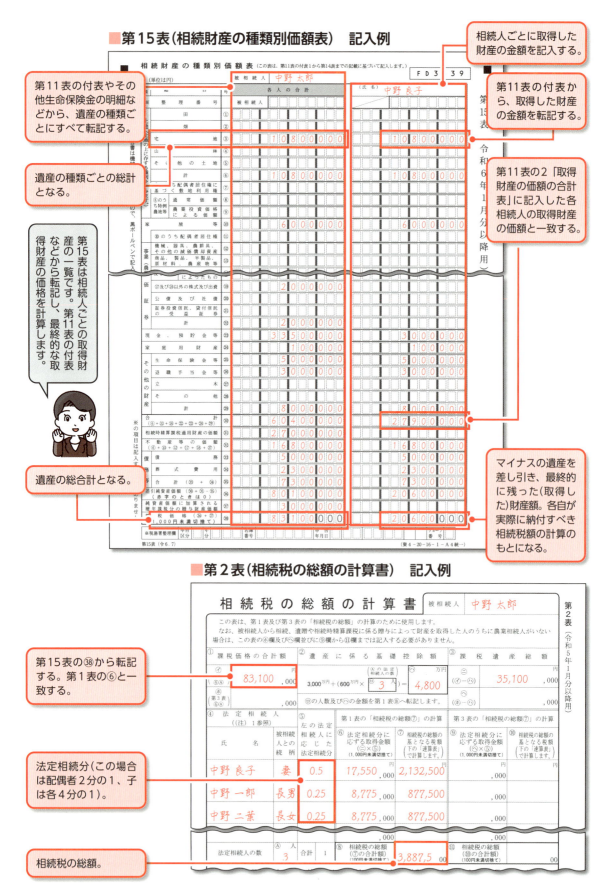

第1表 記入例

第15表から転記する。

相続税の申告書

修正　FD3563

○○ 税務署長
令和6年12月1日 提出

相続開始年月日 令和6年10月1日

※申告期限延長日　年　月　日

○フリガナは、必ず記入してください。

	各人の合計	財産を取得した人	参考として記載している場合
フリガナ	(被相続人) ナカノ タロウ	ナカノ ヨシコ	
氏名	中野 太郎	中野 良子	参考
個人番号又は法人番号		↓個人番号の記載に当たっては、左端を空欄としここから記入してください。 123456789100	
生年月日	昭和40年5月1日(年齢60歳)	昭和40年8月1日(年齢60歳)	
住所(電話番号)	東京都○○区1番町2-3	〒○○○-○○○○ 東京都○○区1番町2-3 (090-○○○○-○○○○)	
被相続人との続柄／職業	会社員	妻／会社員	
取得原因	該当する取得原因を○で囲みます。	(相続)・遺贈・相続時精算課税に係る贈与	
※整理番号			

税務署受付印

区分	項目	番号	各人の合計	財産を取得した人
課税価格の計算	取得財産の価額(第11表2③)	①	60400000円	27900000円
	相続時精算課税適用財産の価額(第11の2表1⑧)	②	27000000	
	債務及び葬式費用の金額(第13表3⑦)	③	7300000	7300000
	純資産価額(①+②-③)(赤字のときは0)	④	80100000	20600000
	純資産価額に加算される暦年課税分の贈与財産価額(第14表1④)	⑤	3000000	
	課税価格(④+⑤)(1,000円未満切捨て)	⑥	83100000 Ⓐ	20600000
各人の算出税額の計算	法定相続人の数／遺産に係る基礎控除額		3人　48000000円 Ⓑ	左の欄には、第2表の②欄の回の人数及び㋩の金額を記入します。
	相続税の総額	⑦	3887500	左の欄には、第2表の⑧欄の金額を記入します。
	一般の場合(⑩の場合を除く) あん分割合(各人の⑥／Ⓐ)	⑧	1.00	0.24789410
	一般の場合(⑩の場合を除く) 算出税額(⑦×各人の⑧)	⑨	3887499円	963688円
	農地等納税猶予の適用を受ける場合 算出税額(第3表⑬)	⑩		
	相続税額の2割加算が行われる場合の加算金額(第4表⑥)	⑪	円	円
各人の納付・還付税額の計算	税額控除 暦年課税分の贈与税額控除額(第4表の2㉕)	⑫	190000	
	税額控除 配偶者の税額軽減額(第5表㋩又は㋭)	⑬	963688	963688
	税額控除 ⑫・⑬以外の税額控除額(第8の8表1⑤)	⑭	419999	82297
	税額控除 計	⑮	1573687	1045985
	差引税額(⑨+⑪-⑮)又は(⑩+⑪-⑮)(赤字のときは0)	⑯	2396109	0
	相続時精算課税分の贈与税額控除額(第11の2表1⑨)	⑰	400000	00
	医療法人持分税額控除額(第8の4表2B)	⑱		
	小計(⑯-⑰-⑱)(黒字のときは100円未満切捨て)	⑲	1996000	0
	納税猶予税額(第8の8表2⑧)	⑳	00	00
	申告納税額(⑲-⑳) 申告期限までに納付すべき税額	㉑	1996000	00
	申告納税額(⑲-⑳) 還付される税額	㉒	△	△
この申告書が修正申告書である場合	この修正前の 小計	㉓		
	この修正前の 納税猶予税額	㉔	00	00
	この修正前の 申告納税額(還付の場合は、頭に△を記載)	㉕		
	小計の増加額(⑲-㉓)	㉖		
	この申告により納付すべき税額又は還付される税額(還付の場合は、頭に△を記載)((㉑又は㉒)-㉕)	㉗		

※税務署整理欄　申告区分　年分　グループ番号　補完番号　補完番号　名簿番号　申告年月日　関与区分　書面添付　検算　管理補完　確認

年月日 ・ ・ (確認)

作成税理士の事務所所在地・署名・電話番号　税理士法書面提出 30条 33条の2

この申告が修正申告である場合の異動の内容等

(資4-20-1-1-A4統一) 第1表(令6.7)

○この申告書は機械で読み取りますので、黒ボールペンで記入してください。
また、申告書と添付資料を一緒にとじないでください。

※の項目は記入する必要がありません。

第1表(令和6年1月分以降用)

←この申告書で 提出しない人 である場合(参考として記載している場合)は 参考 を○で囲んでください(その人の分は申告書とは取り扱いません。)。

(注) ⑲欄の金額が赤字となる場合は、⑲欄の左端に△を付してください。なお、この場合で、⑲欄の金額のうちに贈与税の外国税額控除額(第11の2表1⑩)があるときの㉒欄の金額については、「相続税の申告のしかた」を参照してください。

実際の相続割合を記入する。
この場合は
20,600,000(実際の取得額)÷
83,100,000(遺産総額)＝0.24789410

複数の相続人が共同で申告する場合は、2人目以降の相続人は第1表(続)に記入します。第1表はすべての表のまとめなので、第11表、第15表の他、自身に必要な様式をきちんと作ってから取りかかってください。

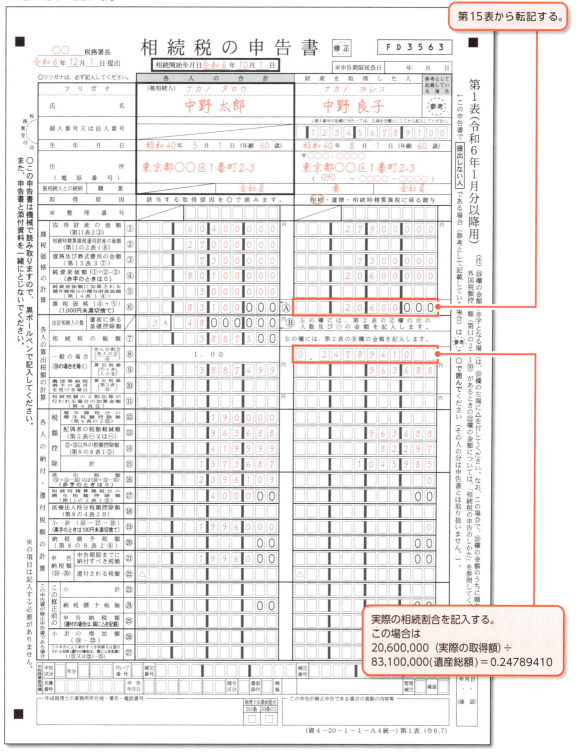

申告が間に合わないときはどうしたらいい？

ポイント！

わからない、できないからと期限を徒過すればペナルティで余計な負担を負うことがあるかもしれません。

いつまでに	10か月以内
どんな場合	遺産を相続したが遺産分割が確定していない場合など
手続きする人	相続人、受遺者
手続き先	被相続人の最後の住所地を管轄する税務署

相続税の申告期限はほぼ例外なく延長できない

相続税の申告期限は、相続開始から10か月以内です。この期間はよほど例外的なことがない限り延長されません。**延長されるのは、災害等のやむを得ない事情がある場合に限られます。**

遺産分割の話し合いがまとまらず、誰がどれだけ遺産を取得するかわからない場合でも、期限は延長できません。しかし、期限を徒過すれば無申告加算税などのペナルティがある他、配偶者控除や小規模宅地等の特例等大幅に相続税を減らせる制度の利用ができなくなることもあります。

もし期限までに遺産分割ができないのであれば、**期限内にいったん仮の申告を行い、それと同時に「申告期限後3年以内の分割見込書」を提出しましょう。**これを提出しておくと、後日遺産分割がまとまった際には配偶者控除や小規模宅地等の特例を利用でき、節税が可能です。

なお、仮の申告で納めた税金が多すぎれば「更正の請求」、少なかった場合は「修正申告」で精算が必要です（190ページ）。

必要なもの

- ☑申告書
- ☑申告期限後3年以内の分割見込書

こんなとき どうする？

4つの制度でメリットがある「申告期限後3年以内の分割見込書」って何？

「申告期限後3年以内の分割見込書」というものを提出すると、次の4つの制度を申告期限後に利用できるようになります。❶❷は多くの相続人に関係します。

❶小規模宅地等の特例（172ページ）
❷配偶者控除（179ページ）
❸特定計画山林についての相続税の課税価格の計算の特例
　➡一定の条件のもと、相続した山林の相続税が軽減される。
❹特定事業用資産についての相続税の課税価格の計算の特例
　➡一定の株式について、相続税の納税が猶予される。

申告期限後3年以内の分割見込書　記入例

通信日付印の年月日	（確　認）		番　　号
年　月　日			

被相続人の氏名　**夏目 太郎**

申告期限後３年以内の分割見込書

相続税の申告書「第11表（相続税がかかる財産の明細書）」に記載されている財産のうち、まだ分割されていない財産については、申告書の提出期限後３年以内に分割する見込みです。

なお、分割されていない理由及び分割の見込みの詳細は、次のとおりです。

1　分割されていない理由

すべての遺産を把握できていないため

遺産分割がまとまらない理由を具体的に記入する。
- 相続人のうち１名と長期間連絡が取れていない
- 他の相続人と係争中
- 分割協議不調のため

など

2　分割の見込みの詳細

遺書の調査が半年程度で終了する見込みであるため、その後すみやかに協議予定。

分割できる見込みについて具体的に記入する。
- 不在者財産管理人が近く選任される予定
- 遺産の調査が近く完了する予定

など

3　適用を受けようとする特例等

(1)（circled）配偶者に対する相続税額の軽減（相続税法第19条の２第１項）

(2)（circled）小規模宅地等についての相続税の課税価格の計算の特例（租税特別措置法第69条の４第１項）

(3)　特定計画山林についての相続税の課税価格の計算の特例（租税特別措置法第69条の５第１項）

(4)　特定事業用資産についての相続税の課税価格の計算の特例（所得税法等の一部を改正する法律（平成21年法律第13号）による改正前の租税特別措置法第69条の５第１項）

適用を受けたい特例等に○をつける。

（資４－21－Ａ４統一）

この書類は、相続税の申告書と一緒に提出するものです。また、この書類を提出したからといって申告しなくて良いわけではなく、あくまで申告・納税は期限内に行う必要があるので注意してください。

申告を間違えたときや仮の申告を精算するには？

ポイント！

修正の申告は、とくにすみやかに行うよう心がけてください。

いつまでに	修正申告→すみやかに 更正の請求→申告期限から3年以内（遺産分割成立から4か月以内）、誤りの更正は5年以内
どんな場合	申告に間違いがあった、仮の申告を精算する場合
手続きする人	修正申告、更正の請求が必要な相続人、受遺者
手続き先	被相続人の最後の住所地を管轄する税務署

少なく納税したときは「修正申告」が必要

相続税の申告・納税期限は原則として延長できないので、遺産分割協議が確定していない場合でも期限内にいったん申告・納税する必要があります（188ページ）。

その後、遺産分割が確定したらその実態に応じて相続税を計算し直して、追加で納税が必要な場合は、修正申告と納税が必要です。申告した内容の間違いに気づいたときも同様です。

納付は修正申告の日にしなければなりません。あらかじめ納税資金の用意が必要です。なお、延滞税がかかる場合があります。延滞税は本来の申告・納税期限から時間がたてばたつほど負担が重くなります。ですから、修正申告の必要がある人はすみやかに行いましょう。

また、**税務署から指摘があって修正申告をする場合、あらたに納める相続税の10～30％の過少申告加算税や無申告加算税がかかる場合があります。**

さらに、**故意に税額を少なく申告したり財産を隠すなど悪質だと判断されると、35～40％の重加算税が課される**こともあります。もし申告の間違いに気づいたら、すみやかに修正申告を行いましょう。

納めすぎた税金を返してもらう手続きは「更正の請求」

修正申告とは逆に、**相続税を多く払いすぎている場合は「更正の請求」を行って払いすぎた分を返してもらうことができます。**

たとえば、小規模宅地等の特例を利用できると相続税額を大幅に減らせます。ただし、遺産分割が確定していないとこの特例は利用できません。

申告期限後3年以内の分割見込書（188ページ）を添付していったん申告・納税し、後日遺産分割が確定してから更正の請求をすると、特例が利用できて払いすぎた税金を返してもらえる、ということです。**この場合の更正の請求は、申告期限後3年以内または遺産分割協議成立後4か月以内にする必要があります。**

また、計算間違いなどで相続税を払いすぎていた場合も更正の請求をすることができます。この場合は**申告期限から5年以内**にする必要があります。

相続税の更正の請求書　記入例

（令和5年1月分以降用）

税務署受付印

相続税の更正の請求書

○○ 税務署長

令和 7 年 8 月 1 日提出

〒 101-○○○○
住所又は所在地　東京都○○区1丁目2番地
納税地
フリガナ　ナツメ ハナコ
氏名又は名称　夏目 花子
個人番号又は法人番号　1 2 3 4 5 6 7 8 9 1 0 1
（法人等の場合）代表者等氏名
職業　無職　電話番号 03-○○○○-××××

1．更正の請求の対象となった申告又は通知の区分及び申告書提出年月日又は更正の請求のできる事由の生じたことを知った日
令和 6 年分　相続税の申告書　令和 7 年 7 月 1 日

2．申告又は通知に係る税額及び更正の請求による課税標準等又は税額等
次葉のとおり

3．添付した書類
・遺産分割協議書
・修正申告書

4．更正の請求をする理由
遺産分割協議が成立したため

5．更正の請求をするに至った事情の詳細、その他参考となるべき事項

6．還付を受けようとする銀行等
1 銀行等の預金口座に振込みを希望する場合
○○ 銀行・金庫・組合・農協・漁協　中央 本店・支店（支店に○）・出張所・本所・支所
普通 預金　口座番号 ○○○○○○○
2 ゆうちょ銀行の貯金口座に振込みを希望する場合
貯金口座の記号番号　－
3 郵便局等の窓口で受取りを希望する場合

住所地と納税地が異なる場合は納税地（の住所）も記入する。

請求する人の情報を記入する。

この例では、相続税の申告を更正するので「相続税の申告書」と記入する。

全遺産が判明した、遺産分割が成立したなど、正しい申告納税ができる状態になった日。

具体的な理由を記入し、3にその理由ごとの添付書類を記入する。

該当するものがなければ空欄で良い。

必要なもの

（修正申告）
☑相続税の修正申告書
※その他、内容に応じた添付書類は税務署に確認を。

（更正の請求）
☑更正の請求書
※その他、内容に応じた添付書類は税務署に確認を。

こんなとき どうする?

申告書はどの時点の様式を選ぶべき?

修正申告書、更正の請求書も、相続開始時点の様式で作成します。たとえば、令和1年8月1日に相続開始、令和1年12月10日に相続税の申告納税をしたが、令和2年2月1日に間違いに気づいた場合は、「平成30年分以降用」の様式を使用します。修正や更正を行う時点ではなく、相続開始時点の様式を使用することに注意してください。

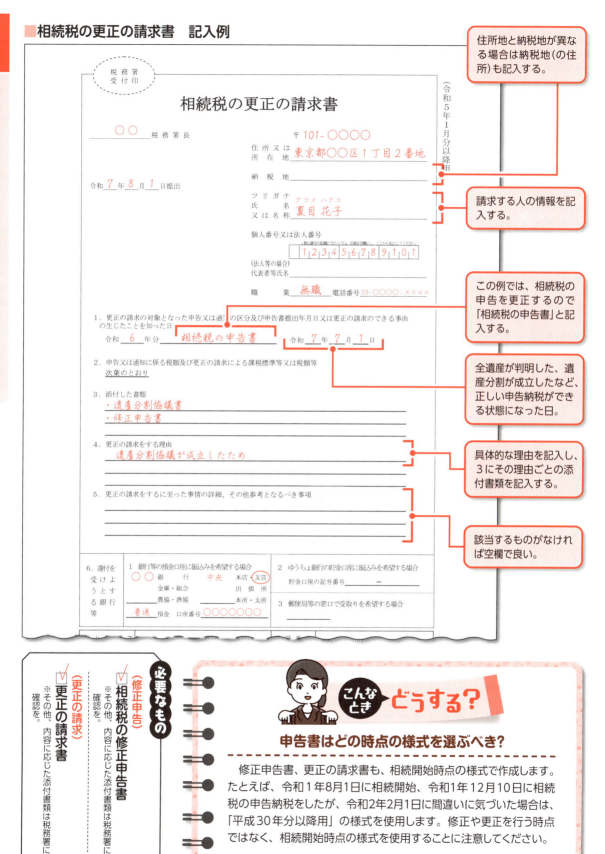

相続税を納税するための納付書を作成するには？

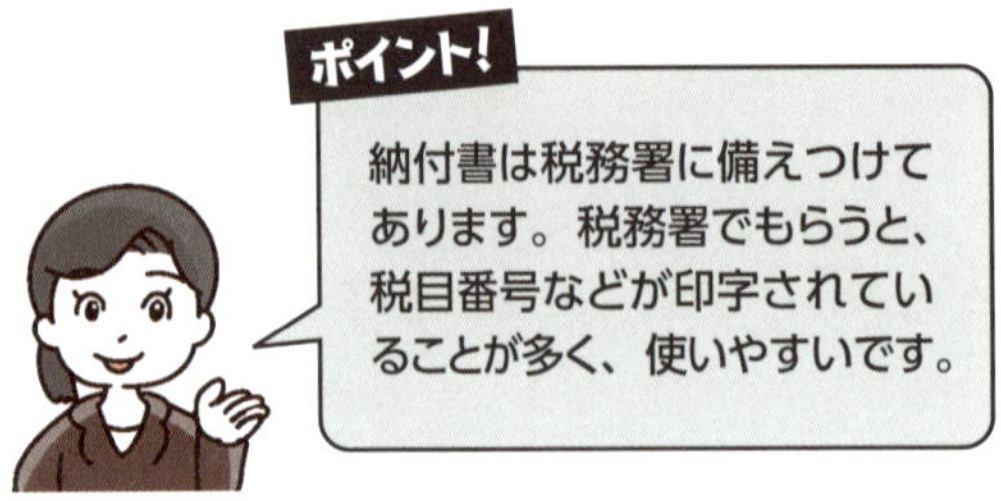
ポイント！
納付書は税務署に備えつけてあります。税務署でもらうと、税目番号などが印字されていることが多く、使いやすいです。

どんな場合	相続税を納付する場合
手続きする人	相続税を納付すべき人
手続き先	税務署または金融機関

相続税の納付書は相続人自身が作る！

相続税を納付するときは、納付書も相続人自身が作ります。金銭一括納付が原則で、期限（10か月）をすぎると延滞税がかかることもあるので注意してください。

納付書には、図のようなことを記入します。納税額は申告書と齟齬がないように確認して記載してください。

銀行、郵便局または税務署で納付できますが、**申告したらそのまま税務署で納付するのがおすすめ**です。うっかり期限をすぎることもなく、納付書の記入でわからないことがあれば教えてもらえるからです。

相続税が多額で一度に納付するのが困難な場合は「**延納**」といって、分割払いが認められることもあります（193ページ）。また、延納しても金銭納付が難しいときは「**物納**」といって、相続した財産そのものを納めることも可能です（194ページ）。

必要なもの

☑納付書

相続税の納付書　記入例

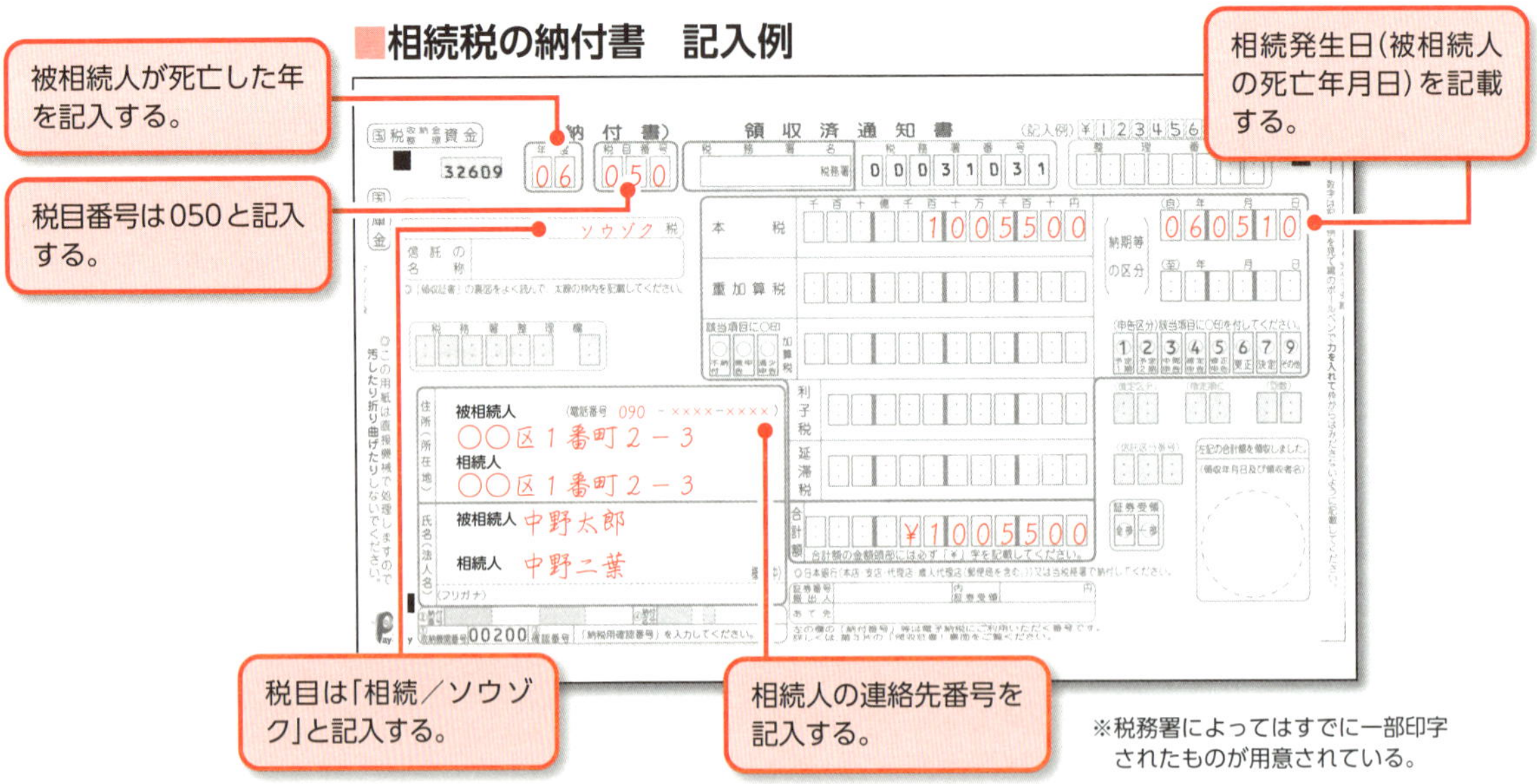
被相続人が死亡した年を記入する。
税目番号は050と記入する。
税目は「相続／ソウゾク」と記入する。
相続人の連絡先番号を記入する。
相続発生日（被相続人の死亡年月日）を記載する。
（納付書）領収済通知書
国税
32609
06
050
00031031
ソウゾク 税
本税 1005500
納期等の区分 (自) 060510
被相続人 (電話番号 090－××××－××××)
○○区1番町2－3
相続人
○○区1番町2－3
被相続人 中野太郎
相続人 中野二葉
合計額 ¥1005500
00200

※税務署によってはすでに一部印字されたものが用意されている。

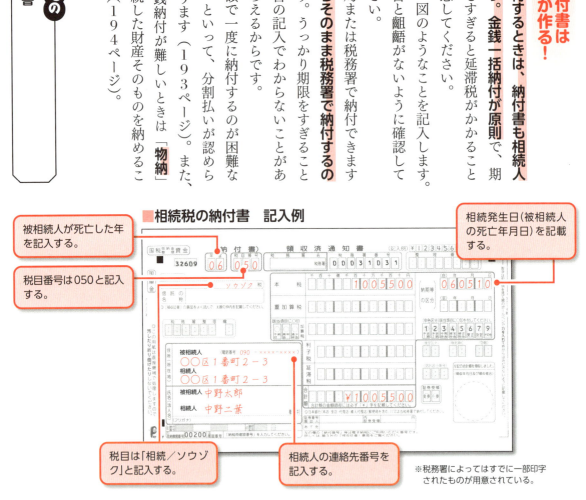

相続税を期限内に払えないときは？

ポイント！

「延納」とは、簡単にいうと分割払いのことです。

- **どんな場合** ▶ **金銭一括納付が難しいとき**
- **手続きする人** ▶ **延納を希望する人**
- **手続き先** ▶ **被相続人の最後の住所地を管轄する税務署**

相続税の分割払いは許可制になっている

期限内に相続税を納付できないまま放っておくと、延滞税がかかることがあります。延滞税は時間がたてばたつほど負担が重くなるので、そうなる前にすみやかに納付しましょう。

金銭一括納付が原則ですが、**申告期限までに延納の許可をもらうと分割払いすることができます。**これを「**延納**」といいます。ただし、**延納にも利子税がかかります。**

また「相続税の額が10万円を超える」ことなど、延納するには一定の要件があります。

おもな延納の要件（次のすべてを満たすこと）

1. 相続税額が10万円を超えること。
2. 金銭で納付することが困難な理由があり、かつ、その納付を困難とする金額の範囲内であること。
3. 延納する税額および利子税の額に相当する担保を提供すること（ただし延納税額が100万円以下かつ期間が3年以下であれば担保不要）。
4. 申告期限までに延納申請書等を提出して許可されること。

延納、物納の流れ

- 遺産を分割し、相続税の税額を計算する
- ↓
- 期限内の現金での納付が困難
  - No → 現金で納付する
  - YES → 延納の手続きを行う
    - ↓
    - 延納でも納付が困難である
    - YES → 物納の手続きを行う

相続の開始から**10か月以内に手続き**を行うこと！

必要なもの

- ☑延納申請書
- ☑担保提供関係書類

税金を納めるほどの金銭（現金）がないときは？

ポイント！

遺産分割が確定していないと物納はできません。

どんな場合 金銭での納付が難しいとき

手続きする人 物納を希望する人

手続き先 被相続人の最後の住所地を管轄する税務署

認められれば相続した財産そのものを納めることも

延納（193ページ）しても金銭で相続税を納められないときは、**相続した財産そのものを納める「物納」をすることも可能**です。

物納も本来の期限（10か月）までに、税務署に申請して許可されなければなりません。

また、どんな財産でも対象になるのではなく、一定の制限があります。誰が何を相続するのか確定していない状態だと物納はできないので、まずは遺産分割協議を成立させることが大事です。

こんなとき どうする？

相続税の連帯納付義務って何？

相続税は、各相続人が自身の負担分を納税するものですが、連帯納付義務もあります。自身は納税していても、他の相続人が納税しなければ、取得した財産額を限度としてその相続人の分まで納付義務があるのです。ただし、本来の納税義務者が延納を申請すれば、延納の許可が出た相続税には連帯納付義務がなくなります。相続人の中に納税が困難な人がいる場合は、延納の手続きをするよう案内したほうが良いでしょう。

必要なもの

- ☑ 物納申請書
- ☑ 物納手続関係書類

物納できる財産

次の順番で物納が可能となる。

1. 国債、地方債、不動産および船舶（ほか特定登録美術品）
2. 社債および株式、ならびに証券投資信託または貸付信託の受益証券
3. 不動産

※遺産分割が確定していない物（所有権に争いのある物）、権利の制限がある物（抵当権付き不動産など）は物納できない。

物納の要件

1. 延納によっても金銭納付することを困難とする理由があり、かつその納付を困難とする金額を限度としていること
2. 物納する財産の所在が日本国内であること
3. 申告期限までに物納申請書等を提出すること

遺産目録 兼 評価額 書き込みシート

●預貯金

銀行	支店	口座番号	死亡時残高	備考

●有価証券（株式など）

証券口座名	所有銘柄	評価額	備考

●生命保険等

保険会社	商品	連絡先	受取保険金	受取人

●不動産の一覧

□土地	所在／地番	地積	評価額
□建物	所在／家屋番号	床面積	ローン残高
□土地			
□建物			
□土地			
□建物			

●ローン、借入等

ローン設定、借入先	連絡先	死亡時残高	備考

●家財道具・自動車　他

品名	評価額	品名	評価額

生前対策 やることリスト

「亡くなる前にやっておいてほしかった」と多くの家族が思う生前準備をまとめました。「そろそろ終活を始めようか」と親世代も考えているかもしれません。年末年始や法事など、家族が集まる際に一緒にチェックしてみましょう。

●お葬式・お墓編

家族が亡くなると、お葬式まではあっという間です。その間にも行政手続きや親戚縁者への連絡など残された家族はやるべきことに追われるので、次のように準備しておくと負担が減らせるでしょう。

- □逝去を知らせてほしい人・知らせないでほしい人のリストを作る。
- □会葬案内を出してほしい人・出さないでほしい人のリストを作る。
- □お葬式の希望があれば伝えておく。
- □菩提寺の場所、連絡先、護寺（持）会費、お布施について承継する家族に伝えておく。
- □互助会や葬儀社の会員になっている場合は、家族にも伝えておく。
- □葬儀保険に入っていれば、必ず請求するよう伝えておく。保険証書の保管場所も共有を。
- □お墓を購入する希望があれば、家族ともあらかじめ話し合っておく。

●節税編

相続税の節税は、生前でないと対策できません。残された家族のためにできる対策を今のうちに始めましょう。

- □現預金を生命保険に換える（174ページ）。
- □生前贈与で財産そのものを減らす（ただし、駆け込み贈与にならないように注意）。
- □お墓や仏壇など、祭祀道具（原則として相続税は非課税）を生前に購入して、財産そのものを減らす。
- □小規模宅地等の特例（172ページ）が利用できるよう、同居や二世帯住宅を考える。

●家族の負担を減らす編

次のように整理しておくと、家族の負担が大きく減ります。

- □使用していない銀行口座、証券口座を解約する。
- □使用していないクレジットカードを解約する。
- □使っていないサブスクを解約する。
- □生命保険や互助会などに入っていれば、保険証書などの保管場所を共有しておく。
- □不要な家財道具を処分する。
- □水道光熱費など、ライフラインの引き落とし口座をまとめておく。
- □ネット銀行、ネット証券口座など自分しか把握していない情報があれば、一覧にまとめておく。
- □遺産分割でもめそうなら遺言書を作っておく。
- □使っているサブスクの解約方法、支払方法を一覧にしておく。
- □SNSの処分について希望があれば、ログインID，パスワードとともにまとめておく。

●事業承継編

事業主が亡くなると、営業の継続が難しくなることが少なくありません。いざというときのために、次のことを家族や事業を承継する人に伝えておきましょう。

- □顧問税理士、顧問弁護士等の連絡先
- □許認可の免許証や控え書類の保管場所
- □経理関係の帳簿の保管場所
- □営業用の銀行口座情報
- □おもな取引先と支払いについて
- □事業承継者の氏名、連絡先
- □融資などの借り入れと返済の情報
- □連帯保証などの契約書保管場所

「キーワード」検索でわかる

届け出・手続き

あ行

遺産分割協議……110・122
遺産分割協議書……122
遺産目録……118・195
遺族基礎年金……64・67・68
遺族給付……92
遺族厚生年金……64・67・68
遺族年金……56・64・67
遺族補償給付……92
遺留分……111・128
遺留分侵害額請求……128
姻族関係終了届書……91

か行

外国税額控除……179
改製原戸籍……48・125・127
家事審判申立書……117
寡婦年金……64・74
株……121・139・144・170
仮払制度……142
寄与分……122
経過的寡婦加算……72
健康保険・厚生年金保険被保険者資格喪失届……42
健康保険資格確認書……42
健康保険証……40・42・100
現戸籍（現在の戸籍）……48・125・126
原本還付……139・158
広域交付……49・124
高額療養費……84
高額療養費支給申請書……85
後期高齢者医療制度……38・46・84
公正証書遺言……114
厚生年金……58・65・67・68・72
国民健康保険……36・38・42・44・46・63・84
国民健康保険葬祭費支給申請書……46
国民健康保険被保険者資格取得届……45
国民健康保険被保険者資格喪失届……39
国民年金……58・62・64・66・68・70・74・76
国民年金被保険者関係届書（申出書）……63
戸籍全部事項証明書……48・126
戸籍謄本……48・126

さ行

残高証明依頼書……141
資格確認書……36・40・100
死後離婚……90
死体検案書……22・24
死体埋火葬許可証……26・27
自宅不動産……154・172
児童手当・特例給付認定請求書……87
死亡一時金……64・74・76
死亡診断書……22
死亡届……24
修正申告……188・190
住民異動届……37
準確定申告……96・98
障害基礎年金……64・71
障害者控除……179
小規模宅地等の特例……172
除籍……48・125
所得税および復興特別所得税の確定申告書 付表……99
所得税および復興特別所得税の準確定申告書……98
申告期限後3年以内の分割見込書……189
税額控除……178
成年後見人（等）……132

世帯主を変更する際の届出書 37
葬祭料または葬祭給付請求書 93
相次相続控除 179
相続確認表 142
相続関係説明図 150
相続資産受取依頼書 145
相続時精算課税制度の贈与税額の控除 179
相続税の更正の請求書 191
相続税の速算表 176
相続税の納付書 192
相続貯金等記入票 143
相続登記 138・148・152
相続人申告登記 152
相続人申出書 153
相続放棄 112
相続放棄申述書 113
贈与税額控除 179

た行

第15表（相続財産の種類別価額表） 181・186
第1表 181・187
第11表（相続税がかかる財産の合計表） 181・185
第11表の付表1および付表3（相続税がかかる財産の明細書） 184
第2表（相続税の総額の計算書） 181・186
団信弁済届 155
団体信用生命保険 154
中高齢寡婦加算 72
抵当権抹消登記 156
登記申請書（抵当権抹消） 157
投資信託 120・139・144・170
当事者目録 117
特別受益 115・122
特別代理人選任申立書 131

な行

年金受給権者死亡届（報告書） 58
年金請求書 69・70・71・74・75
年金相談センター 57
納骨堂 29

は行

配偶者控除 97・179
倍率方式 171
復氏届 88
不動産登記申請書 151
法定相続情報一覧図（の写し） 158
法定相続分 111
保険金請求書 95

ま行

埋葬許可証 27
埋葬料 47
マイナ保険証 40・42
未支給年金 56・58・60
未支給年金・未支払給付金請求書 61
未成年者控除 179
みなし相続財産 174

や・ら行

遺言書保管事実証明書 115
連帯納付義務 194
老齢基礎年金 64・66
老齢厚生年金 64・67
路線価方式 171

●著者

中村 麻美（なかむら あさみ）

行政書士。シーズ行政書士事務所代表。

行政書士、宅建士、ファイナンシャルプランナーの資格を活かし、多くの著作を手掛ける。相談者目線のわかりやすい解説で好評を得ている。主な著書は『図解 いちばん親切な生前整理と手続きの本』『最新版　親の葬儀・法要・相続の安心ガイドブック』（以上、ナツメ社）、『死後離婚』（洋泉社）、『いっきにわかる！相続・贈与』（宝島社）等。

●監修協力

隈本 源太郎（くまもと げんたろう）

弁護士。隈本源太郎法律事務所代表。東京・虎ノ門で、家事事件・民事事件・中小企業の顧問弁護士業務を中心に取り扱う法律事務所を運営。トラブル予防のアドバイスにも力を入れる。

【隈本源太郎法律事務所】

https://www.kuma-so.net/

永澤 英樹（ながさわ ひでき）

税理士。永澤税理士事務所代表。東京・新宿で相続税専門の税理士事務所を運営。相続税申告を中心に、生前贈与や相続対策に力を注いでいる。司法書士、行政書士など、ほかの専門家とのネットワークを活かした円満な相続対策が好評を得ている。

【永澤税理士事務所】

http://www.nagasawa-office.com

柳 和男（やなぎ かずお）

特定社会保険労務士。柳和男社会保険労務士事務所代表。さいたま市浦和区にて平成17年開業。平成19年特定社会保険労務士付記。民間会社勤務の経験を活かし、労務・年金の専門家として活動。現在、埼玉県社会保険労務士会副会長兼専務理事。

スタッフ

協力●藤岡憲治（司法書士・行政書士藤岡事務所）https://shoshi-ken.com
マンガ●ふじいまさこ
イラスト●瀬川尚志
本文デザイン●田中小百合（osuzudesign）
編集協力●パケット
編集担当●梅津愛美（ナツメ出版企画株式会社）

ナツメ社 Webサイト
https://www.natsume.co.jp
書籍の最新情報（正誤情報を含む）はナツメ社Webサイトをご覧ください。

本書に関するお問い合わせは、書名・発行日・該当ページを明記の上、
下記のいずれかの方法にてお送りください。電話でのお問い合わせはお受けしておりません。
・ナツメ社webサイトの問い合わせフォーム
https://www.natsume.co.jp/contact
・FAX（03-3291-1305）
・郵送（下記、ナツメ出版企画株式会社宛て）
なお、回答までに日にちをいただく場合があります。

正誤のお問い合わせ以外の書籍内容に関する解説・個別の相談は行っておりません。

あらかじめご了承ください。

図《ず》解《かい》 身《み》近《ぢか》な人《ひと》が亡《な》くなった後《あと》の手《て》続《つづ》き・届《とど》け出《で》の本《ほん》

2025年1月2日　初版発行

著　者　中村麻美《なかむらあさみ》
発行者　田村正隆

発行所　株式会社ナツメ社
東京都千代田区神田神保町1-52　ナツメ社ビル1F（〒101-0051）
電話　03-3291-1257（代表）　FAX　03-3291-5761
振替　00130-1-58661
制　作　ナツメ出版企画株式会社
東京都千代田区神田神保町1-52　ナツメ社ビル3F（〒101-0051）
電話　03-3295-3921（代表）
印刷所　広研印刷株式会社

ISBN978-4-8163-7643-6
Printed in Japan
〈定価はカバーに表示してあります〉〈乱丁・落丁本はお取り替えします〉